改訂3版

グロービス
MBA
マーケティング
MARKETING

グロービス経営大学院 [編著]

ダイヤモンド社

● 編著者まえがき

　本書は、2005年3月に上梓された『新版 ＭＢＡマーケティング』をベースに加筆修正を加えた改訂3版である。旧版および新版の『ＭＢＡマーケティング』は、合わせておよそ30刷を重ね、15万人以上に読まれたベストセラーである。それを、新版発売から4年という比較的短い時期にさらに改訂したのには、当然理由がある。

　第1の理由は、盛り込んだ事例がやや古くなった点だ。「本書の内容はいいのだが、事例がいまとなっては陳腐化している。ぜひ新しい事例で説明してほしい」といった要望が少なからず寄せられていた。これはマーケティングというテーマを扱う書籍の宿命だろう。あまりに有名で古典的な事例を増やせば、改訂の必要性は減るが、ビビッドさに欠けることになる。その逆に、最新の事例を盛り込みすぎると、ちょっと時間がたっただけで古く感じてしまう。マーケティングの本質を的確に伝えながら、古すぎもせず新しすぎもしない事例をバランスよく提供する——そのためには4年というインターバルは、ちょうどよかったかもしれない。

　もう1つの改訂の理由は、テーマに関するものだ。「マーケティングの定番教科書」として、盛り込まなくてはならない項目は常に生まれる。つまり、この4年間に重要度が増したテーマの解説を新たに書き下ろしたり、厚くする必要があったのだ。その一方で、当時は新鮮であったが、現在では皆が知るところとなり、いまさら詳細な解説を必要としなくなったもの、あるいは詳細な専門書が出ており、本書ではテクニカルな解説が不要になったもの（例：ブランド価値の算出方法など）は、思い切ってページ数を減らすことにした。一般のジェネラルマネジャーやその候補者がMBA科目のエッセンスを効果的に学べる、しかも実践的でわかりやすいという「グロービスMBAシリーズ」の基本コンセプトに忠実に従った結果である。

　ビジネスを行ううえで、マーケティングの考え方を身につけることの重要性は近年ますます高まっている。その背景には、顧客の力の相対的な上昇、成熟した市場の増大、グローバル化する競争などさまざまな要因がある。こうした環境下、あらゆる社員がマーケティングの考え方を理解し、顧客ニーズや顧客満足を念頭に一致団結した行動をと

ることが必要不可欠だ。本書は、そうした要求を満たす、バランスのとれた実用的な教科書に仕上がったのではないかと自負している。

■本書の構成と新版との差異
本書は大きく2部構成をとっている。
第1部「基礎編」は、マーケティングの意義や役割について確認するとともに、いわゆる「マーケティング・プロセス」に沿って、典型的なマーケティングの流れを「市場機会の発見とマーケティング課題の特定」「セグメンテーション、ターゲティング」「ポジショニング」「マーケティング・ミックス（4P）」の順で解説している。このパートはいまや、マーケティング担当者のみならず、一般のビジネスパーソンにとっても理解しておくべき基本的な素養と言えるだろう。
第1部で新版から大きく変わったのは、第8章の「コミュニケーション戦略」だ。これは言うまでもなく、ＩＴのさらなる進化が顧客の相対的な発言力を高めるとともに、情報流を劇的に変えたことによる。また、第1章「マーケティングの意義とプロセス」は、新版よりもコンパクトにするとともに、マーケティング・プロセスそのものを若干更新した。

第2部「応用編」は、マーケティングの生産性をさらに高めるための各論である。「マーケティングを語るうえで欠かせない」「近年、特に注目を浴びている」「重要なテーマだが、概要をコンパクトに解説したものがない」などの観点から6つのテーマを選び、それぞれ1章にまとめた。
この改訂3版で新たに書き下ろしたのが第14章の「グローバル・マーケティング」である。もちろん、市場や競争がますますグローバル化しているという事情によるものだ。このほかにも、第9章「ブランド戦略」では近年のコーポレート・ブランディングの潮流を追加し、ＣＳＲ（企業の社会的責任）との連関などを加筆した。第10章「マーケティング・リサーチ」では、これまで手薄だった探索型リサーチの部分を厚くし、逆

編著者まえがき　　iii

にアンケート設計のテクニカルな部分などは省略した。

　全章を通じて、「POINT」「CASE」「理論」という本シリーズ共通の構成を用いた。各章の冒頭にあるケースはもちろん、解説部分においても極力わかりやすい事例を用い、読者の方々の理解を促進するように努めたつもりである。また、ケースは半分以上を入れ替えている。新版と同じケースを用いていても、大幅にアップデートしたものもある。一般消費者を対象とした消費財の事例が多くなったが、新版と同様に第13章に「ビジネス・マーケティング」があるので、日々の業務で生産財を扱っている方はこの章を参考にしていただきたい。

　また、第2部「応用編」で取り上げた各論の根底には、「基礎編」で紹介してきた考え方が流れている。したがって、本書を読まれる際には、まず第1部「基礎編」を読んでマーケティングの基本を理解し、そのうえで第2部「応用編」の中から興味のあるテーマを読むことをお勧めする。また、各論についてさらに理解を深めたい方は、そのテーマに関する書籍や論文をご覧いただきたい。

　なお、本文中の敬称はすべて略させていただいた。

　1人でも多くの方が本書を手に取り、実務に役立てていただけたら幸甚である。

　最後に、本書の上梓にあたっては、ダイヤモンド社の『DIAMONDハーバード・ビジネス・レビュー』編集部にご尽力いただいた。また、株式会社リブレ代表取締役の小池隆司氏、味の素株式会社の鈴木哲雄氏、幸村太郎氏には、快く取材にご協力いただいた。この場をお借りして、皆様に感謝を申し上げたい。

グロービス経営大学院

● 目次

編著者まえがき

第1部 基礎編
第1部のはじめに 2

第1章 マーケティングの意義とプロセス 4
1 マーケティングの考え方 7
  ニーズ、ウォンツ
2 マーケティング戦略策定プロセス 9
  <コラム>情報システムの整備
3 企業におけるマーケティング機能 17
  企業戦略との関係
  <コラム>事業ドメインと提供価値
  マーケティング機能と他部門との関係
  組織戦略とマーケティング
  <コラム>マーケティング部門は経営者への登竜門

第2章 環境分析と市場機会の発見 23
1 環境分析 25
  外部分析
  <コラム>補足：PEST分析
  内部分析
  <コラム>補足：SWOT分析

　　　　　環境分析を行う際の留意点
2 ……… 市場の機会と脅威　31
　　　　　機会と脅威の分析
　　　　　機会と脅威の二面性
　　　　　自社の弱みを強みに変える
　　　　　市場機会を創造する
3 ……… マーケティング課題の特定　35

第3章　セグメンテーション、ターゲティング　36

1 ……… セグメンテーション　38
　　　　　市場とセグメント
　　　　　セグメンテーションの意義
　　　　　セグメンテーション変数
2 ……… ターゲティング　43
　　　　　ターゲット選定の条件
　　　　　ターゲットの変更・拡大
　　　　　<コラム>消費の二極化

第4章　ポジショニング　49

1 ……… ポジショニングの基本　52
2 ……… 戦略的ポジショニングのつくり方　53
　　　　　顧客が強烈に認識する特徴の抽出
3 ……… ポジショニングの手順　54

4 ………ポジショニングの検証と見直し　58

第5章　製品戦略　60

1 ………**製品のとらえ方**　62
　　　　製品に関する意思決定
　　　　製品の類型
2 ………**新製品開発プロセス**　66
　　　　第1段階：製品コンセプトの開発
　　　　第2段階：戦略仮説の検討
　　　　第3段階：製品化
　　　　＜コラム＞ネーミング
　　　　＜コラム＞パッケージング
　　　　第4段階：市場導入
3 ………**製品ラインの設計**　74
4 ………**製品ライフサイクル**　76
　　　　製品ライフサイクル理論
　　　　製品ライフサイクル理論の限界
5 ………**プロダクト・エクステンション**　80

第6章　価格戦略　82

1 ………**価格の上限／下限を規定する要因**　84
　　　　製造コスト
　　　　カスタマー・バリュー

2 ………価格設定に影響を与える要因　87
　　　　競争環境
　　　　需給関係
　　　　売り手や買い手の交渉力
3 ………価格設定手法　89
　　　　原価志向の価格設定
　　　　需要志向の価格設定
　　　　競争志向の価格設定
4 ………新製品の価格設定　92
　　　　ペネトレーション・プライシング（市場浸透価格設定）
　　　　スキミング・プライシング（上澄吸収価格設定）
　　　　＜コラム＞価格弾力性
5 ………成長期の価格設定　94
6 ………効果的な価格設定のために　95

第7章　流通戦略　96

1 ………流通チャネルの意義　98
2 ………流通チャネルの種類　100
　　　　自社組織と外部組織
　　　　小売業者と卸売業者
　　　　流通チャネルの段階数
3 ………流通チャネル構築ステップ　106
　　　　ターゲット市場および自社経営資源の把握
　　　　チャネルの長さの決定

        チャネルの幅／排他性の決定
        展開エリアの決定
        チャネル・メンバーの選定
        チャネルの動機づけ政策の決定
4 ……… 流通チャネルの変更の難しさ 112
5 ……… ハイブリッド・チャネル 113

第8章 コミュニケーション戦略 115

1 ……… マーケティングにおけるコミュニケーションの役割 117
        消費者の購買意思決定プロセスと態度変容モデル
2 ……… コミュニケーション手法とメディア 120
        コミュニケーション手法
        <コラム>プッシュ戦略とプル戦略
        <コラム>企業のホームページでのコミュニケーション
        メディア（伝達経路）
        <コラム>消費行動の短絡化と、購買接点の重要性の高まり
        <コラム>消費の成熟と顧客ニーズの細分化
        メディア間のシナジー
        <コラム>消費者によって発信される情報の増大
3 ……… コミュニケーション戦略の立案プロセス 135
        <コラム>統合型マーケティング・コミュニケーション
補論 …… レピュテーション・マネジメント 143
        レピュテーション・マネジメントとは
        クライシス・コミュニケーションの実務

第2部 応用編

第2部のはじめに 148

第9章 ブランド戦略 150

1 ……… ブランドのとらえ方 152
　　ブランド・マネジメントの重要性
2 ……… ブランド・エクイティ 155
　　ブランド・エクイティの構成要素
　　ブランド・エクイティの評価
3 ……… ブランドの構築・展開 159
　　ブランドの階層
　　ブランド利用の方針
　　<コラム>プライベート・ブランドとナショナル・ブランド
4 ……… ブランド拡張 162
　　ブランド拡張の方向性
5 ……… ブランドを浸透させる方法 165
　　<コラム>インターナル・ブランディング
6 ……… コーポレート・ブランディングの新潮流 166
　　企業のブランド・コミュニケーション活動の変遷
　　ITの影響と理念発信型ブランディングの台頭
　　CSRを活用したブランディング

第10章 マーケティング・リサーチ　170

1 ……… **マーケティング・リサーチの意義**　172
2 ……… **リサーチで用いる情報**　173
　　　　データの種類
3 ……… **リサーチのプロセス**　175
　　　　＜コラム＞リサーチの信頼性
　　　　リサーチ結果の報告
4 ……… **リサーチにおける注意点**　183
　　　　コミュニケーション・ツールとしてのリサーチ

第11章 競争戦略　185

1 ……… **リーダーの戦略**　187
　　　　リーダー企業のメリット
　　　　リーダー企業のマーケティング目標と戦略
　　　　製品・市場の選択
2 ……… **後続企業の戦略**　190
　　　　後続企業のマーケティング目標と戦略
　　　　後続企業の個別戦略

第12章 カスタマー・リレーションシップ・マネジメント　197

1 ……… **CRM重視の背景**　199
　　　　＜コラム＞顧客維持と収益性向上の関係

　　　　リレーションシップ強度

2……… **CRMの実施** 204

　　　　顧客情報の収集

　　　　＜コラム＞パレートの法則

　　　　顧客を選別する

3……… **CRM導入のポイント** 206

第 **13** 章……… ビジネス・マーケティング 209
　　　　　　　（生産財マーケティング）

1……… **消費財マーケティングとの差異** 211

　　　　ビジネス・マーケティングの顧客特性

　　　　ビジネス・マーケティングの製品特性

　　　　＜コラム＞法人顧客のブランド・スイッチ

2……… **ビジネス・マーケティングに必要な「俯瞰思考」** 216

　　　　バリューチェーンを意識する

　　　　＜コラム＞事業の再定義

　　　　供給業者と補完者に対するマーケティング

　　　　顧客組織内の関係者のマッピング

　　　　＜コラム＞マッピング

3……… **価値を生み出す「ソリューション」** 220

　　　　ソリューション提供への意識改革

　　　　ソリューションのカギを握る顧客接点

　　　　＜コラム＞ティーチャー・カスタマー

4 ……… 「価値」の「価格」への転換　223
　　　　顧客の事業経済性を把握する

第14章 ……… グローバル・マーケティング　225

1 ……… グローバル・マーケティングとは何か　228
2 ……… グローバル・マーケティングの重要性の高まり　228
3 ……… グローバル・マーケティングを行う企業の条件　229
　　　　前提１：国・地域ごとに独立したマーケティング活動を実施
　　　　＜コラム＞マーケティングのグローバル化の５つの段階
　　　　前提２：グローバル統合のメリットが存在
　　　　前提３：統合によるデメリットが軽微／克服可能
4 ……… グローバル・マーケティング実現のプロセスと注意点　236
　　　　グローバル統合のプロセス

　　あとがき　244

　　参考文献　246

　　索引　252

第1部

基礎編

- ● 第1部のはじめに

●

　企業が存続するためには売上げを確保し、利益を出し続けなければならない。では、その売上げがどこからもたらされるかと言えば、「顧客から」という答えにほかならない。その製品・サービスに対して、企業がどれだけ多額の投資をしようと、担当者がどれだけ思い入れを持っていようと、顧客が買ってくれなければ企業にキャッシュは入ってこない。逆に言えば、より多くの顧客が自社の製品・サービスを買うようにお膳立てをすることができれば、企業の成長は大きく加速される。そうした「売れる仕組み」、より顧客中心の言い方にすれば「（お客様に）買ってもらえる仕組み」をつくることが、マーケティングの役割である。

　マーケティングは企業内（あるいは企業外）のあらゆる関係者を指揮・コーディネートし、顧客に対して価値を創造・提供する活動でもある。かつては、「マーケティング＝市場リサーチ」「マーケティング部門＝広告プロモーション担当」などと誤解されることも多かった。「良い製品・サービスと強い営業力があればモノは売れる。マーケティングはそれをサポートすればよい」という考え方に基づいて経営が行われていた。しかし時代は変わり、巷にはモノが溢れ、消費者の力は格段に強くなった。どれほど強い「営業力」を持ち、どれほど「品質の良い製品・サービス」を生産できたとしても、マーケティング部門が主導権を発揮し、消費者が本当に欲しいものを適切なときに適切なやり方で提供できなければ、企業は成長を続けられない。いまや社内にマーケティング意識を浸透させ、確固としたマーケティング機能を構築できる企業だけが勝ち残っていくと言っても過言ではないだろう。

　マーケティングは、生産管理やファイナンスなどと同様に、その意義やプロセスがしっかりと研究され、構成されている企業活動でもある。すなわち、基本を理解し考慮すべきポイントを見直すことで、自社のマーケティング活動の全体的な質を向上させられるということである。

●

　第1部では、そうした基本を理解するために、まずマーケティングの考え方や企業活

動における役割など全体像を明らかにし、環境分析からマーケティング・ミックスに至るマーケティング・プロセスの各論を解説していく。また、本書では、具体的なイメージが思い浮かぶように、できるだけ身近な事例を用いてわかりやすく解説するように心がけた。ぜひマーケティングの基本的な考え方やポイントを押さえてほしい。

1. マーケティングの意義とプロセス

POINT

マーケティングの役割は、市場の変化を敏感にとらえ、顧客ニーズや顧客満足を中心にした「買ってもらえる仕組み」を組織内に構築することである。マーケティング戦略は、①環境分析、②マーケティング課題の特定、③セグメンテーション（市場の細分化）とターゲティング（ターゲット市場の選定）、④ポジショニングの決定、⑤マーケティング・ミックスの検討、⑥実行計画への落とし込み、という一定のプロセスの中で策定される。

CASE

　株式のオンライン取引をいち早く導入したことで知られる松井証券は、「顧客中心主義」を掲げて、証券業界の常識を覆すような戦略を次々と実施してきた。

　松井証券は、1918（大正7）年に米の仲買商「松井房吉商店」としてスタートした。顧客が株式を売買する際に証券会社から資金や株券を借りる「信用取引」に強みを持つ、兜町の老舗証券と見なされていたが、同業他社に比べて株委託件数は少なく、従業員数も140人程度にすぎない弱小企業であった。

　そんな松井証券が思い切った戦略に出た。1991年に営業マンによる訪問販売を全廃し、コールセンターを設けて電話営業に切り替えたのである。

＊＊＊＊＊

　証券会社では通常、営業マンが担当エリアの顧客を訪問し、株式や金融商品を販売する。顧客と信頼関係を築き、特定の株式を薦めたりすることも多い。顧客から好まれるのは株取引に精通するベテラン営業マンで、そうした個人の力量が売上げに大きな影響を与えていた。このやり方では、1人の営業マンが担当できる範囲は限られているので、営業マンの人数が多いほどカバーできる範囲は広くなる。そのため、優秀な営業マンを数多く揃えている大手のほうが営業力で優位性を持っていた。

　しかし、こうした人手に頼るやり方はコストがかかるだけでなく、推奨した株式が値

下がりすれば顧客はだまされたと感じるので、損失補填問題などのトラブルが生じかねない。また、当時常務だった松井道夫（現社長）は、規制緩和が進む中で従来の営業方法を続けていれば、体力のある大手に飲み込まれてしまうのではないかという危機感を抱いていた。オーナーの女婿で日本郵船出身の松井は、営業マンによる訪問販売を見直し、証券業界の常識にとらわれることなく改革を推し進めていった。

　訪問販売に代わる手段として松井証券は、新聞広告で集客し、電話で取引し、決済も銀行口座で行うことにした。電話では仲介業務に徹し、顧客から尋ねられても特定銘柄の推奨といった営業トークは一切行わない。このやり方は、営業マンに株を売りつけられることを不快に感じていた40～50代の個人投資家を引きつけることとなった。

　もちろん最終的な投資判断は個人投資家に委ねられるのだが、営業マンのアドバイスに頼りたいという人にとっては利用しにくい。その結果、松井証券の顧客は、投資経験が豊富で、それなりに株式の知識を持っている投資家に限定されることになる。しかし、電話取引には地理的な制約がなく全国から集客可能であり、潜在顧客はこれまでよりも広がる可能性があった。

　とはいえ、単に広告を打つだけで、すぐに集客できるわけではない。松井証券は革新的なサービスを他社に先駆けて打ち出していった。その1つが、信用取引で必要な保証金の低額化である。信用取引では手元資金以上の売買ができるが、その分、損失のリスクも大きいので、証券会社は顧客に多額の保証金を要求する。大手証券会社では最低でも1000万円の保証金が必要だったが、松井証券は200万円としたのである。また以前は、女性顧客の信用取引は受け付けない証券会社も多かったが、松井証券はそうした区別をなくし、誰もが証券市場に参加できるように目指した。

　証券会社が年間3000円を徴収していた有価証券の保護預かり手数料も、1000円に引き下げた。「保護預かり手数料は本来もらうべきものではない。有価証券の保管を任されるのは、うちと取引して売買手数料を落としてくれるということ。我々が頭を下げて、カネを払ってでも預けてほしいくらいのものだ」と、松井は考えていた。1996年に株式の保護預かり料を無料とし、売買手数料の自由化に先駆けて1997年には店頭銘柄の株・転換社債の委託手数料も半額にした。こうした取り組みの結果、訪問販売を廃止した後、顧客は大幅に増加した。

　さらに1998年になると、松井証券は国内で初めて本格的なネット取引サービスを開始した。インターネットを利用すれば、顧客は好きなときに自由に注文を出すことができ、株価など最新情報も容易に入手できる。そこで、人件費や店舗維持のコストを抑えられるといったネットの経済性を活かして、ボックスレート（日に何回取引を行っても、売買代金が一定範囲ならば手数料が定額になるサービス）を導入した。預株制度（顧客は証

券会社に保有株を預けて、預株の申込みがあった株券について預株料を受け取ることができるサービス)、無期限信用取引(従来は最長6カ月の有期限取引だったが、返済期限を実質無期限にする)といった顧客のメリットを重視したサービスも打ち出した。

　これに対して、大勢の従業員を抱えてコスト競争力で劣る大手証券会社は、手数料の引き下げに追従しなかった。また、営業マンをなくせば、もう1つの収益の柱である投信販売に支障をきたすことから、思い切った方向転換は実施しにくかった。

　こうして松井証券は、証券業界に価格破壊を起こしてシェアを伸ばし、株委託売買件数や信用取引数などで野村證券や大和証券をはじめとした大手を凌駕するようになったのである。

＊＊＊＊＊

　その後、ネット専業企業が次々と登場し、より低価格で多様なサービスを提供してシェアを伸ばすようになった。動きの遅かった大手証券会社も、ネット専業子会社を設立し、巻き返しを図り始めた。オンライン取引ではトップを走ってきた松井証券も2000年代後半になると、その成長力や収益力にかつての力強さが見られなくなった。競合相手がリアルで店舗を持つ大手証券からネット専業証券にシフトすると、サービス面での差別化が難しくなった。ほどなく他のネット専業会社にシェアを奪われ、松井証券はネット取引におけるトップの地位を譲り渡した。

　市場が拡大し、競争環境が変わるのに伴い、顧客の質やニーズは変化する。松井証券は新しい変化に対応することが求められているが、それは同社に限った話ではない。どの企業も、環境の変化に合わせて、新たな施策を講じていかなくてはならない。松井証券では顧客中心主義を謳っているが、これは供給者中心の考え方に立って顧客を囲い込んだり、コントロールするという意味ではない。消費者主体の世の中で自社が選ばれるために何をすべきかを徹底的に考えるということであり、ときには供給者にとっては不利なこともある。それでも、顧客が価値を感じることは何か、真正面から向き合い追求するべきだと、松井証券は考えている。

理論

　企業の収益は、製品やサービスを顧客に販売するところから生まれる。その中でマーケティングは、顧客に製品やサービスを買ってもらえるための仕組みをつくり、それを機能させるという重要な役割を担っている。

　本章では、マーケティングの基本的な考え方、戦略立案・実行の際の全体的なプロセス、経営における意味合いを概観する。

1 マーケティングの考え方

マーケティングとは、顧客ニーズや顧客満足を中心に置きながら「買ってもらえる仕組み」をつくる活動である。その究極の目的は、顧客が対価を払ってもよいと感じる価値を効率的に提供し、顧客満足を得ながら、企業利益を最大化していくことにある。「顧客ニーズを満たし、顧客満足を得る」という命題が以前にも増して重要になっている背景には、次のような環境変化がある。

- 景況が悪化し、個人、企業とも財布の紐がかたくなっている。
- 情報技術や物流インフラが進展し、顧客の選択肢が拡大している。
- モノがある程度行き渡り、消費者はよほど欲しいと思うものでないと購入意欲を示さなくなっている。
- 消費者の価値観が個性化、多様化し、それに合致しない製品は受け入れられにくくなっている。
- 製品やサービスに関する情報量や使用経験の増加によって、顧客が「賢く」なった。ITの普及・発達で製品の比較が容易になったことで、機能、費用対効果、使い勝手に関する評判などに敏感になっている。
- 社会全般で変化のスピードが速くなり、顧客の嗜好の移り変わりも早まっている。製品やサービスはすぐに陳腐化し、目新しさのある競合品へとスイッチされやすくなっている。
- 規制緩和などに伴い業界の垣根が低くなった結果、予期しない競合が現れる可能性が増えている。
- 経済のグローバル化によって世界規模での競争が進み、商習慣や文化が異なる市場における顧客理解が求められている。

こうした環境変化から読み取れるのは、供給者の都合を優先させて売り込むセリングの発想では顧客から見捨てられ、業績が悪化するばかりか、企業の存続までもが危うくなるということだ。企業が継続的に成長していくには、企業に収益をもたらす顧客の創造と維持が不可欠である。供給者側の都合を優先させた考え方ではなく、企業に長く利益をもたらす存在として顧客をとらえ、より長期的な関係を築いていくことが重要なのである。

冒頭のケースで紹介した松井証券は「顧客中心主義」を掲げているが、これは単にきれいごとやお題目として述べているわけではないはずだ。金融緩和や自由化の流れを直視して、新たな経営環境下では、従来の業界の論理や常識の枠内で考えていては立ち行

図表1-1 マーケティングとは何か

端的に言えば	「買ってもらえる仕組みづくり」
目的	強引な販売や規制などに頼らずとも、効果的かつ持続的にキャッシュを生み出せる状況を作り出す
出発点	顧客（＝企業にキャッシュをもたらす相手）
重視するポイント	顧客ニーズ、KBF（購買決定要因）、顧客満足
望まれる心構えやスキル	分析力、想像力、顧客志向、全体的整合性へのこだわり、「全社員がマーケティングに貢献できる」という姿勢
マーケティングを理解しないがための典型的な誤謬	「良いものさえつくれば売れるはずだ」 「売れないのは営業の頑張りが足りないから」 「知名度がないから売れないだけだ」　など

かないと明確に意識していたからこそ、顧客視点を徹底することを自らに課したのである。それが業界タブーへの挑戦や、規制に安住している競合他社が嫌がるような新しいサービスの提案へとつながった。

　市場の成長や競争状況の変化とともに変わりゆく顧客のニーズを的確に把握し、臨機応変に対応していかなければ、企業は生き残れない。大手証券は個人投資家によるインターネット利用の増加という流れの中で、営業マンや店舗などの優位性を脅かしかねないという自己矛盾を抱えながらも、ついにインターネットでの取引に進出せざるをえなかった。同時に、競合が新しい環境もたらすと、それに伴って顧客ニーズも急速に変化していく。インターネット専業の証券会社が現れて競争が激化してくると、先行していた松井証券の革新性は際立たなくなり、同社も新しい顧客ニーズへの対応を検討しなくてはならなくなった。

　顧客視点へのシフトの必要性は、金融業界に限った話ではない。顧客視点の施策で成功してきた企業であっても、知らず知らずのうちに企業の事情が優先するようになり、顧客の心を読み違えてしまうことはある。「顧客が求めるものは何か」「顧客から選ばれるためには何をすべきか」という発想で「買ってもらえる仕組み」を考えていくことが、どの業界のどの企業にも求められている（**図表1-1**参照）。

◉── **ニーズ、ウォンツ**

　マーケティングにおいて常に問い続けなくてはならないのは、顧客が何を望んでいるか、自社はどのような価値を提供すべきかである。顧客を引きつけるためには、顧客の欲求を満たす製品やサービスを生み出し、常に顧客満足を高める努力が必要になる。

　顧客の欲求を表す概念として「ニーズ」と「ウォンツ」が挙げられる。ニーズとは、

衣食住などの生理的なことから社会的、文化的、個人的なことに至るまで、さまざまな事柄に対して人間が感じる「満たされない状態」のことだ。これに対してウォンツは、ニーズを満たすために製品化されたものを求める感情、つまり「具体的な製品やサービスへの欲求」を意味している。例えば、「食べ物を安全に、必要な期間、できるだけおいしい状態で保存したい」というのがニーズであり、それが製品の形となった「冷蔵庫が欲しい」というのがウォンツに当たる。

マーケティングの中心課題は、顧客の本質的なニーズをとらえ、具体的なウォンツにつなげることである。ここで注意したいのが、表面的なニーズを満たしているかに見えたとしても、本質的なニーズは顕在化されていないことが多い点である。例えば、現在の冷蔵庫や冷凍庫は、消費者のニーズを満たしているかに見える。しかし、完璧に満たしているかと言えば、まだ改善の余地は見つかるだろう。仮に、技術革新によって真空状態を簡単に作り出せるようになり、もっと自然な状態で食べ物をより長期間保存できる装置が発明され、それが手頃な価格で提供されるようになったら、おおかたの需要は新しい製品へと向かうだろう。

ウォンツが明らかになったとしても、それで満足してはいけない。そこからさらにどのような価値提案が可能かを考えていくとよいだろう。例えば「はさみ」というウォンツが明らかだったとしても、「安全に使える」「切れ味がよい」など顧客がより評価する付加価値に思いをめぐらせることが大切だ。ウォンツと企業の提供価値（バリュー・プロポジション）は、必ずしも表裏一体の関係にはない。自社の提供価値をより強いウォンツへと変換できるかどうかが、マーケティング担当者の腕の見せ所といえる。

2● マーケティング戦略策定プロセス

マーケティングでは、顧客ニーズを汲み上げ、開発や生産、販売などのさまざまな活動を連動させながら、顧客にとって価値のある製品や情報を提供していく。その青写真を描くためにマーケティング戦略を策定するわけだが、それは一連のプロセスをたどる。ここでは、戦略策定プロセスを大きく次の6つステップに分けることにする（**図表1-2**参照）。

❶ **環境分析**：事業に影響を与える内外のさまざまな要因により構成されるマーケティング環境の分析を通して、市場の機会と脅威を整理し、自社の強みや弱みを再確認する。

❷ **マーケティング課題の特定**：マーケティング課題を洗い出し、今回取り組む課題と

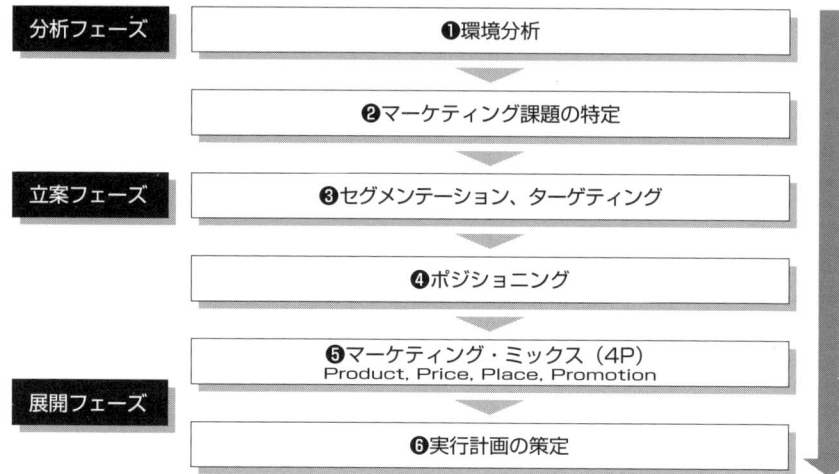

図表1-2 マーケティング戦略策定プロセス

マーケティング目標を明確にする。
- ❸**セグメンテーション（市場細分化）、ターゲティング（標的市場選定）**：顧客市場をグループ分けして、どの顧客セグメントに焦点を当てるかを決定する。
- ❹**ポジショニング**：競合製品と差別化し、顧客にアピールできるような自社製品の提供価値を決定する。
- ❺**マーケティング・ミックス**：いかに有効な製品戦略、価格戦略、流通戦略、コミュニケーション戦略を組み合わせて実行していくかを決定する。
- ❻**実行計画の策定**：マーケティング・ミックスを実現するための行動計画を策定し、予測損益計算書をつくったうえで、その戦略シナリオに沿ってオペレーションやモニタリングの仕組みを整備する。

これらは通常の戦略策定の流れとほぼ共通しているが、特にマーケティング特有の視点が含まれる❶〜❺の各論については、次章以降で詳しく解説していく。ここでは、冒頭の松井証券のケースを用いながら、マーケティングの戦略策定プロセスの全体像を押さえていただきたい。

❶ **環境分析**

マーケティングの第一歩は、マーケティング環境分析を行い、その中から市場の機会

と脅威を整理し、自社の強みや弱みを踏まえたうえで、市場攻略の方向性を見出すことである。すべての企業にとっての市場機会ではなく、自社にとって魅力的でかつ競合他社に真似できない強みを発揮できる市場機会を探さなくてはならない。

松井証券を取り巻く経営環境

【外部環境──機会・脅威】
- 規制緩和が進んでいる。その結果、体力のある大手証券会社が有利であり、生産性の低い中小企業は淘汰される危険性がある。
- 営業マンによる訪問取引はコストがかかり、営業可能なエリアも限られる。
- 大勢の営業マンを抱える大手証券会社は強い販売力を誇り、それが業界における優位性に結び付いている。
- 営業マンによる売り込みにうんざりしている個人投資家たちが存在している。
- 一部の個人投資家たちは投資経験が豊富で、十分な知識を持ち、営業マンによるアドバイスをそれほど必要としていない。
- そうした投資家たちとのコミュニケーション手段として電話が活用可能である。

【内部環境──自社の強み・弱み】
- オーナー経営であり、思い切った意思決定や方向転換が可能である。
- 信用取引に強みを持つが、それが大きな差別化ポイントまでには至っていない。
- 同業他社に比べて株委託件数や営業担当者数で見劣りがするが、その分身軽に動くことができる。

導き出される示唆・仮説

　営業マンによる売り込みにうんざりしている個人投資家に着目することで、効率の悪い訪問販売とはまったく違う切り口で、大手とは一線を画したサービスができるのではないだろうか。

---

❷ **マーケティング課題の特定**

　環境分析後すぐに詳細な市場分析や具体的な施策の検討に移るのではなく、マーケティング活動を通して何を実現したいのかということをいま一度、明確にしておく。その手順としてはまず、環境分析で整理した機会や脅威、自社の状況を念頭に置きながら、自社にとっての課題を洗い出す。自社の経営方針、経営資源、事業特性などに起因する制約条件を整理し、それらを加味しながら優先順位を考える。そして、優先的に取り組むべき課題やマーケティング目標を設定するのである。これ以降の戦略策定プロセスで

は、ここで特定した課題や目標をにらみながら、最も効果的だと思われる施策の検討を進めていくことになる。

> **松井証券の課題と目標**
>
> 　現状の経営資源や規模では、大手とは互角の競争はできない。規制緩和の流れの中で生き残っていくには、より生産性を高め、何らかの差別化を図らなくてはならない。こうした難題を松井証券は抱えていた。
>
> 　弱小企業が大手との競争で生き残るためには、規模での勝負を回避し、大手が動きにくい方向性で経営資源を集中させながら、小回りを利かせて動くことが肝要である。松井証券は「提供サービスを仲介業務に絞り込み、営業マンに頼らない電話取引」というモデルに転換することで生産効率を高めていく、という方針を立てた。大勢の営業マンを抱える大手が訪問営業をやめて、営業マンの価値や存在意義を否定することなど、容易にできることではない。松井証券は営業効率を高める方法を模索する中で、不利な状況を逆手にとって、大手には真似のできない方法で活路を見出そうとしたのである。

❸ セグメンテーション、ターゲティング

　マーケティング課題を特定し、自社にとってのマーケティング機会を発見したら、次のステップは、その市場にどのようにアプローチするかを検討することだ。市場全体に均等にアプローチするのか、最も容易に参入できそうなところから始めるのか、市場攻略のやり方を考えていく。

　限られた経営資源を有効に使うためには、資源配分に濃淡をつけたほうがよい。一般的には、企業は市場を何らかの基準でセグメントに分けて（セグメンテーション）、競争上最も優位を保てるセグメントを選び（ターゲティング）、そこにエネルギーを集中させて資源の効果的活用や経営効率の向上を図っていく。

> **松井証券の主要ターゲット**
>
> 　投資経験が豊富で、十分な知識を持ち、自己責任で投資判断ができる個人投資家（男女の別は問わない）。

　十分な経営資源を持たない企業の場合は特に、セグメンテーションとターゲティングの巧拙がその後の成果を大きく左右する要因となる。ターゲット市場が狭すぎると経営が成り立たないし、逆に広すぎれば大手との競争に巻き込まれるかもしれない。松井証券のターゲットは「投資経験が豊富で、十分な知識を持ち、自己責任で投資判断ができ

る個人投資家」であるが、こうした条件を満たす顧客セグメントはかなり小さな規模になりそうだ。しかし実際には、地理的エリアが限られる営業マンによる訪問販売ではなく、全国から受け付けられる電話取引という手法をとったことにより、アプローチ可能な潜在市場は広がった。さらに、これまで大手では信用取引を受け付けてもらえなかった女性顧客にも着目して、積極的な顧客拡大を狙ったことで、絞り込みによるターゲットの極小化という問題は生じていない。

❹ ポジショニング

ポジショニングの目的は、ターゲット市場において自社製品が競合製品より相対的に魅力的であると顧客に認知してもらうことにある。顧客ニーズを十分に認識したうえで、競合が強い地位を占めていないポジションで、かつユニークで魅力的な存在として自社製品を受け止めてもらえるポジションを見つけ出していく。

> **松井証券のポジショニング**
> 「顧客にメリットのある先進的なサービスを提供し、押しつけがましいセールスをしない証券会社」

証券取引の仲介業務そのものは、性能、品質、パッケージなどさまざまな部分で変化をつけやすい商材ではないので、差別化が難しい。顧客にとってわかりやすい違いは、手数料など価格の部分となる。実際に、松井証券は営業マンの効率化やインターネットの経済性などを活かしたコスト競争力を背景に、さまざまな低価格サービスを投入した。こうして顧客にとってメリットがあり、業界のタブーに挑戦するサービスを打ち出したことによって、顧客の松井証券に対する認識は単なる低価格プレーヤーというよりも、思い切った戦略で業界のタブーを乗り越え、果敢に新しいチャレンジをするイノベーターというイメージが強くなった。営業マンが売り込み攻勢をかけない点も、顧客に好意的に受容された。

❺ マーケティング・ミックス

マーケティング・ミックスとは、ターゲット市場においてマーケティング目標を達成するためにコントロール可能なさまざまな手段である。一般に、製品戦略（Product）、価格戦略（Price）、流通戦略（Place）、コミュニケーション戦略（Promotion）を総称した4Pを指すことが多い。Placeはチャネル戦略、Promotionはプロモーション戦略と呼ばれることもあるが、本書では、流通戦略とコミュニケーション戦略という用語を

使うことにする。
　4Pは、現代マーケティングにおける最も重要な概念と言えるだろう。例えば、どんなに魅力的な製品を創造しても（製品戦略）、その情報が相手に正確に伝わらなければ（コミュニケーション戦略）、販売には結び付かない。製品の情報が伝わって顧客が興味を持ったとしても、その製品がどこで手に入るのかがわからなければ（流通戦略）、購入しようにもできない。また、顧客が店頭で製品を手に取ったとしても、その価格が期待値から大きく逸脱していたなら（価格戦略）、購入を断念するだろう。
　4Pを検討するときには、それぞれを個別に扱うのではなく、各要素をうまく組み合わせてマーケティング目標を達成することがポイントとなる。4Pの各要素は独立したものではなく、相互に密接に関わり合っている。例えば、長期にわたって低価格路線を敷く一方で、膨大な広告投資を続けるというような戦略では、整合性を欠き、企業の健全な成長への阻害要因ともなりかねない。前のステップで決定したターゲット顧客およびポジショニングを踏まえながら、4つの要素が整合性を持つように、トータルな視点で検討しなくてはならない。

松井証券のマーケティング・ミックス

【製品戦略】
- 扱っているのは株式、債券など証券会社が通常扱う金融商品だが、保証金などさまざまな部分で参入障壁を下げ、個人投資家が利用しやすい環境をつくった。
- 多様なニーズに応えるフルラインサービスではなく、仲介業務のみのシンプルなサービスを設計した。

【価格戦略】
- 手数料の無料化など、低価格を提供した。

【流通戦略】
- 電話やインターネットを利用した。

【コミュニケーション戦略】
- 新聞広告を活用した情報提供を行った。
- 営業マンによる訪問営業や株の推奨は一切行わない。
- インターネットを通じて個人投資家にも最新情報を提供することで、情報格差の是正に努めた。

　松井証券の最大の特徴は、営業マンの訪問を取りやめ、顧客に推奨銘柄を売り込まないことにあるが、ポイントはそれだけではない。営業マンがいなくなった部分を補うた

第1章　マーケティングの意義とプロセス

めに、新聞広告などのメディアを用いた情報提供を行ったり、業務を仲介のみに簡素化して電話で複雑な交渉をしなくてもよい状況を作り出している。このように、省略する部分と追加・補足する部分を明確にして、全体としてスムーズな取引ができるモデルを設計したことが、当初の躍進を支えた重要な要因と言えよう。

その後の1998年、パソコンの普及率やインターネットの利用者の伸びに着目した松井証券はいち早くネット取引に参入した。一方の大手は、多数の店舗を持つことから、カニバライゼーション（共食い）を恐れて、ネットという成長市場への参入が遅れた。弱小証券会社で、とり立てて強みもなかった松井証券がネットで優位に立てたのは、動きが早かったからである。戦略策定から実行に移す際には、スピードやタイミングも重要なのである。

❻ 実行計画の策定

マーケティング・ミックスを実施していく際には、予測損益計算書をつくって戦略シナリオを立て、具体的なアクションが起こせるように行動計画を策定するほか、モニタリングの仕組みを整備して進捗確認や軌道修正を行うことが重要である。

戦略策定によってターゲットから具体的な施策である4Pまでが明らかになっただけでは、直ちに実行に移せるわけではない。最初に検討すべきなのが、資金的な裏づけである。数値に落とし込めていないマーケティング計画は絵空事でしかなく、実行可能かどうかの判断はできない。

4Pの実現に向けて、「誰が」「何を」「いつまでに」「どのように」やるのか。それにはいったいいくらコストがかかるのか。あるいは、どの程度コストをかけることが許されるのか。こうした問いに答えるためには、売上予測（販売個数や単価）、必要な費用、利益予測を明確にした予測損益計算書を作成し、「いくらで」「どのくらい」「いつまでに売ればよいか」を明確にしなくてはならない。

その際には、短期目標と中長期目標との整合性にも留意したい。一定のシェアを達成するのに、1年を目標とするのか、もっと長期スパンでよいのか。それによって、価格設定や広告費などの予算配分などが大きく変わってくる。

目標を具体化・明確化するだけでなく、そのためのアプローチや方針も明らかにしておきたい。例えば、目標売上高を達成するために、品質やイメージを若干落としてでも売りやすい低価格にして顧客数を増やす戦略にするのか、品質やイメージを維持するために数量よりも顧客単価を高める戦略をとるのか。それによって、効果的な動き方も変わってくる。さらに、目標設定の根拠を明確にしておくことも重要だ。これは、最終的

には経営陣の決定事項であるが、非現実的な目標を課したりすれば、初めから目標達成に向けた努力を諦めてしまったり、がむしゃらに働いても目標は達成できず、その努力は報われないので士気低下を招いたりする。非現実的な目標達成に向かって組み立てられた戦略には無理が生じやすく、広告費の無駄遣いや過剰在庫などが起こることも考えられる。

　戦略シナリオができれば、それに沿って行動計画を立て、実施状況をチェックするためのコントロール・システムを整備していく。行動計画では、担当部門や担当者が行動に移せるような具体的なオペレーションを規定する。その際には、大きく掲げたマーケティング目標をブレークダウンして、取り組むべき行動がイメージできるような、より具体的な目標値や指標を設定することがポイントとなる。目標を実現するための方法論はいくとおりも考えられるので、適切な指標を選んでおかないと、そのときどきで場当たり的な対応をして全体の整合性を損なってしまうおそれがある。

　重視すべき指標が定まったら、できるかぎり数値化する。売上げなら量や金額、利益なら率や絶対額、シェアなら占有率や変化率といったきめ細かな設定が望まれる。というのは、マーケティングでも他の企業活動と同じように、PDCA（Plan-Do-Check-Action）のサイクルを内在化させる必要があるからだ。計画値との乖離を常にチェックすることで進捗を管理し、必要に応じて修正行動を検討すべきかどうかを判断できるようになる。

情報システムの整備

　マーケティングでは、リサーチで得たさまざまな情報をもとに、活動の精度を高めたり、効果を検証したりするが、情報の活用はそれだけにとどまらない。マーケティング戦略の計画策定や実施は、市場環境、競合動向、販売状況などのさまざまな情報に基づきながら行われる。

　とはいえ、現実には、教科書に書かれているような情報の入手が困難なことも多い。潜在市場の規模やシェアが曖昧で、自社製品の相対的な強さを把握できない、製品ごとの収益性、チャネルごとの収益性がつかめない、ということも頻発する。とりわけ、複数のチャネルを介して複雑な構造をとっている企業は、どんな人が何を評価して自社製品を買っているのか、自社にとって貢献度が高いのはどのチャネルなのか、なかなか実態に迫れないケースがある。

　そうした状況下で情報システムを整備して効果的に情報を活用することができれば、競争優位を築くことができる。その典型例が、イトーヨーカドーやセブン‐イレブンを擁するセブン＆アイ・ホールディングスである。同グループはいち早く

POSシステムを導入し、受発注管理や在庫管理に役立て、受注ロスや売れ残りを減らした。POSシステムはリアルタイムに近い形での仮説検証を可能にした。セブン&アイ・ホールディングスは、そこで得た消費者情報を武器にメーカーに対する交渉力を強めることに成功し、スーパーやコンビニエンスストアが淘汰されていく中で、強い地位を確立した。

この例からもわかるように、必要な情報を迅速かつ確実に収集し、データの分析や活用ができる仕組みを整備することは、きわめて重要である。事実に基づくデータは、優先順位をつけたり、適切な資源配分を行ったりする際に重要な判断材料となる。顧客データベースや販売支援ツールなど、さまざまな情報システムを駆使することによって、顧客ニーズの把握とよりよいマーケティング活動の設計も可能になる。

3● 企業におけるマーケティング機能

マーケティングは、大きな視点で市場をとらえ、企業経営に役立てていく機能を担っている。企業は経営理念という枠組みの中で、外部環境と自社の経営資源を考慮しながら戦略を選定していくが、外部環境で最も注意したいのは市場環境である。市場は日々変化し、市場から拒否された企業は収益を確保できなくなる。市場の構造的変化をいち早くキャッチし、企業の進むべき方向性を見出し、経営戦略や事業活動に落とし込んでいく役割を果たすのが、マーケティングである。

●───── 企業戦略との関係

マーケティング戦略は、全社戦略あるいは事業戦略に沿った形で策定・実施しなくてはならない。

例えば、ビールメーカーが新ビールの開発過程で、魅力的な酵母由来のサプリメントを開発できたとする。これを本格的に市場導入すべきだろうか。もしその会社が事業ドメイン（事業領域）としてあくまでビールにこだわるなら、サプリメントの製品化は諦めて、他社に権利を売却するなどの措置をとることになるだろう。逆に、これを機会と見なして、事業ドメインを「酵母を活かした食と健康」などに変更し、サプリメントを新事業として育てるという選択肢も考えられる。いずれにせよ、単純にマーケティングの観点のみで判断することはできず、全社戦略との整合性という文脈上で考えなくてはならない（**図表1-3**参照）。

図表1-3 経営理念、経営戦略とマーケティング戦略

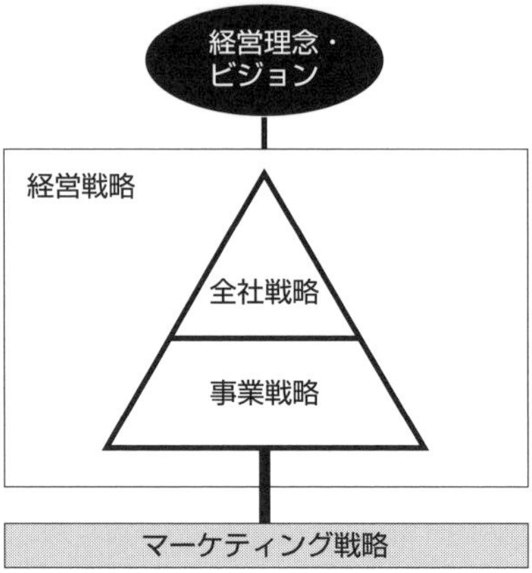

```
        経営理念・
         ビジョン
    ┌──────────────────┐
    │ 経営戦略          │
    │      ╱╲          │
    │     ╱全社╲        │
    │    ╱戦略 ╲       │
    │   ╱──────╲      │
    │  ╱ 事業戦略 ╲    │
    │ ╱_____╲   │
    └──────────────────┘
        マーケティング戦略
```

　企業の戦略は通常、経営理念とビジョンを上位概念とし、それに沿って全社戦略、事業戦略、機能戦略という階層構造をとっているものだが、マーケティング戦略もそれと同じような構造となっている。つまり、全社レベル、事業レベル、製品レベルなど、それぞれのレベルでマーケティング活動が行われている。

　製品レベルの視点では、自社が扱っている製品について「誰に何をいくらで売るか。それをどのように認知させ、どのように供給するか」をトータルで考えていく。だが、製品の数が増えるにつれて、個々の製品ベースでは最適なマーケティング戦略であっても、事業単位あるいは企業全体で見たときに、営業組織の連携がとれていない、製品ごとに表記や付随サービスにばらつきがあるなど、機能の重複や不整合が生じやすい。そこで、事業レベルあるいは、全社レベルでマーケティングの方針を決定することで、シナジー（相乗効果）を働かせながら製品間の調整を図っていく必要がある。全社レベルのマーケティング戦略では、さらにコーポレート・ブランディングなど、会社全体に関わる事柄を扱う。

事業ドメインと提供価値

　ハーバード大学などで教鞭をとったセオドア・レビットは1960年に、顧客ではなく、自社が提供する製品を中心に事業の定義をとらえているのは危険だと警鐘を鳴らした。その例として挙げたのが、アメリカの鉄道事業である。航空便の普及と車社会の到来に押されて1950年代に鉄道が斜陽化した原因は、自らを鉄道事業と定義していたからだという。

事業ドメインの定義の仕方によって、その企業が提供可能な価値の範囲が変わる。仮にアメリカの鉄道事業が、輸送の需要が増加していることに着目して、自らを総合運輸事業と考えていたなら、航空輸送から鉄道輸送、陸上輸送を束ねるコングロマリットが誕生していたかもしれない。

　実際に、顧客を中心にどのような価値を提供していけばよいか、という発想をすれば、提供可能なサービスの幅は広がる。例えば、阪急電鉄は事業の発展とともに、「我々は鉄道会社ではなく、沿線地域を発展させ、人々の生活を豊かにする会社である」という柔軟な考え方をとり、それに沿って宅地化、動物園、映画館、歌劇場、野球場、さらには百貨店など沿線の土地利用に努め、乗客の創造に成功した。

　事業ドメインや提供価値は、市場環境の変化に合わせて見直す必要がある。アメリカのレンタルビデオのブロックバスターは、DVDやブロードバンドの普及、新しいエンタテインメントであるゲーム市場の拡大を受けて、ビデオを豊富に揃えるだけでは事業の成長を続けることはできないことを悟った。そこで、社内でさまざまな議論を行い、自社の提供価値を「自宅で素晴らしい夜を過ごせるようにすることである」と再定義し、従来のドメインである「レンタルビデオ」よりも幅広い事業展開ができるように修正した。その結果、ビデオに加え、DVDを積極的に取り扱うとともに、ソフトドリンクやスナック菓子、アイスクリーム、映画情報誌など、顧客が楽しい時間を過ごせるように補完的製品をレジの付近に置いて販売するようになった。

　このように製品中心ではなく、顧客にとっての価値を中心に考えることにより、より多くの市場機会をとらえていくことが大切である。

●───マーケティング機能と他部門との関係

　企業は生産、営業、開発、財務、人事などのさまざまな機能の集合体であるが、どの機能においても、内外の顧客を意識しながら活動をしたり、マーケティング部門と連携や協業を行うことが不可欠である。企業にキャッシュをもたらす顧客がすべての活動の原点となる、という考え方に立てば、顧客こそが企業内の各機能をコントロールする基準になる。そうした顧客の期待を明確化し、その充足を保証すべく各機能を統合していくのがマーケティング機能である。

　例えば、R&D部門は製品開発に携わるが、彼らが熟知しているのは「自社の技術でどのような製品ができるか」である。それゆえ、技術シーズ中心の発想になりやすく、売れる可能性のない製品を開発してしまうことがある。しかし、いかに技術的に優れて

いようとも、顧客が価値を感じなければ、企業に利益をもたらすことはない。「顧客に選ばれるものをつくって、買ってもらう」ためには、顧客が求めている製品をよく知っているマーケティング部門とうまく連携することが肝要だ。

製造部門もまた、マーケティングの考え方と無縁ではない。長期的な生産キャパシティの問題から製品の梱包に関する細かな問題に至るまで、常にマーケティング部門と密接な連携が求められている。例えば、製造計画を立案するときには、市場分析に基づく販売予測データが必要になる。市場の動きを無視すれば、在庫の山を築いたり、その逆に販売機会を逃したりしてしまうだろう。製造コストや製造合理化の検討においても、製品仕様や価格設定などのマーケティング情報は必要だ。このように製造現場でも、製造業務の先にいる顧客のことを考えて行動しなくてはならない。

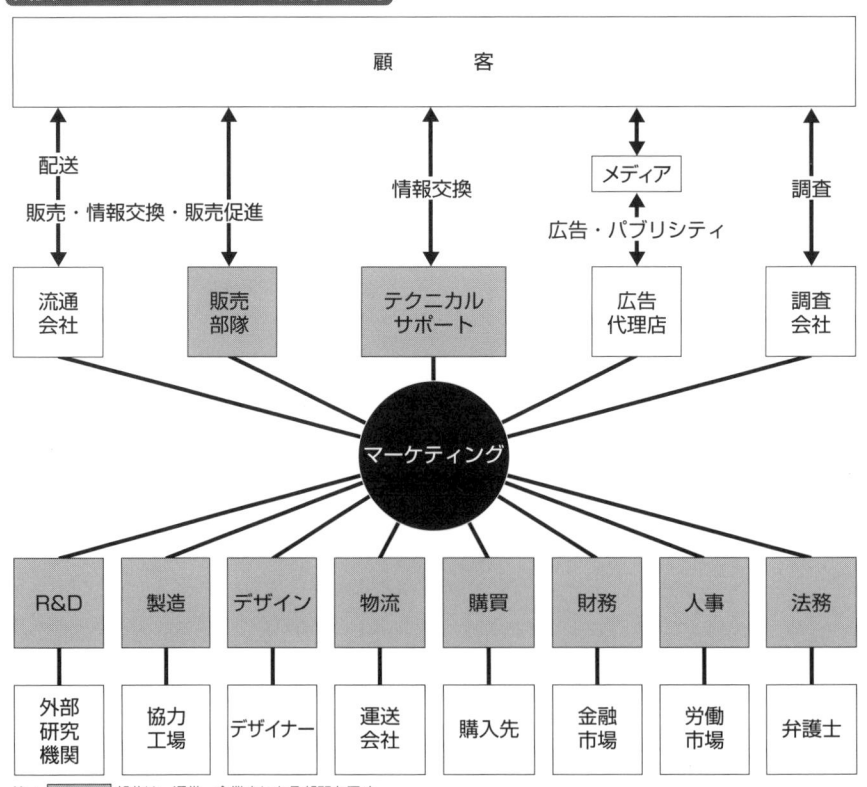

図表1-4　マーケティング部門の役割

注：　　部分は、通常、企業内にある部門を示す

管理部門にしても、日常業務において社内顧客のニーズに耳を傾けるというマーケティング的な発想が欠かせない。例えば人事部門では、社内制度や採用活動を行うときに、社員、採用者、候補者などのニーズや要望を正しく把握し、それに沿って必要なプログラムや対応を整備することが期待されている。

このようにどの部門もマーケティング発想で動く組織に変わるためには、マーケティングを独立した一機能として区別するのではなく、日々の業務に関連づけながらマーケティングの意識を浸透させていかなくてはならない（**図表1-4**参照）。

● ── **組織戦略とマーケティング**

組織構造や人事制度はマーケティング戦略の範疇には含まれないが、実行に際して無視できない要素でもある。自社の方針、組織文化や諸制度との合致は、戦略を立てるうえでの1つの制約条件となる。

特に、マーケティング戦略と人事戦略とが連動していないと、現場で混乱が起こるおそれがある。例えば、目標を利益重視に置く一方で、個人や部門の業績を売上高や市場シェアで評価すれば、現場の人間は何を目指して行動すればよいかわからなくなる。せっかく立てた戦略が実行フェーズでつまずくときは、組織や諸制度との整合性がとれていないケースも多い。マーケティング担当者の評価・報奨において、業績を正確に測定し、その分の見返り（ボーナス、昇進、表彰など）が受けられる仕組みがなければ、よりよいマーケティング活動を行おうとするモチベーションは生じにくい。

マーケティング戦略を効果的に実行していくためには、組織構造、職務設計、人事システム、人員配置などの仕組みとの整合性にも留意したほうがよい。さらに、場合によっては、戦略の遂行上、既存の諸制度について変更を働きかける必要性があるかもしれない。

マーケティング部門は経営者への登竜門

アメリカに本拠を置く家庭用品メーカーのプロクター・アンド・ギャンブル（P&G）は、さまざまなマーケティング手法をいち早く導入した企業として名高い。

P&Gはマーケティング組織の構築という観点でも特筆される。1930年代、同社は社内競争による活性化を促すためにブランド・マネジメント組織を導入し、大きな成功を収めた。各ブランド・グループ（P&Gの場合は事業部よりさらに細かい単位となる）は、その組織的枠組みの中で整合のとれたブランド戦略に取り組む。ブランド・マネジャーは「結果重視、社内昇進のみを前提にした人事評価制度」の下に徹底的な秘密主義を貫きながら、開発、製造、広告、販売などの機能部門を自分

のブランドのために有利に動かして、自ら立案したマーケティング計画を実行し、成果を競うのである。

その後、P&Gは社外競争が厳しくなったことを受けて、社内競争を緩和させる組織体制へと移行した。このように、環境変化に合わせて柔軟に組織を再構築させられることも、P&Gの強さの一端を担っている。

P&Gは、ゼネラル・エレクトリック（GE）と並んで、多くの経営者を世に送り出したことでも有名である。そしてその多くは、マーケティング部門でブランド・マネジメントに携わっている。同社の"卒業生"には、GEのジェフリー・イメルト会長、マイクロソフトのスティーブ・バルマーCEO（最高経営責任者）、ボーイングのジェームズ・マックナーニCEOなどがいる（いずれも2009年時点）。

マックナーニCEOは、P&G時代に「意見よりデータ重視」「顧客への奉仕」など基礎となる考え方をたたき込まれたが、それはP&Gとはマーケティングのアプローチが異なる分野でも役立っていると語る。GEのイメルト会長も、P&Gで学んだ顧客対応手法や市場分析手法がその後のキャリアの礎になったと述べている。そのため、アメリカには「P&Gで学び、他の会社で稼げ」という言葉まである。

P&Gは、1980年代には製販の連携を促進するECR（エフィシェント・コンシューマー・レスポンス）などの情報システムをいち早く開始し、IT時代のマーケティングの先鞭をつけたことでも知られている。常にマーケティング手法の最先端をいき、優秀な人材を育てるP&Gのマーケティング部門が、多くの経営者を輩出してきたのは決して偶然ではない。それは、経営におけるマーケティングの重要性を雄弁に物語っている証左と言えよう。

2 環境分析と市場機会の発見

POINT

　マーケティング環境分析の目的は、外部環境と内部環境を分析して、市場における機会や脅威を明らかにし、自社にとっての機会と戦略の方向性を探ることにある。市場の機会は、マーケティング環境の中に「ある」ものではなく、発見した事実をもとに「創り出す」ものである。その機会をうまく活かすために、自社の抱えるマーケティング課題を洗い出し、マーケティング目標を明確にすることで、具体的な施策を検討するための準備が整う。

CASE

　アニメーションはいまや日本を代表する文化であり、輸出商品となっている。その根底にあるのは、わが国独自の「漫画」文化である。その漫画文化の中でも特に大きな影響力を持っているのが、『少年マガジン』（講談社）、『少年サンデー』（小学館）、『少年ジャンプ』（集英社）の3誌に代表される少年週刊誌だ。これら3誌は数百万部の発行部数を誇り、市場に対してそれぞれに大きな影響を残してきた。なかでも『少年ジャンプ』は、他の2誌に9年遅れて創刊しながら、わずか4年でナンバーワンの座につき、一時期はおよそ650万部という驚異的な部数に達した。これは偶然の産物ではなく、その背景には時代を先取りした「マーケティング的思考」が存在していたのである。

＊＊＊＊＊

　連載漫画が生まれたのは昭和初期で、子供向けの雑誌に連載された「のらくろ」などがその先駆けである。戦後になると、手塚治虫というカリスマ的漫画家が登場し、漫画はより身近なものになっていく。1959年に『少年マガジン』と『少年サンデー』が創刊され、好評を博した。この頃には、漫画は貸本屋で借りるものではなく、買うもの（消費するもの）と認識されるようになった。その後、白土三平らに代表される劇画は、大学生や社会人といった大人を漫画の世界に引き込んだ。また、赤塚不二夫らを中心としたギャグ漫画の流行も、新しい読者層を引きつけることになった。

『少年ジャンプ』は1968年に創刊された。前身の月刊誌『少年ブック』を引き継ぎ、当初は毎週ではなく隔週で発行された。折からの経済成長や、団塊の世代（1947〜51年頃に生まれた世代）が対象読者になったことで漫画雑誌、特に漫画週刊誌の市場は伸びていた。ただし、当時は「あしたのジョー」と「巨人の星」という2枚看板を持つ『少年マガジン』の力がきわめて強く、その牙城は揺るぎないものと思われた。

集英社は同時期に10代の女の子向け雑誌『セブンティーン』も創刊していた。リソースが分散されていたこともあって、同社の首脳は『少年ジャンプ』がどの程度の成功を収めるか、さほど強い自信を持てずにいた。その大きな課題の1つは、コンテンツを供給する漫画家の逼迫である。いわゆる「大家」と呼ばれる漫画家や原作者はすでに既存の雑誌と契約を結んでおり、後発誌である『少年ジャンプ』がそこに食い込むのは難しかった。

こうした状況下で、『少年ジャンプ』編集部は大物漫画家が使えないという弱みを逆手に取り、新人漫画家を発掘して登用するという戦略に出た。そのうえで、漫画家は原則『少年ジャンプ』専属とし、「〇〇先生の漫画が読めるのは『少年ジャンプ』だけ」と謳い、差別化を図ったのだ。

とはいえ、肝心の漫画が面白くなくては、このような差別化をしても意味がない。『少年ジャンプ』は、コンテンツの魅力を高めるために、ストーリー展開やキャラクターづくりなどを漫画家に任せきりにせず、編集者を漫画家にマンツーマンに近い形ではりつけ、一緒に考えさせるという方式をとった。編集者に、それまで以上にプロデューサーに近い役割を担わせたのである。

同誌の新しい試みは、これにとどまらない。読者アンケートを重視し、人気の低い漫画は連載開始から10話で打ち切る、あるいは人気が落ちてきた漫画はアンケートを参考にストーリー展開を一新させるという手法を導入した。消費者の声を商品企画に反映させる手法はマーケティングの基礎であり、メーカーや小売業などでは当たり前であるが、「作品」に対する作り手の思い入れが強い漫画においては画期的なことだった。

『少年ジャンプ』は、前身の『少年ブック』の基本コンセプトである「友情・努力・勝利」を継承していたが、読者アンケートを行ったところ、これらの要素が強く打ち出されている作品の人気が高いことが判明した。そこでこれ以降、ほとんどの作品にどれかの要素が盛り込まれるようになった。

創刊時に10万部でスタートした『少年ジャンプ』は、永井豪の「ハレンチ学園」と本宮ひろ志の「男一匹ガキ大将」などが人気を呼んだことなどもあり、2年後の1970年には100万部を突破。そして1973年には、『少年マガジン』を追い抜いた。その後も順調に部数を拡大し、1980年代には「ドラゴンボール」や「北斗の拳」など大

ヒット作品を連発し、1994年に約650万部という空前の部数を記録する。

しかしその後は、長期連載作品の終了と、全盛期の反動から漫画家が育たなかったことなどが重なり、『少年ジャンプ』の部数は減少に転じることになる。それでも、マーケティング的思考を駆使して一時代を築いた『少年ジャンプ』は、業界のみならず、わが国の文化・社会風俗史に大きな足跡を残したと言えよう。

理論

個人も企業もその他の団体も、好むと好まざるとにかかわらず、周囲の環境から有形無形の影響を受けながら、それぞれの活動を営んでいる。社会にはさまざまな環境要因が存在し、絶えず変化を続けている。そうした環境変化を敏感に察知し、自己の強み、弱みを新しい環境下で再評価できる柔軟な能力が備わっていなければ、競合に後れをとってしまう。そこで重要になるのが、的確な環境分析である。

環境分析では、起きている事象をもとに現状を正確に把握し、必要な情報を取捨選択し、それらを深い洞察力を持って解釈することにより、市場の機会と脅威を見出す。そして、自社にとっての機会やマーケティング戦略の方向性を明らかにしていく（**図表2-1**参照）。

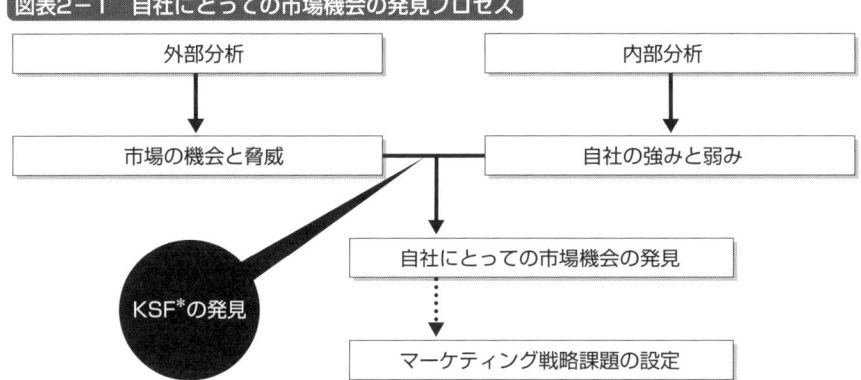

図表2-1　自社にとっての市場機会の発見プロセス

```
外部分析                        内部分析
   ↓                              ↓
市場の機会と脅威              自社の強みと弱み
        ↘         ↙
     KSF*の発見    自社にとっての市場機会の発見
                         ⋮
                  マーケティング戦略課題の設定
```

*KSF：Key Success Factor（成功のためのカギとなる要因）

1● 環境分析

環境分析は大きく、外部分析と内部分析に分けられる。このうち、外部の環境である顧客分析（Customer）と競合分析（Competitor）、および内部の環境である自社分析

図表2-2　3C分析

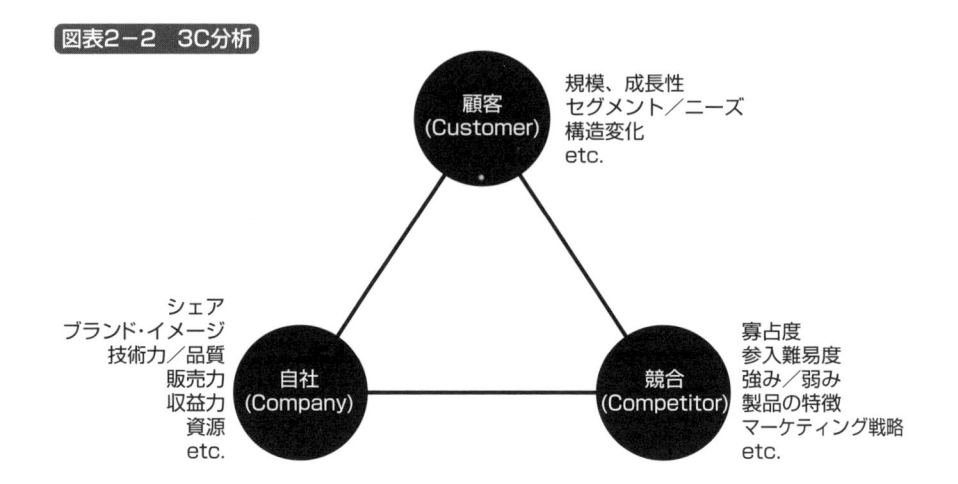

```
                顧客
             (Customer)        規模、成長性
                              セグメント／ニーズ
                              構造変化
                              etc.

シェア
ブランド・イメージ
技術力／品質                              寡占度
販売力      自社          競合          参入難易度
収益力   (Company)    (Competitor)     強み／弱み
資源                                    製品の特徴
etc.                                    マーケティング戦略
                                        etc.
```

(Company) の3つをまとめて3C分析と呼ぶ（**図表2-2**参照）。

● 外部分析

　外部分析は、企業のコントロール外にある外部の環境について分析するもので、大きく❶マクロ環境分析、❷顧客分析、❸競合分析に分けられる。一般に環境と言えばマクロ環境を指すことが多いが、マーケティングの観点からは、マクロ環境に影響される消費者の動向を顧客市場環境ととらえ、さらにこうした環境変化に対応した競合企業の動静も併せて外部環境として包括する。環境分析が一筋縄でいかないのは、こうしたさまざまな環境要因が互いに影響を与えつつ、企業を取り巻いて刻々と変化するからである。

❶ マクロ環境分析

　マクロ環境とは、企業を取り巻く外部環境で、企業がコントロールすることはできないが、企業活動への影響力を持つものである。具体的には、人口動態（年代、性別、世帯構成など）、経済（経済成長率、個人消費、産業構造など）、個別業界動向（売上高、業界構造、原料の供給状況など）、生態学的環境（自然環境、公害など）、技術（新技術など）、政治・法律（法律改正、規制、税制、外圧など）、文化（ライフスタイル、風俗など）、社会環境（交通、治安など）といった要因を指す。

　例えば、保育ビジネスに打って出ようと考える企業であれば、最低でも次に示すマクロ環境を押さえておく必要があるだろう。

　人口動態：低年齢児人口、出生率動向、世帯構成、共働き世帯数など

経済：女性の就業率、家計動向、保育所数など
政治：保育所の許認可、雇用関連法規、国や自治体からの補助金など
文化：女性の社会進出の程度、育児休暇に対する認識、シングルマザーの容認など
業界：全国の保育サービスの実態（参入数、収支、地域的ばらつきなど）、業界が抱える問題など

『少年ジャンプ』のケースでは、マクロ環境のうち文化面での変化の影響が大きく、漫画が広く世の中に受け入れられていたことが追い風になった。また、人口動態の観点では、団塊の世代が社会人や大学生になり、自らの財布と意思で購入する層となっていたこともプラスに働いた。

マクロ環境の中でも技術環境と政治・法律環境は特に、企業経営に非常に大きなインパクトを与えることがある。

まず、技術環境の変化は、産業構造のインフラを変え、製品開発に自由度を与え、ひいては人々の生活様式にまで多大な影響を与える。企業としては、技術動向に情報のアンテナを張りめぐらせ、進んでマーケティングに取り入れる努力が必要である。

例えば、今日の車には驚くほど多くのコンピュータ制御が取り入れられている。エンジンや変速機、ブレーキは言うに及ばず、姿勢制御やエアバッグ、エアコン、カーステレオ、ナビゲーションに至るまで枚挙にいとまがない。仮に、二十数年前にこれだけの制御を行おうとしたなら、ロールスロイスをはるかにしのぐ高価格で、大型トレーラーのような車体を持った車になっていたに違いない。そのような車を購入しようとする人はほとんどいなかっただろう。

携帯電話も進化を遂げている。本来の「電話」機能が占める割合は低下し、メール、インターネット端末、デジタルカメラはもちろんのこと、テレビ、ゲーム機、音楽プレーヤー、電子マネーなどの機能を備えているうえ、驚くほど軽くて小さい。このように発展途上の業界ではどの機能を多様化、高度化させていくべきなのか、ユーザーニーズの変化に加え、技術の進化の方向性を慎重にウォッチする必要がある。

法律や行政環境もまた、マーケティング戦略に重要な影響を与える。かつて弱小の小売店を保護するために生まれた百貨店法や大店法、大店立地法による規制は、時代の流れの中で大きく緩和された。証券業界と銀行業界などでは、事業の垣根の多くが取り払われ、ワンストップ・ショッピングへのニーズが高まり、業界を超えた再編が加速している。こうした規制は、それぞれの業界を保護育成するために必要と政府が判断し、制度化したものであるが、自由競争推進の名の下、徐々に姿を消しつつある。

このような規制緩和に代表される法律や行政環境の変化が、特定企業の現在のマーケ

ティング戦略にプラスに働くかマイナスに働くかは一概には言えない。例えば、国立大学の独立行政法人化や株式会社の大学事業への参入によって、ブランド力に欠ける中堅私立大学は、競争激化で経営が圧迫される可能性が高くなる。しかし、民間企業の経営手法を導入することで、それまでの業界地図を塗り替え、飛躍するチャンスとなるかもしれない。言い換えると、規模の大小を問わず、変化を予測して対応を怠らなかった企業には絶好の市場機会がもたらされる一方で、変化に備えずに過去の仕組みに安住していた企業にとっては大きな試練となるのだ。

> **補足：PEST分析**
>
> マクロ環境の代表である政治・法律（Political Environment）、経済（Economic Environment）、社会（Social Environment）、技術（Technological Environment）に関する分析を、頭文字をとってPEST分析と言うことがある。PESTが病原菌を示すことからこの表記を嫌い、並び替えてSEPTember分析と呼ぶ人もいるが、意味は同じである。

❷ 顧客分析

顧客、すなわち潜在的に購買の意思と能力がある人々を分析することは、マーケティング、ひいては企業活動の出発点である。企業は顧客に関して、以下の分析を行う必要がある。

購買人口：想定される潜在顧客はどのくらいいるのか？　顧客の地域構成は？
顧客ニーズ：顧客は何を欲しいと思っているか？　顧客は何に不満を感じているか？
購買決定プロセス：購買の際に重視するポイントは？　情報はどこで集めるのか？　購買までにどの程度の期間を要するか？　いつ、どこで購買を行うのか？　どのように購買するのか？　どの程度代替品と比べるか？
購買決定者：購買の意思決定者は誰か？　購買にあたって、誰の意見を聞くか？
購買行動に影響を与える要因：価格、普及度（人が使っていたら自分も買う）、ブランド

先に挙げた保育ビジネスで言えば、誰が財布をにぎる購買決定者なのか（母親、両親、祖父母ほか）、育児情報はどこで入手するのか（祖父母、育児書、病院、セミナーほか）などを知らなくては、マーケティング戦略は立てようがないだろう。

『少年ジャンプ』の例では、既存の読者を維持しながら、新しい読者ニーズ（新たに漫画を読むようになる子供層や、それまで少年誌を読まなかった層のニーズ）をどのようにとらえていくかが常に課題となる。特に、年齢が上がるにつれ漫画離れしていく傾向があ

るので、姉妹誌による取り込みなども含めた対応を検討しなくてはならない。
　なお、企業が市場をどのようにとらえ、ターゲット市場を選定するかについては、次章で取り上げる。

❸ 競合分析

　上記2つの分析は、主に市場の需要という観点から外部環境を把握しようというものであったが、それ以外にも、いかに市場を競合他社から奪い取るか（あるいは守るか）という競争の視点が必要になる。したがって、競合他社の戦略（差別化、価格など）、パフォーマンス（売上高、シェア、利益、顧客数など）、経営資源（営業担当者数、生産能力など）などの分析が第3の外部分析として重要である。

　分析対象とする競合他社は、市場をどうとらえるかで変わることにも注意しなくてはならない。例えばキリンビールは、ビール市場（発泡酒なども含む）では他の大手3社、輸入ビールや地ビール会社と競合しているが、もう少し大きくとらえたライトアルコール市場の中では、酎ハイメーカーやワインメーカーなどとも競合している。競争上の課題を考えるうえでは、意味のある競合相手をピックアップしなくてはならない。
『少年ジャンプ』の場合は言うまでもなく、『少年マガジン』や『少年サンデー』がウォッチすべき最大の競合である。しかし場合によっては、より広く青年漫画誌や少女漫画誌も競合として意識すべきだろう。「娯楽」というカテゴリーで考えるなら、ゲームやテレビなども競合として意識しながら、誌面づくりを考えなくてはならない場合も出てくるかもしれない。「電車の中での時間つぶし」というカテゴリーを考えるなら、携帯メールや携帯小説をライバルと考えなければならないだろう。

　なお競合分析では、現在は市場に参入していなくても、将来参入する可能性が高い潜在的競合（例：外資系企業）、あるいは代替技術（例：衛星放送に対するケーブルテレビ）などにも注意して、動向を把握しておいたほうがよい。

◉──── 内部分析

　内部分析とは、自社でコントロール可能な経営資源について分析を行うものである。具体的には、経営戦略、企業文化、製品特性、市場シェア、現在までのマーケティング戦略の長所・短所、人的資源、トップのリーダーシップ、資金力などについての分析を行い、自社の強みと弱みを明らかにしていく。

　例えば、日用品メーカーの花王はかつて、フロッピーディスクという一見畑違いの市場に出てトップシェアにまで躍り出たことがある。これは一か八かの賭けではなく、それまでに培ってきた界面活性技術などの技術的資産が大きな強みになるとの分析に基づ

いている（その後、フロッピーディスク自体の市場縮小に伴い、撤退している）。

　自社の弱みを補うために、アウトソーシング（自社にとって付加価値が高いと思われるクリティカルな機能以外について、外部資源を利用すること）を活用することもある。このような場合、内部分析の際にアウトソース先である「準構成者」のネットワークも自社の経営資源に含めて考えておいたほうが、より正しく企業の実態をとらえることができる。例えば、インターネット販売を行う企業であれば、物流を担当するパートナーの能力も合わせて分析しておくとよい。

　自社の強みと弱みは、現実にはなかなか把握するのが難しい。リサーチなどを活用して競合と比較したり、顧客からの評価を確認したりしながら、冷静に判断していく必要がある。

補足：SWOT分析

　SWOT分析（Strengths−Weaknesses−Opportunities−Threats Analysis）は、**図表2-3**に示すように、「外部／内部」、「好ましい傾向／好ましくない傾向」という2軸でマトリクスをつくって重要な情報を整理し、分析する。「内部かつ好ましい傾向」が「強み(S)」、「内部かつ好ましくない傾向」が「弱み(W)」、「外部かつ好ましい傾向」が「機会(O)」、「外部かつ好ましくない傾向」が「脅威(T)」に該当する。

　SWOT分析の際には、ありのままの現状をとらえるだけではなく、弱みを強みに変えたり、脅威を逆に機会にできないかとポジティブにとらえ、自らの市場機会につなげる姿勢が望まれる。

図表2-3　SWOT分析

	内部	
好ましい傾向	強み（Strengths）	弱み（Weaknesses）
	機会（Opportunities）	脅威（Threats）	好ましくない傾向
	外部	

● 環境分析を行う際の留意点

　環境の変化をとらえる際の留意点として、第1に、表層の事象にとどまらず、その奥に潜む変化の本質を見極めることが挙げられる。例えば、バブル経済の崩壊後、価格破壊が起こり、しばらくの間、低価格品や正札品の安売りが消費者の支持を集めた。しかし、低価格志向に走った消費者の大半は、資産価値が下落してしまった一部の資産家と違って大幅に購買力が低下したわけではなかったので、新しい経済環境に慣れるにつれて「安かろう悪かろう」の製品から離れ、「良質のものを買い得な価格で」買うという方向に変化していった。これは、新しい環境に適応していく過程で、消費者が試行錯誤して学習を積み、本物志向へと価値観を変えたことを意味する。カジュアル衣料のユニクロを展開するファーストリテイリングが一時期、驚異的な成功を収めた理由もここにある。こうした変化の本質をしっかり見極めずに、低価格のみを前面に打ち出した小売業の多くは、過当競争と採算割れのため廃業を余儀なくされた。

　第2に、1回や2回大きな成功を収めたからといって、慢心して環境分析を怠ってはいけない。例えば、1970年代から80年代にかけていち早くクォーツ時計を市場に導入し、世界ナンバーワン時計メーカーに駆け上ったセイコーも、巻き返しを図るスイスの高級腕時計勢や、ファッション性を前面に打ち出して時計のあり方を「時を正確に刻む道具」から「TPOに応じて使い分けるファッション」へと変えたスウォッチやカシオの「G-Shock」の前に苦戦を強いられることになった。

　第3に、一見すると脅威のように思われることを機会ととらえたり、弱みと思われることを強みととらえ直す多面的な思考が必要である。これについては次節で詳述する。

2● 市場の機会と脅威

● 機会と脅威の分析

　市場の機会と脅威は通常、外部分析から導かれる。しかしながら、他の企業にとっての機会が、必ずしも自社にとっての機会となるわけではない（**図表2-4**参照）。一般的な市場の機会に自社の強みがうまく合致したとき（あるいは弱みだと思っていた要素を強みに転換し、市場の機会と結び付けられたとき）に、最大の機会が生まれる。

　市場全般の脅威が、反対に機会となる場合もある。例えば、円高は自動車をはじめとする輸出型の企業にとっては通常、利益を押し下げる要因になる。しかし、別の側面から見れば、海外企業の企業価値が相対的に下がるため、M&Aを検討している企業にとっては海外の有力事業買収の機会となる。つまり、輸出型企業であっても、円高は追

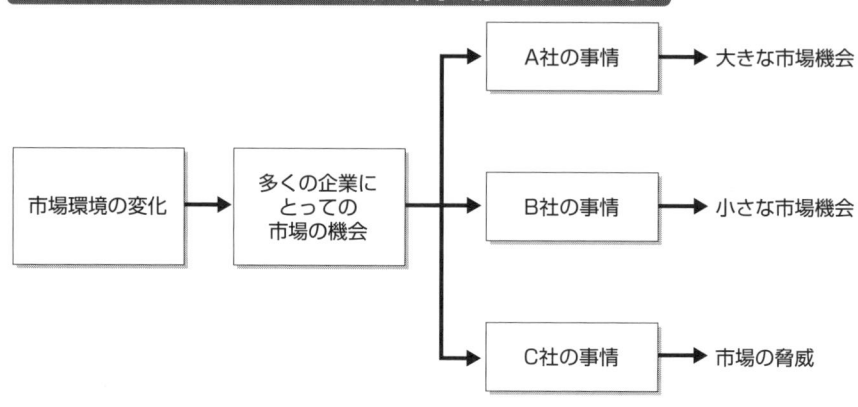

図表2-4　市場の機会はすべての企業に平等に訪れるわけではない

市場環境の変化 → 多くの企業にとっての市場の機会 →
- A社の事情 → 大きな市場機会
- B社の事情 → 小さな市場機会
- C社の事情 → 市場の脅威

い風になりうるのだ。

◉── 機会と脅威の二面性

　市場全般の機会がすべての企業にとって等しく機会であるとは限らないと述べたが、機会と脅威には二面性があることも忘れてはならない。すなわち、同じ企業であっても、とらえようによっては機会が脅威になるし、脅威が機会にもなる。

　例えば規制緩和がその良い例である。従来の秩序を崩してしまう規制緩和は、業界内のルールに則って優位性を築いてきた大手企業にとっては通常、脅威となる。しかし見方を変えれば、規制緩和で行動の制限を解かれ、より自由に動けるようになるので、さまざまな機会を秘めている。『少年ジャンプ』のケースでも、『少年マガジン』という強敵の存在は脅威であるが、逆に、先陣を切って市場を切り開くチャンスをもたらした存在ととらえることもできる。

　その意味で、「機会」と「脅威」は1つの事象の裏表と言えるだろう。企業は、ある事象を発見したときに、それを早計に「脅威」ととらえるのではなく、これを「機会」とすることはできないかと考えなくてはならない。そうした頭の切り替えができるかどうかは、常日頃から環境変化を把握し、準備をしているかどうかにかかっている。自社の強みと弱みを把握し、環境の変化が脅威をもたらす前に察知して未然にリスクを回避する戦略を構築し、競合他社よりも早くそれを事業に結び付けるバイタリティこそが、企業の生死を分けるのである。

　また、機会と脅威を見つける際には、先述したように、環境の変化を本質まで掘り下げて分析することが不可欠だ。例えば、ブライダル産業の売上げが伸び悩んでいるとい

う事実があったとする。これを単純にとらえて、市場が成熟し、魅力のない市場になったと考えてはならない。まず、その原因が、結婚式を挙げるカップル数の減少によるのか、それとも平均単価の低下にあるのかを探る。そして、仮に平均単価の低下であるなら、なぜそうした現象が起きているのかを分析する。このように掘り下げていけば、例えば、特定セグメントの潜在ニーズを掘り起こすことで高付加価値、高価格のブライダル事業を生み出せそうだ、という示唆を導き出せるかもしれない。

◉──── **自社の弱みを強みに変える**

　市場の脅威を機会に変える方法がもう1つある。「自社の強み／弱み」を再度見直してみることだ（**図表2-5**参照）。

　例えば、ある家電製品の市場が伸びそうだが、自社には流通チャネルがなかったとしよう。流通チャネルがないということは、一見大きな弱みのように思われるが、はたしてそうだろうか。実際には、通信販売などの新しい事業形態のチャンスがあるかもしれない。しかも、ライバルは既存の流通チャネルを持っているがゆえに、新しい事業形態を使うことができないということもありうる。
　『少年ジャンプ』も弱みを強みに変えていった例の1つである。有名漫画家が逼迫しているという状況に対して、漫画家を他誌から引っ張ってくるのではなく若手を起用するという新しい方法を考え出したことで、荒削りだが若々しい感性や常識破りの発想に満ちた面白い作品の誕生につながったのである。さらに、編集者にプロデューサー的役割

図表2-5　見方を変えることで弱みを強みにできないか？

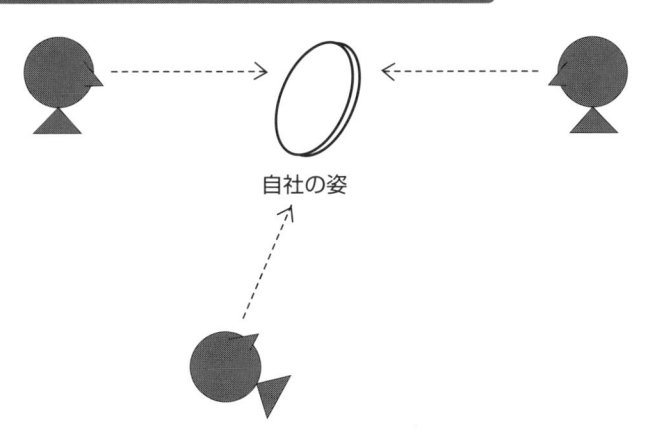

自社の姿

を担わせて作品の品質向上を図る、専属契約を結ぶなど、独自の仕組みを構築した点にも留意したい。このような自らの弱点を補うための仕組みが同誌の強みとなり、その後の躍進の礎となったと考えられる。

　一見短所と思われる特徴を、視点を変えることによって長所に転じた例は、第1章の松井証券をはじめ、枚挙にいとまがない。だが、単に「弱みを強みに」というスローガンを唱えるだけで、そう簡単に実現するものではない。逆転の発想で成功した企業の背後には、必ず地道な努力の積み重ねがある。

◉──── 市場機会を創造する

　自社にとっての市場機会は、発見した事実の中に「ある」ものではなく、その事実を企業がどうとらえるかによって「創り出される」ものである。

　例えば、2008年から顕在化したサブプライム問題は世界同時不況を引き起こしたが、この環境下で業績を伸ばしている企業に、先述のように「ユニクロ」などのアパレル事業を展開するファーストリテイリングがある。主力であるユニクロの業績の伸びの原因は、顧客の財布の紐がかたくなった中で価格対パフォーマンスの高い商品を提供していることにある。保温素材を使った下着「ヒートテック」の大ヒットがその象徴であるが、下着などの女性向け商品の充実に支えられている部分も大きい。

　ファーストリテイリングは2009年初頭には、不況をさらに逆手にとって、それまで低迷していた新ブランド「ジーユー」においてジーンズを990円で販売し、世の中をあっと言わせた。深刻化する不況下、この低価格は圧倒的な支持を受け、ジーユーは直ちに販売数を倍に上方修正した。

　このジーユーは、2006年に創設された戦略的部門で、ユニクロよりさらに低価格帯の製品を販売していたが（例えば、ユニクロで3990円で売られているジーンズは1990円）、品揃えなどに個性が乏しく、またユニクロとは異なる生産体制をとっていたことから品質もユニクロには及ばず、「ユニクロの安かろう悪かろう版」と見られることも多かった。

　品質の問題は、社内体制の再構築によってある程度は解決しつつあったが、起爆剤となる新製品は見つからないままであった。そうした中で登場したのが990円ジーンズだったのだ。もともとは1490円での販売を予定していたが、「それでは結局、新しい価値は創造できない。990円でいくべきだ。そのためには、990円で売っても儲かる仕組みを構築しなくてはならない」との決断を下した。

　顧客が驚くような価格帯で製品を出し、それを売り切ってしまうのは、ユニクロで培ったファーストリテイリングのお家芸と言える。その強みを最大限に吸収しつつ、ジ

ーユーではさらに省人化のためのレイアウトや店舗オペレーションを導入し、コストダウンに努めている。ジーユーは、段階的にではあったが、それまでの「弱み」を払拭し、環境が変わったと見るや新しい顧客ニーズを市場機会として取り込んでいった好例と言えよう。

3● マーケティング課題の特定

　一般的な市場の機会と脅威に、自社の強みと弱みを重ね合わせることで、自社にとっての市場機会が見出される。その機会をとらえてうまく活用するためには、マーケティング活動によって何を実現したいのか（マーケティング目標）を明確にし、それにはどのような課題があるかを洗い出し、それぞれの重要性を勘案しつつ優先順位をつけておくことが大切である。このステップを踏むことで、課題を克服するための施策（4P）が考えやすくなり、有効性も高まる。

　例えば、ネットで文房具などを販売するアスクルは、中小企業のユーザーに照準を定めて「明日、来る（頼んだ翌日に届く）」というコンセプトを掲げた。つまり、中小企業のユーザーからの小口注文に対して翌日必ず届けることを目指したのである。

　しかし、親会社のプラスは文具メーカーであり、それまで直販の経験はなかった。「商品ラインナップが揃っていない」「自前の配送システムを持っていない」「スピーディなオペレーションの仕組みがない」など、さまざまな問題が山積みだった。これらがすなわち、マーケティング上の課題として認識された。

　すべてが完全な状態でスタートできるはずはないと考えたアスクルは、まずは「スピード」を優先させて課題に取り組んでいくことにした。商品点数を500に絞り、エリアも限定した。そのうえで、受注から納品まで効率的なオペレーション体制を構築して、翌日には確実に商品を届けられるようにしたのである。この仕組みを整備した後、自社でPB商品を開発するなど商品ラインナップの拡充を図ったり、物流センターをつくって配送可能地域を拡大したりと、徐々にサービスを進化させていった。

　なお、重要課題の特定に加えて、制約条件にも注意を払っておく必要がある。親会社の方針、経営資源の不足、関係者との過去の経緯といった社内要因はもちろんだが、それ以外にも、思わぬ規制が明らかになった、技術上・物理的に難しいことがわかった、事業特性に起因する問題がネックになっているなど、さまざまな障害が出てくる可能性がある。いざ実行という段階で出鼻をくじかれることになりかねないので、こうした制約条件を把握したうえで、それを織り込んでマーケティング戦略を立てていくことが望ましい。

3. セグメンテーション、ターゲティング

POINT

　マーケティングでは、企業が市場に効果的にアプローチするために、「セグメンテーション」と「ターゲティング」を行う。前者は、共通するニーズに着眼しながら市場を意味のある集団に分けることであり、どのような変数を使ってセグメントを切り出すかがカギになる。後者は、その中からターゲットとする市場を選択することを指す。特定のセグメントに絞り込むことは、その後のマーケティング施策や売上げ、収益性などに大きな影響を与えるので、自社や競合他社、市場環境を踏まえて戦略的に意思決定する必要がある。

CASE

　書店の雑誌棚に行くと、家具や雑貨、洋服などの有料の通販雑誌が幾種類も置かれているが、かつては通販カタログと言えば無料が当たり前だった。通販カタログは掲載した商品を売るためにつくられるもので、商品の広告として位置づけられていたからだ。
　こうした"常識"を打ち破り、有料化に先鞭をつけたのが、斎藤駿が設立したカタログハウスである。斎藤は1976年に同社の前身となる日本ヘルスメーカーを設立。通販事業に参入し、「ルームランナー」という室内ジョギング機を大ヒットさせた。その後の1982年、生活雑貨を集めた通販カタログ雑誌『通販生活』を創刊し、1987年には社名をカタログハウスに変更した。
　カタログハウスは定期刊行物を割安で郵送できる「第3種郵便」を利用して、送付コストを抑えようと考えた。当時、第3種郵便物の認可を受けるには、発行部数の80%は有料読者であるという条件を満たさなくてはならなかった。そこで『通販生活』は1冊150円で読者に購入してもらう形をとることにした。

＊＊＊＊＊

　通販では無料カタログが通例なのに、わざわざ有料のカタログを求める人がいるのだろうか。そんな懸念もあったが、斎藤は逆にビジネス・チャンスだととらえた。無料カ

タログはたくさん送られてくるので、読まずに捨てられるケースも多い。だが、お金を払って買ったものであれば、目を通す確率は高くなる。読者の獲得には時間がかかるかもしれないが、レスポンス率はよくなるだろう、と考えたのだ。

この読みは見事に当たった。年3回発送される『通販生活』（年間540円）には、30〜50代の主婦を中心に約115万人（2008年時点）の定期購読者がいる。

このように根強いファンを獲得できた理由の1つは、『通販生活』が従来の通販カタログにはない特徴を持っていたことだ。まず、誌面の半分近くを編集記事にし、通販を目的とするのではないページを数多く設けた。編集記事の中には、時事問題や環境問題などメッセージ性の強いものや、読者参加型の生活情報などがあった。このような構成は、第3種郵便の「記事の量が広告と同等以上である」という条件を満たすために、実はやむをえずとった措置だったが、内容面の充実につながった。物販のカタログにとどまらず読み物としての魅力も高まったのである。

一般の通販カタログの場合、1冊当たりの商品数は数千点に及び、小さな写真と商品名、価格、サイズ、素材など簡単な情報しか掲載されない。これに対して、『通販生活』では商品に関する情報量が多く、1つの商品で半ページ、ときには2ページを割くこともある。他の商品に比べてどこが優れているか、なぜそれが可能なのか、使用時の注意点は何かなど、使用者の視点に立って丁寧な解説がついている。さらに、購入者や著名人から寄せられた感想や、「こんな使い方ができる」といったアドバイスが掲載されることもある。

その分、紹介できる商品は百数十点に限られる。何を掲載するかを厳選せざるをえないが、カタログハウスはユニークな選択方針を掲げている。例えば、「1分野1商品主義」という原則がある。枕であれば、イタリアのファベ社の「メディカル枕」のみを扱い、それ以外の商品は載せないのである。これは、氾濫する情報にとまどっている消費者に代わって相対的にベストの商品を選び出す、「購買代理人」の役割を担うことを目指しているからだ。また、通販ならではの付加価値を出すために、「街では入手しにくい商品」の提供にもこだわっている。実際に『通販生活』には、ドイツのミーレ社の掃除機、スイスのプラストン社の加湿機など、量販店や小売店に出回っていない頃から販売している商品が多い。メーカーに働きかけて、独自商品を企画することもある。

さらに商品選択において、環境に配慮した商品という条件を設けている。同社では環境に配慮した行動をとるという社是の下、できるだけ「地球と生物に迷惑をかけない商品」「永持ちする商品」「いつでも修理できる商品」を販売する、「寿命がつきた商品」は回収して再資源化する、「ゴミとCO_2を出さない会社」にしていくなどの条項から成る「商品憲法」を掲げ、その実現に向けて努力しているのだ。また、商品のみならず、

梱包剤や取扱説明書に至るまで、その原材料を追跡調査し、条項に反するものは扱わない。プラスチック製品は自社内に再生ラインを持っているメーカーに限定する、といった徹底ぶりだ。

　商品の回収再生だけでなく、アフターサービスも充実させている。3年間の無料修理を受け付けたり、メーカー保証期間が過ぎた商品を実費で修理する「もったいない課」という部署を設けたり、使用済みの商品を買い取って店舗で販売する仕組みをつくっている。なお、同社のカタログはすべて雑誌古紙100％の再生紙が使われている。

　通販雑誌は低価格をアピールするものが多いが、『通販生活』に掲載されている商品の価格は高めだ。類似商品と比較して3〜4割ほど高いものも多い。しかし、長く使える「一生もの」を選び、性能の高さなど選択理由を明確に示すとともに、環境配慮やアフターサービスなどの付加価値によって、一定の顧客層の心を確実にとらえている。

理論

　どのような顧客にどのような製品を提供するかは、企業を経営していくうえで最も基本的な意思決定である。セグメントを選択するということは、特定の顧客やその他のステークホルダー、あるいは特定の技術分野にコミットすることであり、それと同時に競合相手をも選択することを意味する。

　セグメントの選択は、大きく2つの手順──「セグメンテーション」と「ターゲティング」で行われる。それぞれについて詳しく見ていこう。

1 ● セグメンテーション

◉──── 市場とセグメント

　最初に「市場（Market）」と「市場セグメント（Market Segment）」の違いを明らかにしておこう（**図表3-1**参照）。「市場」とは、ニーズやウォンツ（欲求）を持った人々の集合全体のことである。人々のニーズは顕在化していないこともあり、導入期の製品はもちろんのこと、成熟化したと思われている製品でも、思わぬ潜在市場が隠れているかもしれない。また、同じ製品であっても、その市場が必然的に決まるというわけではない。例えば高級ハムの場合、その製品を「食品」ととらえるか、「贈答品」ととらえるかで、潜在的な市場規模に大きな差が出てくるだろう。

　セグメントとは、その市場の中で共通のニーズを持ち、製品の認識の仕方、価値観、使用方法、購買行動などが似ている顧客の集団である。例えば乗用車市場の中でも、高級車メーカーのベンツやBMWが狙うセグメントと、軽自動車メーカーのスズキやダイ

図表3-1　市場と市場セグメント

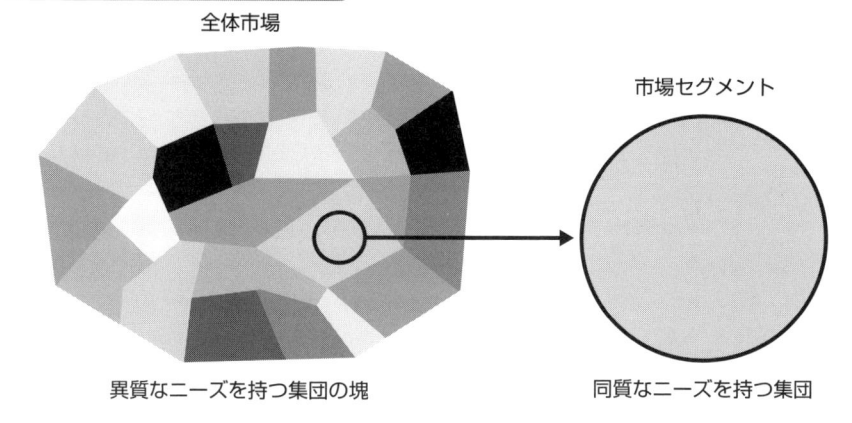

全体市場

市場セグメント

異質なニーズを持つ集団の塊　　　　同質なニーズを持つ集団

ハツが狙うセグメントとでは、顧客の特性や求めるニーズが明確に異なっている。

◉── セグメンテーションの意義

　すべての消費者に向く製品を万人に売り込むということは、企業にとって効率がよいようだが、必ずしもそうではない。人々のニーズは多様なので、万人向きの製品をつくろうとすれば、製品コンセプトが曖昧になったり、非現実的な価格になってしまったりするからだ。

　かといって、1人ひとりのニーズに合わせた製品提供は、オートクチュールなど特殊なビジネスを除けば経済的に見合わないし、他人が持っているから欲しいという消費者の欲求にも応えられない。また、経営資源（予算、人員など）の制約という問題もある。どんなに良い製品であっても、市場全体を相手にしていたのでは経営資源は早晩枯渇してしまう。

　そこで生まれたのが、セグメンテーションを用いたターゲット・マーケティングの考え方である。まず、不特定多数の顧客を、マーケティング戦略上、同質として考えても差し支えないと判断される小集団に分ける（セグメンテーション）。そして、一定のマーケティング活動に同じように反応する特定セグメントに照準を合わせて（ターゲティング）、マーケティングの資源を集中投下するのである。

◉── セグメンテーション変数

　セグメンテーションを行うときには通常、顧客の属性や価値観、購買行動、使用パタ

図表3-2　セグメンテーション変数

変数（切り口）	セグメントの例	該当する製品例
1. 地理的変数		
地方	関東、関西など	九州限定「ジャイアントプリッツ博多明太子」
気候	寒暖、季節など	花粉対策グッズ
エリア特性	都市部、郊外、地方など	「コメリ・ハード&グリーン」（農村型ホームセンター）
2. 人口動態変数		
年齢	少年、若者、中年、高齢者など	少年誌：『週刊少年ジャンプ』
性別	男、女	男性誌：『pen』
家族構成	既婚、未婚など	旅行会社の"お一人様宿泊プラン"
所得	年収1000万円以上、300万円以下など	高級車：「ベンツ」
職業	サラリーマン、主婦など	栄養ドリンク：「リポビタンD」
3. 心理的変数		
ライフスタイル	環境・健康志向型、都会型など	ハイブリッドカー：「プリウス」
パーソナリティ	新しもの好き、保守的など	新製品情報サイト
4. 行動変数		
求めるベネフィット	経済性、機能性、プレステージなど	高級腕時計：オメガ、ロレックスなど
使用率	ノンユーザー、ヘビーユーザーなど	化粧品のお試しセット

ーンなどに関するリサーチを行い、因子分析やクラスター分析などを駆使しながら、いくつかの共通項でグループ分けして、各グループの性質や特徴を明らかにしていく。

　では、どのようにグループ分けすれば、意味のあるセグメンテーションと言えるのだろうか。実は、このセグメントに分けるときの切り口（セグメンテーション変数）の発見こそが、最も困難でかつ重要なポイントであり、マーケティング担当者の手腕が問われる部分でもある。ニーズや購買行動などに基づき、試行錯誤を重ねながら、さまざまな変数の中から最適な変数を見つけ出すのが一般的である。

　マーケティングの実務では、以下の変数を組み合わせて使うことが多い（**図表3-2**参照）。いくつかの変数を同時に、あるいは段階的に用いることもある。

❶ 地理的変数

　地理的変数としては、気候、都市化の進展度、政府による規制、文化、顧客の行動範囲などがある。例えば、温暖な場所と寒冷地、大都市と地方とでは、人々の暮らし方や製品の使い方などが異なる。寒冷地に不可欠な防寒用衣類も、温暖な場所ではまったく不要かもしれないし、電車など交通の発達した都会では、そうした手段のない地方と比べて自動車の使用状況が異なるだろう。

　グローバルな展開をするときには特に、地理的変数に注意しなくてはならない。例えば医薬品は、国ごとに個別の安全基準や輸出入規制があるので、地域ごとにマーケティング・ミックス戦略を変える必要性が生じる。

❷ 人口動態変数（デモグラフィック変数）

　人口動態変数は、特に消費財のマーケティングで重視されている。具体的な変数の例としては、年齢、性別、家族構成、職業、所得レベル、教育レベルが用いられる場合が多い。また、地理的変数と密接に結び付いた人種や宗教といった変数も、これに含まれる。業界によっては、疾病や体格などが有効な変数となる場合もある。

　この変数でセグメンテーションを行うメリットとしては、①市場規模やその動向が比較的把握しやすい、②後述する心理的変数や行動変数に比べ、切り分けが明確である、などが挙げられる。

　ただし、人口動態変数だけに依存したやり方ではうまくいかないこともある。例えば、若年男性向けにスポーツウォッチやアウトドアウォッチを売り出したところ、実際のユーザーには同年代の女性も多数含まれていることが判明し、その後、女性にも使いやすいユニセックス・サイズに統一し直したといった例がある。近年は特に個人のライフスタイルや価値観が多様化しているため、人口動態変数だけでは同じニーズを持つグループを取り出せない場合が多くなっているのだ。

　また、同じ人口動態に属する集団であっても、時系列で見れば、その消費行動はしばしば大きく変化し、マーケティング・ミックス戦略の変更を迫られる場合も多い。バブル時とそれ以後の消費行動の変化がその例である。

❸ 心理的変数（サイコグラフィック変数）

　消費者は、ライフスタイル（派手な生活を好むなど）、所属集団に対する態度（権威主義的など）、階層（上流階層など）、あるいはパーソナリティ（開放的など）といった変数によって、異なる集団に分類される。これが心理的変数である。例えば、同じ高級車でも国産車を選ぶか外国車を選ぶかは、人口動態的な違いというよりも、むしろライフスタイルに根差した心理的な違いであろう。また、オピニオン雑誌や新聞などは、所属集団に対する態度や階層といった心理的変数が最も大きな要因として影響してくる製品である。さらに、金融商品を選ぶ際に、先物に投資して一攫千金を狙うか、預貯金を重視するかは、「リスクとリターンに対する感性」というパーソナリティによる違いと考えられる。

　最近では、心理的変数を用いてより細かなニーズを見つけ出し、マーケティング・ミックス戦略に反映させようとする消費財メーカーが増えている。

❹ 行動変数

　行動変数とは、製品に対する買い手の知識・態度などで顧客を分類するものである。

過去における購買状況（購買経験の有無など）、使用頻度（ヘビーユーザーなど）、求めるベネフィット（プレステージ、コスト・パフォーマンスなど）、購買パターン（購買意思決定者など）といった変数が、これに該当する。POSデータなどを用いて顧客の購買パターンが把握しやすくなっていることから、心理的変数と同様に、行動変数の活用も増えている。

　法人顧客を対象とするビジネスでは、行動変数の中でも特に購買パターンが重視されることが多い。例えば、大企業や官庁は前例を重視し、形式的な手続きを重んじる傾向が強いが、ベンチャー企業はあまり形式にこだわらず、新しいものを試そうとすることが多い。高額製品であっても現場に購買権限が委ねられている企業もあれば、安価な製品でも本社の購買部を通さなくてはならない企業もある。それぞれの顧客の購買パターンを踏まえて、ターゲットやマーケティング・ミックス戦略を変えていく必要がある。

　ここで、本章の冒頭に挙げたカタログハウスの例を用いて、セグメンテーション変数を使いながら、『通販生活』の代表的な顧客像を分析してみよう。
　まず、地理的変数であるが、通信販売には店舗販売のような地理的制約がなく、全国どこからでも顧客は『通販生活』のサービスを利用できる。もちろん、製品によっては売れ行きに地理的な偏りがあるかもしれないが、ここでは他の変数のほうがより的確に顧客の特徴をとらえることができそうである。
　次に、人口動態変数を見ていくと、最近でこそ男性に特化した通販会社もあるが、通信販売の利用者は圧倒的に女性が多い。『通販生活』は家電や生活用品などを扱っているので、10代や20代の女性よりも、家庭で家事に携わる主婦が主要対象層であろう。また、忙しくて店に行く時間がないので通信販売を利用しているというよりは、じっくりと説明を読み、納得のいくものを買っていると考えられるので、専業主婦か否かは関係なく、個人の購買態度や価値観などがポイントになりそうだ。
　購買行動に注目すると、自分で情報収集して製品を比較したり、店頭で実物を確かめたりすることには、それほどこだわらない。それよりも、信頼できる第三者の意見を参考にしながら、効率よく購買判断を行いたいと思っている。
　また、価値観としては、誰もが持っているありきたりの製品では満足せずに、珍しいものや何らかの特徴（購買に足る理由）があるものを好む傾向がある。ただし、流行の最先端を行く製品に飛びつくのではなく、なるべく環境によく、長持ちのする製品を使いたいと思う、堅実で理性的な側面もある。環境問題に対して積極的な活動をしているかどうかはわからないが、総じて環境に対する意識は高く、そのためには多少高いお金を払っても構わないと考えている……。

このように顧客プロファイルを明確にしていくことで、彼らのニーズに合った製品は何か、どのようなマーケティング施策をとるべきか、といった次の一手が検討しやすくなる。

ただし、セグメンテーションは、いくつもの変数を使ってむやみやたらに細分化すればよいというものでもない。例えば、年収〇万円以上の独身女性で、首都圏のマンションをローンで購入し、ペットを飼い、ヨガが好きな人というように条件を細かくしていけばいくほど、当然ながら、その条件に合致する人は少なくなる。そうなると、十分な売上高や利益を確保できるだけの規模ではない、その顧客にアプローチするための適切な手段がない、顧客の反応を測定・分析できない、といった問題が生じ、現実的な選択肢ではなくなってしまう。

2● ターゲティング

セグメンテーションによって各集団の違いが把握できたところで、いよいよ自社が狙う対象層を明確にするターゲティングを行う。特定のセグメントを絞り込む前に、どのようなアプローチで市場を攻略するか方針を決めておく必要がある。市場の攻略法は、大きく3つある（**図表3-3**参照）。

❶ 非差別化マーケティング

1つの製品と1つのマーケティング・ミックスを用い、市場全体あるいは最大のセグメントをターゲットとする、マス・マーケティングの手法である。市場構成者が多かれ少なかれ、日常的に使用したり、関心を持っている製品でよく見られる。

この手法はコスト（生産コスト、マーケティング・コストなど）を抑えることができる点で優れているが、最大セグメントの平均化されたニーズしか満たせないため、市場機会を逃すことも多い。そうした反省から、次に示す差別化マーケティングや集中化マーケティングが発達していった。

❷ 差別化マーケティング

複数のセグメントにそれぞれ異なる製品、マーケティング・ミックスを用意する、いわゆるフルライン戦略である。トヨタ自動車がその典型だ。あらゆるドライバーの嗜好やニーズに合うように、サイズやタイプ、価格の違うさまざまな車種を取り揃え、それぞれに対応するチャネルや販売方法を用意している。

この手法のメリットは、細かなセグメントごとに製品を提供することでトータルの売

図表3-3 ターゲティングのアプローチ

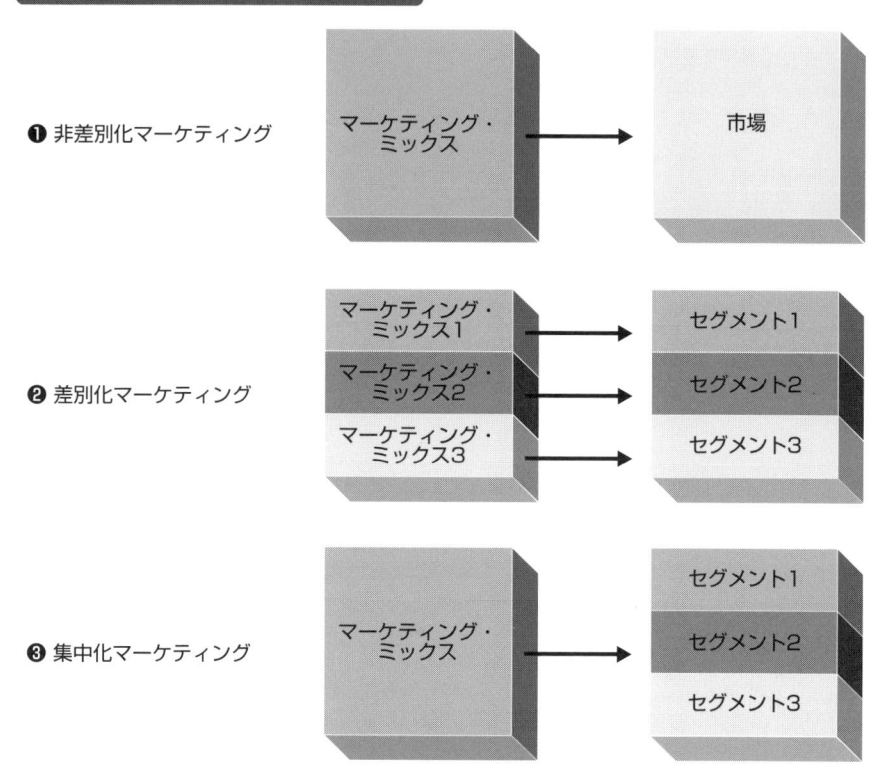

❶ 非差別化マーケティング
　マーケティング・ミックス → 市場

❷ 差別化マーケティング
　マーケティング・ミックス1 → セグメント1
　マーケティング・ミックス2 → セグメント2
　マーケティング・ミックス3 → セグメント3

❸ 集中化マーケティング
　マーケティング・ミックス → セグメント1
　　　　　　　　　　　　　　　セグメント2
　　　　　　　　　　　　　　　セグメント3

出所：P.コトラー『マーケティング原理』ダイヤモンド社　1983年

上高が最大化できる点にあるが、コストは増大することになる。理論上、企業はコストの増加分が売上げの増加分と並ぶ時点まで対象セグメントを広げることで、利益を最大化しうるが、その判断は容易ではない。

❸ 集中化マーケティング

　あるセグメントに特化し、そこに全経営資源を集中して独自の地位を築く戦略である。規模の拡大は追いにくいが、集中することにより、そのセグメントに対する知識が深まり専門性が高まる。この手法は、企業体力が小さく、差別化戦略をとりにくい場合によく用いられる。主に沖縄県で営業活動をしているオリオンビールや、特定エリアで展開しているスーパーチェーン、不動産サービスなどがこれに該当する。

図表3-4 セグメンテーションとターゲティング

セグメンテーション変数
・地理的変数
・人口動態(デモグラフィック)
・心理的変数(サイコグラフィック)
・行動変数

ターゲティングの判断基準
・6R(①市場規模、②成長性、③競合状況、④優先順位／波及効果、⑤到達可能性、⑥測定可能性)
・自社の経営資源
・環境要因

市場 → セグメンテーション変数 → ターゲティング

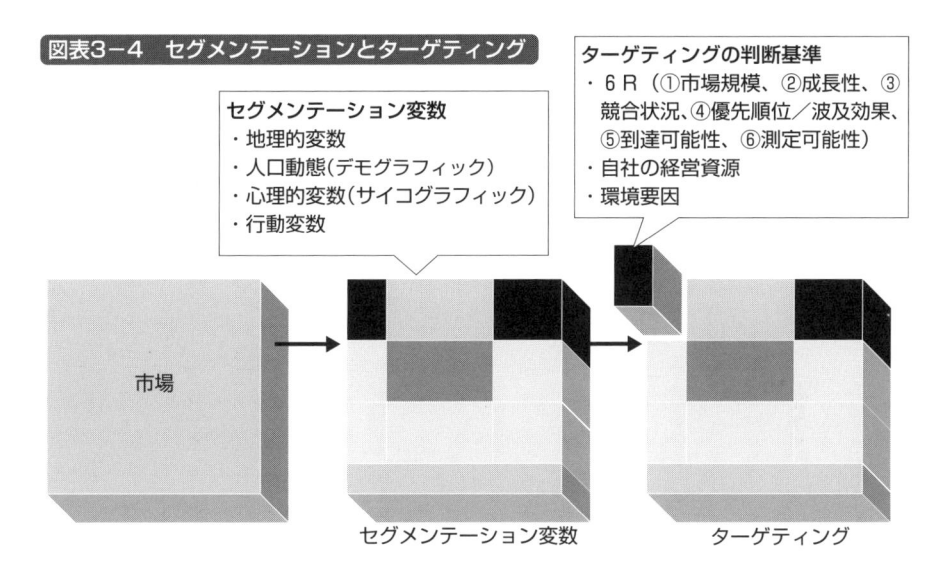

● ターゲット選定の条件

　基本的なアプローチを決めた後、自社にとって最も魅力的なセグメントを選んでいくのだが、その際には次に示す6Rに留意しながら、自社の経営資源や環境要因などの制約条件も踏まえて、総合的に判断していく必要がある(**図表3-4**参照)。

●6R

①有効な市場規模(Realistic Scale)：市場規模は当然ながら、大きいほうがより魅力的である。少なくとも、その事業が成立する最低限の規模を確保できるセグメントでなくてはならない。

②成長性(Rate of Growth)：一般的に、市場の生成段階や成長初期には、売上げやシェア獲得の大きなチャンスがある。しかし、現在は規模が小さくても、技術の進化などに伴って新しい用途が発生し、やがては何十倍にまで拡大するケースもあるので、市場の成長性についても見極める必要がある。

③競合状況(Rival)：規模が大きい、あるいは今後の成長性が見込める市場は通常、他の企業にとっても魅力的なので、多数の企業が参入し、競争が激しくなることが多い。そうなると、目標シェアを獲得するために開発やマーケティングに多大な投資をしなければならなくなったり、収益性が低下してしまったりする。したがって、そのセグメントの魅力度を検討するときには、規模や成長性だけでなく、収益性などにも考慮する必

要がある。

　すでに大きな地位を占めている競合が存在する場合も、そのセグメントの攻略は難しくなる。例えば、アメリカの大手家庭用品メーカーのP&Gがかつて日本市場に進出したとき、なかなか上位に食い込めなかった。規模が大きく成長の余地もある有望市場である、同社にはグローバル・リーダーとしての実力がある、という好条件にもかかわらず、花王やライオンなど強いメーカーがすでに存在していたことで苦戦を強いられたのだ。その後、競合を意識しながら日本市場に合わせたマーケティング・ミックス戦略（製品デザイン、流通チャネル、ブランディングなど）をとるようになってから、ようやくトップシェアを争えるようになった。

④**顧客の優先順位／波及効果（Rank／Ripple Effect）**：セグメントごとに優先順位をつけて重要度の検討を行ったほうがよい。例えば、周囲への影響力の強いセグメントがあるなら、優先的にアプローチすべきである。新商品の受容スピードは、顧客の嗜好や性格などによって違いがあるので、オピニオンリーダーやクチコミの発信源となる人々が存在するかという点も考慮する必要がある。

⑤**到達可能性（Reach）**：たとえ魅力的なセグメントであっても、地理的に遠かったり、名簿を入手できなかったり、有効な情報伝達方法がなかったりすると、適切なマーケティング活動ができない場合がある。インターネットの普及により、以前に比べて顧客にアクセスする制約条件ははるかに減ってはいるが、そのセグメントに確実にアクセスする方法があるかどうか、確認しなくてはならない。

⑥**反応の測定可能性（Response）**：広告の効果、商品に対する満足度など、そのセグメントに向けて実行した施策に対して適切な結果がもたらされたかどうかを測定し、検証できるかどうかも、セグメントを選定する重要なポイントになる。なぜ売れているか、あるいは、なぜ売れないのかという理由を探ったり、ある施策は特定セグメントには有効だが、他のセグメントには有効ではない、というような検証を行ったりするためだ。マーケティングでは、常に顧客の状態や動向を見極めながら、必要に応じて、打ち手を微修正したり、変更を加えたりしなくてはならない。

●自社の経営資源

　たとえセグメントそのものが魅力的でも、自社の経営資源の制約などから適切なマーケティング・ミックス戦略を実施することが不可能であれば、そのセグメントは選ぶべきではない。財務資源、技術力、顧客ベース、生産能力、経営ノウハウ、販売組織、流通システムなどの観点から、自社の強みや弱みを評価し、そのセグメントにおいて自社が優位性を発揮できるかどうかを検討する。

● **環境要因**

セグメントを選ぶ際は、法規制や社会団体からの干渉などの環境要因も考慮しなくてはならない。いくら魅力的なセグメントでも、その層に製品やサービスを提供することで倫理上あるいは社会的な問題が生じれば、ブランドや企業イメージを低下させるおそれがある。

あるセグメントにおいて、現時点では問題となりそうな環境要因が存在していないとしても、類似のセグメントに存在している場合は注意が必要である。例えば、A国において環境基準がないとしても、隣のB国で厳しい環境基準が採択されれば、早晩A国でもそれが実施される可能性は高い。十分に情報を収集し、動向をウォッチしておく必要がある。

◉──── **ターゲットの変更・拡大**

マーケティング戦略は、ターゲット顧客を中心に組み立てていくものである。そのため、ターゲットとするセグメントの選択は、その後の戦略プロセスの方向性を決定づける重要な意思決定であり、長期にわたって戦略に影響を及ぼすこともある。特に、世間一般に自社のポジショニングやブランド・イメージが定着していたり、チャネル構築に多大な投資を行っていたりすると、ターゲットの変更はそれほど容易ではない。

マーケティング上の課題に対しては、ポジショニング（第4章参照）やマーケティング・ミックス戦略の修正を行うことが先決だが、状況によってはターゲット層の拡大・変更を検討したほうがよい場合もある（**図表3-5**参照）。

例えば、静岡県に本店を置くスルガ銀行は、かつて、差別化しにくい法人融資ではな

図表3-5 戦略の変更

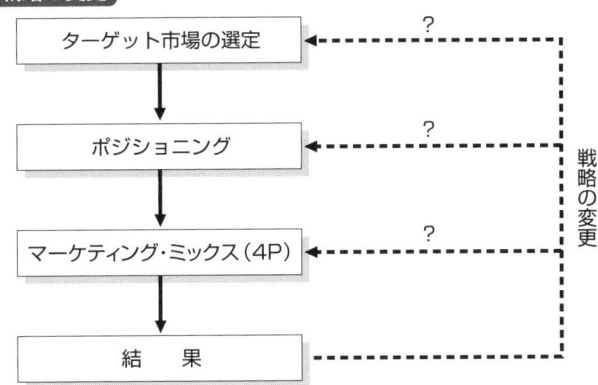

```
┌─────────────────┐
│  ターゲット市場の選定  │ ←------ ?  ┐
└─────────────────┘            │
         ↓                      │
┌─────────────────┐            │
│    ポジショニング    │ ←------ ?  │ 戦略の変更
└─────────────────┘            │
         ↓                      │
┌─────────────────────┐        │
│ マーケティング・ミックス（4P） │ ←-- ? │
└─────────────────────┘        │
         ↓                      │
┌─────────────────┐            │
│      結　果      │ ------------┘
└─────────────────┘
```

く、大手都銀が積極的に狙わない外資系企業の社員やスポーツ選手など特定の個人向けローンの販売重視へとターゲットを変え、CRM（カスタマー・リレーションシップ・マネジメント：第12章参照）の手法も駆使するなどマーケティングのやり方を抜本的に変更することにより、大きな成果を上げた。

最近は特に、周囲の環境変化によって顧客ニーズが急変することも珍しくはない。顧客の変化を把握するために定期的に調査を行ったり、セグメントやターゲット顧客を見直したりすることが重要である。

消費の二極化

現代はさまざまな局面において、消費の二極化傾向が見られる。その理由の1つは、ライフスタイルや個人の価値観の多様化である。所得水準とは関係なく、自分の興味のあるものには高額でもつぎ込む一方で、さほど関心のないものにはお金をかけない消費者が増えている。

例えば、高級車に乗っているが、日常の買い物はディスカウント店に行く。あるいは、ときどき高級レストランで豪華な食事を楽しむが、着るものは量販店で買う。節約型の消費をする一方で、趣味や癒し、プチ贅沢、自分磨き、自分へのご褒美などには思い切った消費をする、という二面性を持っているのである。このように興味があるものには高額でもいとわないという消費行動に着目して、マステージ（マスとプレステージの中間）商品を提供してワンランク上の消費を促す、富裕層向けマーケティングの手法を一部使って通常とは違う消費経験を提供する、などの動きも見られる。

さらに、二極化にはもちろん経済的な事情も影響している。かつては、アメリカと比較して、日本の消費者が低価格よりも品質やブランドにこだわる傾向があるのは、貧富の差がないせいだと言われていたが、最近では"一億総中流社会"が幻想であることが浮き彫りになりつつある。金融資産を1億円以上持つ富裕層が増える一方で、所得格差は広がっている。統計局の就業構造基本調査でも、正規雇用者で年収300万円以下の人が30%を超え、さらに増加の傾向にある。パート、アルバイトになると、年収200万円以下が9割近くを占める。このところ小売大手では安価なPB（プライベート・ブランド）品の売れ行きが伸びているが、価値観や嗜好よりも懐具合の影響が大きいと思われる。

こうした二極化現象に対して、中途半端な戦略は以前にも増して通用しなくなってきた。企業側はどのような消費者に焦点を合わせて商品やサービスを提供していくのか明確に意識しながら、メリハリの利いた判断をしていく必要がある。

4 ● ポジショニング

POINT

　ポジショニングとは「ターゲット顧客に、自社の製品をどう認知させるか」を決定することである。顧客ニーズを満たす優れた製品であっても、その価値が顧客にうまく伝わらなければ意味がない。また、マーケティングの勝敗を決するのは、「顧客にとって最も魅力的な製品であること」よりも「顧客にとって最も魅力的な製品だと"認識"してもらうこと」なのである。

CASE

　日産自動車の小型乗用車「マーチ」は、1982年に初代モデルが発売されたロングセラーカーである。フルモデルチェンジは10年ごとに実施され、これまでに3回、代替わりしている。マーチはモデルチェンジのたびに、どのようなターゲット層にどのような車として訴求されてきたのだろうか。

＊＊＊＊＊

　マーチの初代モデルは、国際販売戦略車という位置づけで、「小さなボディーに大きな可能性を秘めた車」として販売された。車名を決める際には募集キャンペーンが実施され、日産自動車の新しい販売戦略の初陣を飾る車として、行進曲の意味合いもある「マーチ」が選ばれた。CMには、当時人気絶頂のアイドルで、自らレーサーを目指すなどモータースポーツに傾倒していた近藤真彦を起用。「マーチが街にやってきた」「マッチ（近藤真彦の愛称）のマーチ」などのキャッチコピーが用いられた。
　マーチは経済的で使いやすく、しゃれたセンスの車として、主力ターゲットであった若い女性だけでなく、ファミリー層も引きつけた。さらに、マーチカップというカーレースを開催することで、小型車であっても性能に遜色はなく、モータースポーツが楽しめる車として、レースに参加する若い男性の取り込みにも成功した。ヨーロッパでの売上げも良好で、初代モデルは万人に愛されるスーパーアイドルカーとして累計155万台を売り上げた。

＊＊＊＊＊

　通常、国産車は4年ごとにフルモデルチェンジが行われていたが、マーチは売れ行きが好調だったこともあり、2代目の登場は10年後の1992年となった。
　このときの開発目標は「最低でも8年間は売れる車」だった。団塊世代ジュニア（1970年代前半に生まれた第2次ベビーブーム世代）が初めて買うエントリーカーと位置づけていたので、開発チームは団塊ジュニアに好まれ、飽きのこないデザインを探究した。いろいろとリサーチを行ってみたものの、決め手となるヒントは得られなかった。検討や議論を重ねた結果、さほど新鮮さはなくても、古臭さを感じさせない「ヨーロッパの小型生活車」というイメージを追求することになった。
　開発チームは、ヨーロッパの街角での利用シーンを納めたビデオを参考にしながら、ビジュアルイメージや機能を検討し、スカートをはいた女性でも乗り降りしやすく、ハンドルにしがみつく形で運転しなくてもよいボディサイズを探った。オランダ人の女性の服飾・内装専門家を招き、ファッション面も配慮した。こうして、フロントはピエロの靴、バックは卵のイメージで、曲線を多用したモダンでおしゃれなデザインが生まれた。テレビCMには「タウン・スモール」というキャッチコピーが用いられ、イタリアのシエナ、フランスのニースなどヨーロッパの街並みをマーチが颯爽と走るシーンが映し出された。
　主力ターゲットは20代女性や主婦を想定していたが、比較的高年齢のユーザーにも評判がよく、幅広い年齢層に好まれる車となった。おしゃれでコンパクトで運転しやすく、生活の足として使い勝手がよかったことに加え、バブル崩壊後の時代において、100万円前後の手頃な価格であったことが消費者に受け入れられたのだ。さらに、高出力エンジンを搭載した特別モデルも投入したことで高性能イメージを持たせることに成功し、初代モデルと同じく若い男性ユーザーも獲得した。1990年代初頭の小型車市場には目ぼしい競合車がなく、このカテゴリーはマーチの一人勝ちとなった。

＊＊＊＊＊

　その後、規制緩和を追い風に、軽自動車が台頭してきた。軽自動車の排気量や外寸の規格の拡大によって小型車との線引きが曖昧になり、消費者は税金面でより有利な軽自動車へと流れ始めたのである。
　こうした変化を受けて、1999年にトヨタ自動車が小型車「ヴィッツ」を、2001年にはホンダが「フィット」を投入した。トヨタはギリシャ人デザイナーを起用してデザイン重視の戦略をとり、若い女性や主婦層の獲得を狙った。一方、ホンダは運転のしやすさ、室内空間の広さ、使い勝手など実用性を前面に打ち出し、中所得のファミリー

層や若い夫婦などを取り込もうとした。核家族化が進み、多人数で乗車する機会が減ってきたこと、大型車に比べ燃費がよく経済性が高いこと、環境問題への意識が高まっていることなども、小型車への乗り換えを促す要因となった。

　競合他社に後れをとったものの、ルノーと資本提携した日産自動車は、プラットフォームや一部の機能部品をルノーの小型車ルテーシアと共用する形で、3代目マーチの開発を進めていた。開発段階では、これまでのマーチのイメージを覆すような革新的なデザインと、従来のマーチの延長線上のデザインという2つの案が検討された。約200人のユーザーや社内関係者にリサーチを行った結果、「マーチらしさ」のアピールが競争において重要であることが明らかになった。そこで開発チームは、「親しみやすさ」というマーチが持つ従来のイメージを際立たせながら、時代に合致し世界にも通用するデザインを目指すことにした。

　新型モデルは、ホイールベースを広くとり、室内の居住性の高さを追求したため、以前よりもヘッドライトの位置が高くなった。その特徴をとらえて、キービジュアルにはヘッドライトを擬人化し、画面上で目がキョロキョロ動く「マーチアイ」を用いることにした。キャッチコピーは「あなたのことを見つめています」と「friendly」として、日常の足代わりになる車は、単なる所有物や生活の道具ではなく、家族の一員のように認識されることを狙った。

　雨の日や買い物で手がふさがっているときに、キーを取り出さなくてもよいように、ポケットやバッグに入れたままでドアロックを解除したり、キーを差し込まずにエンジンを始動できる「インテリジェントキー」を一部のグレードに標準搭載するなど、利便性にも配慮した。選べる楽しさを打ち出すために、当初予定していた8色から、パプリカオレンジ、アプリコット、フレッシュオリーブなど、「カフェのランチ食材」というテーマに沿ったオリジナルカラーを含む12色のボディーカラーを揃えた。当時はカフェブームであり、そうした世の中の動きをとらえたのである。

　こうしたマーケティング上の仕掛けが功を奏し、フォーカス・カスタマーである20代後半の女性を中心に、中高年も含めた幅広い層に支持され、競合車と一緒に小型車市場の拡大にはずみをつけた。

理論

　どれほど優れた製品をつくっても、顧客がその価値を認めなかったり、正しく理解してもらえなければ、購買には至らない。自社の製品のどこが良いのか、競合製品とどのように違うのかを明確にすることで、購買するに足る価値があることを消費者に理解してもらう必要がある。

そのための活動であるポジショニングの概念や手順について解説していく。

1 ● ポジショニングの基本

　ポジショニングとは、ターゲットである顧客に自社製品がどのように魅力的であるかを認知させるための活動である。
　競合となりうる製品群の中から自社の製品を選択してもらうためには、消費者にとってどれだけ魅力的な価値を提供しているのかを明確に示し、それを認識してもらわなくてはならない。
　ポジショニングを考えるときに注意したいのは、製品の売れ行きを決するのは「他社製品と比較して、より優れた製品であるかどうか」よりも、「顧客が魅力的な製品だと"認識"しているかどうか」であるということだ。企業はとかく自社の視点で最高品質を追求しやすいが、消費者が評価するか、価値として認識するかという視点が欠けていると、多大な努力を注いでも報いられない結果になってしまう。
　日産マーチが幅広い年齢層に受け入れられてきたのは、歴代モデルの訴求の仕方には多少の違いがあるものの、日常生活の足となる親しみやすい車であることがきちんと訴求できたからである。初代のモデルでは茶の間のテレビでよく見かけるアイドルが宣伝し、2代目では大自然の雄大な一本道ではなくヨーロッパの街の狭い小道を軽快に走らせ（日本の狭い道にも通じる）、3代目では愛嬌のあるキャラクターを起用するというように、常に身近で親近感が湧くようなコミュニケーションを行ってきた。そのため、モデルチェンジで新しいデザインに様変わりしても、一貫したイメージや世界観が保たれている。このように、既存ファンの期待を裏切らずにいることが、マーチの強さの一端を担っていると言えるだろう。
　ポジショニングは、マーケティング・ミックスの方針を最終的に決定づける。例えば、若い女性をターゲットとした自然食レストランを開こうとするとき、それだけの情報では、具体的にどのような施策をとるべきかがまだ定かではない。ナチュラルで安全なイメージを打ち出すのか、スタイリッシュで洗練されたイメージを打ち出すのか、リラックスできる癒しの空間をつくるのか、ちょっぴり贅沢な非日常空間をつくるのか。顧客にどのように感じてもらいたいかによって、店の名前、メニュー、価格、店舗の設計や雰囲気、コミュニケーションの仕方など、すべてが変わってくる。
　このように、ポジショニングに沿って、その後のマーケティング・ミックスが設計されることになるので、ポジショニングの決定はマーケティング戦略上のきわめて重要な意思決定と言える。

2● 戦略的ポジショニングのつくり方

　ポジショニングを検討するアプローチとして、まず自社製品のユニークさを認識してもらえる簡潔な表現を考えるやり方がある。これは、その製品のコンセプト自体が、これまで市場になかったような場合には特に有効である。

　例えば、1979年にソニーが初めて「ウォークマン」を出したとき、開発前の社内には、「録音機能のないテープレコーダーなんて売れるわけがない」などの意見もあったという。確かに、単に「録音できないが、小さいテープレコーダー」というポジショニングをとっていたら、売れなかったであろう。しかし実際には、「歩きながら音楽が聴ける」という新たな価値を打ち出すポジショニングをとったことで、ウォークマンは大ヒット製品となった。

　このように、製品のコンセプトそのものが顧客にとってまったく新しい場合、他の製品と比較する（例えば、テープレコーダーやオーディオセットなどと比較する）よりも、新しい価値観やコンセプトをそのままポジショニングとして提案してみるのは１つの有効な方法である。

　もう１つのアプローチは、いくつかの軸をとってマップをつくり、自社や競合の製品をマッピングしてみるやり方だ。同じ製品カテゴリーの中で自社製品の優位性を訴えるような場合に効果的である。他の製品との違いを明確にすることで、自社製品の優位性がはっきりするからだ。マッピングに空白箇所が見つかれば、それが新製品のアイデアにつながることもある。また、同じカテゴリーに自社製品が複数存在する場合には、各製品の特徴がそれぞれどう異なるかを確認・整理することができる。

●───**顧客が強烈に認識する特徴の抽出**

　顧客が多数の製品の中から最終的にある製品を選択するときに決定打となる要因を、KBF（Key Buying Factor：購買決定要因）と言う。例えば、似たようなTシャツがたくさんある中で、デザインやサイズなどを吟味しつつも最終的に一番安いものを選んだとしたら、その人のKBFは「価格」ということになる。

　価格に敏感な顧客層をターゲットにするなら、「安さ」を打ち出したポジショニングがよさそうだ。しかし実際には、顧客が値段だけで選んでいるかというと、そうでもない。旅行客用の土産品であれば、「一目でその土地のモノであることがわかる」ことも重要な購買理由だろう。つまり、ポジショニングではKBFを意識しながら、自社製品の特徴を見つけていく必要がある。

　ポジショニングを検討するときには、戦略的に有効な2つの特徴を絞り込んで、**図表**

図表4-1　男性会社員向け製品のポジショニングの例

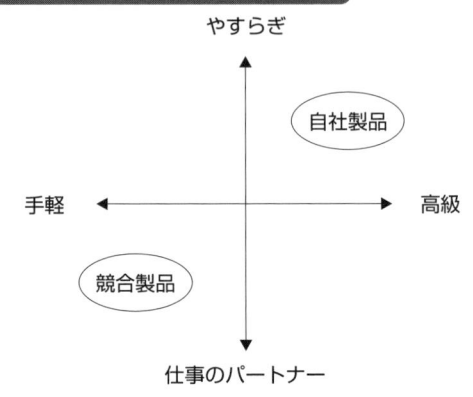

```
              やすらぎ
                 ↑
                 │    ⬭自社製品
                 │
   手軽 ←────────┼────────→ 高級
                 │
         ⬭競合製品
                 │
                 ↓
           仕事のパートナー
```

4-1のように2軸のマップ（ポジショニング・マップ）で表現することが多い。自社の製品の特徴を顧客にアピールしようとするとき、優れていると思うことをすべて言いたくなるものだ。例えば、デジタルカメラであれば、「軽い」「画素数が多い」「安い」「デザインがよい」「扱いが簡易」「メモリーが大きい」……と、いくつも挙げたくなるのが人情だろう。

しかし経験的に、1人の顧客が特定の製品について強く認識する特徴は2つまでと言われている。それ以上だと、総花的に聞こえてしまい、「自社の製品がよいと勝手に言っているだけ」という印象を与える。また「いろいろといいらしいが、結局は何が優れているかわからない」というように、特徴がぼやけてしまったりする。したがって、最も訴求したい要素を思い切って絞り込まなくてはならない。

3● ポジショニングの手順

2軸のマップを使って考える場合のポジショニングの基本的な手順について説明していこう。

ステップ1　軸となりうる属性をリストアップする

最初のステップは、自社製品の特徴を洗い出すことである。ただし、あまりにも製品特性にこだわりすぎると、機能本位になりがちなので注意が必要である。

ポジショニングは、製品に付随可能なイメージであれば何でもよい。例えば、コーヒーを機能面だけから考えると、「コクがある」「香りがよい」「目が覚める」などが考え

られるが、これらは明確な差別化が難しく、訴求力が弱い。それに対して缶コーヒーの「ジョージア」は一時期、「やすらぎ」というポジショニングをとることにより、男性会社員の「癒しを求める心」をうまくとらえた。こうした顕在的あるいは潜在的な顧客ニーズに訴求するポジショニングを考えることが、軸探しの基本になる。

　いくら顧客ニーズを満たしていても、競合製品も同じポジショニングをとっていたら、必ずしも自社製品を選択してもらえるとは限らない。他社がとっていない独自のポジショニングの軸を探すことも、重要なポイントである。自社製品に機能面で明らかに独自性があれば、新たな軸を打ち出すことができ、競合に対して強力な武器となることは言うまでもない。

　一方、明らかな優位点がない場合でも、諦めてはいけない。例えば、アメリカのライフブイ石鹸は、「体臭を消す」というポジショニングで消費者に訴求したところ、大ヒットとなった。実際には普通の石鹸で体を洗っても体臭は消えるので、このポジショニングはどのメーカーの石鹸にも当てはまる。しかし、機能としては当たり前のことでも、他社が打ち出していないポジショニングで、消費者にとって新しい特徴や価値として訴求できれば十分に意味はあるのだ。したがって、製品特性に縛られずに、独自性、顧客ニーズという視点を含めて、さまざまなポジショニングの軸の可能性をリストアップしておくことが望ましい。

ステップ2　戦略的な属性を絞り込む

　先述のとおり、顧客に強く訴求できる特徴は経験的に2つ程度である。ステップ1で洗い出した多くのポジショニングの軸から、最適な軸を2つ以内に絞り込むことで、最終的なポジショニングが決まる。実際には、この絞り込みの段階で新たな軸を発見することも多く、ステップ1とステップ2の手順を繰り返しながら、最終的なポジショニングをつくっていくことになる。

　では、具体的にどのような観点で軸を絞り込めばよいのだろうか。最適なポジショニングの条件とは、何よりもまず「顧客に共感してもらえること」だ。そのうえで、❶自社製品を他社製品よりも魅力的だと顧客に認識してもらう、❷競合の追随を防ぐ、❸自社製品間のカニバライゼーション（共食い）を避ける、という3点に注意しなくてはならない。

❶ 自社製品を他社製品よりも魅力的だと顧客に認識してもらう

● 新ポジションを創造する

　新ポジションの創造には、何も「ウォークマン」のように新しいイノベーションが必

須だというわけではない。従来品であっても、そこに新しい価値観を付与して提案できれば、新ポジションができるのである。例えば「ヱビス黒ビール」は、「黒ビール」でかつ「プレミアム」という新しい組み合わせを訴求することで、発売直後はすぐに品切れになるほどの大ヒット製品となった。

●競合のポジションを弱める

　自社が業界のリーダーである場合には、ユニークなポジショニングをとることだけが成功の秘訣とは限らない。例えばチャレンジャー企業は、リーダー企業の製品と差別化したポジショニングをとるのが定石である。そこで、チャレンジャー企業が新製品を出してきたら、リーダー企業はそれとまったく同じポジショニングの製品を出すという同質化戦略をとることが可能だ。消費者は製品間にさほど明確な違いがなければ、知名度や信頼感で勝るリーダー企業の製品を選ぶことが多いのである。

　実際に、アメリカのコーラ業界のチャレンジャーであるペプシコーラは、カロリーを気にする消費者をターゲットにした「ダイエット・ペプシ」というヒット製品を生み出した。その後、この顧客セグメントが大きくなってくると、業界リーダーであるコカ・コーラは「ダイエット・コーク」という類似製品を投入して、一気にシェアを奪った。

❷ 競合の追随を防ぐ

●現行のポジションを強化する

　現在の自社製品のポジショニングが消費者に支持されている場合、他社の追随をかわすために、そのポジショニングをさらに強めるという方法がある。基本的には、「ますます○○になりました」というタイプのものである。

　P&Gの台所用液体洗剤の「ジョイ」は、「除菌もできるジョイ」というポジショニングをとっていた。ちょうどその頃、食中毒を起こすO-157が猛威をふるい、除菌に対する消費者の関心が一気に高まった。そこでP&Gは、「も」を「が」に替えた「除菌ができるジョイ」というメッセージによって除菌機能をいっそう強くアピールし、シェアを急伸させた。

●競合がとりにくいポジショニングをとる

　新しいポジショニングをとって競合製品と差別化しても、すぐに真似されてしまっては意味がない。あらかじめ競合がとりにくいポジショニングを考えることも、戦略的には重要な要件である。

　花王のシャンプー「アジエンス」は発売時に「アジアンビューティー」という価値観

を訴求した。これは、欧米の有名人モデルを多用して、高級感やエレガントなイメージを確立していた外資系メーカーへの対抗策である。欧米人への憧れを背景にした情緒的なポジションは、日本のメーカーにはうまくなじまず、とりたくてもとれないものだった。しかも、花王の従来品は、フケやかゆみに効果的だと訴求する「メリット」をはじめとして、機能面に対する信頼感で支持を得てきた。機能一辺倒のイメージを払拭し、情緒面で魅力的なイメージを打ち出したいと考えていた花王は、欧米メーカーの強みを逆手にとって、日本メーカーだからこそ説得力を持つ「アジア的な美しさ」を提案することで、消費者の心をとらえることに（一時的に）成功した。ただしその後、資生堂やカネボウなどの日本メーカーもこの路線を模倣して、日本人の髪の美しさをアピールし始めた。特に、資生堂は「TSUBAKI」というシャンプーに巨額の広告宣伝費を投じて話題をさらい、シェアを大きく伸ばした。

❸ **自社製品間のカニバライゼーションを避ける**

　同一カテゴリーに1社で複数の製品を出している場合、自社製品間で顧客の奪い合いになるようなポジショニングをとってしまう危険性がある。このような状況をカニバライゼーションという。ポジショニングでは、競合製品に対する優位性を訴えることが大切であり、自社製品同士のカニバライゼーションは極力避けるべきである。

　図表4-2は、花王の食器用洗剤のラインナップと各製品のポジショニングである。ここに新たなラインナップを付け加える場合、仮に「油汚れにも強くて水切れがよい」というようなポジショニングをとったら、既存の「ファミリーフレッシュ」や「ファミリーフレッシュ コンパクト」は、新しい製品に代替されてしまうか、少なくとも新製品よりも機能面で劣る製品と見られてしまうだろう。新しいラインナップを加える場合、これまでのポジショニングとは異なる軸を用いたポジショニングを考えたほうがよい。

図表4-2　花王の食器用洗剤とポジショニング

製品	ポジショニング
ファミリーピュア	優れた洗浄力と消臭効果
ファミリーピュア アロエin	手肌をいたわるアロエ成分配合
ファミリーフレッシュ	水切れがいい
ファミリーフレッシュ コンパクト	油汚れに強い
キュキュット	優れた洗い上がり（すすいだ瞬間に汚れ落ちを実感）
キュキュット クエン酸効果	シンクの水アカ汚れまで溶かして落とす

出所：花王ホームページをもとに作成

4● ポジショニングの検証と見直し

　戦略的にポジショニングを絞り込んだら、改めてそのポジショニングが有効であるかどうかを見直すことが肝要である。ポジショニング策定の段階では、時間を追うごとに、自社製品の特性に考えが集中しがちなので、次の2点について再確認してみるとよい。

●ターゲット顧客のニーズを満たしているか
　競合との差別化はできていても、売り手の考えるポジショニングに顧客が共感しなければ意味がない。そのポジショニングが本当にターゲット顧客のニーズを満たすものであるかどうか、改めて検証する必要がある。

●競合製品とはっきり差別化できているか
　一見すると、競合がまだとっていないポジションのようでも、競合製品が簡単に適用できる場合は、明確な差別化ができているとは言えない。チャレンジャーがリーダー企業の製品に対抗するような場合は、特に注意が必要である（第11章参照）。

　いったんポジショニングが成功しても、競合に対して優位性を永続的に発揮できるとは限らない。あるいは、現在のポジショニングが優位性を発揮していない場合、顧客が自社および競合の製品をどのように受け止めているかを知ることは、戦略的に有効なポジショニングの再検討における重要な判断材料となる。
　図表4-3は、PHSの携帯電話に対する顧客の認識を示したものだ。このように顧客

図表4-3　PHSのパーセプションの変遷

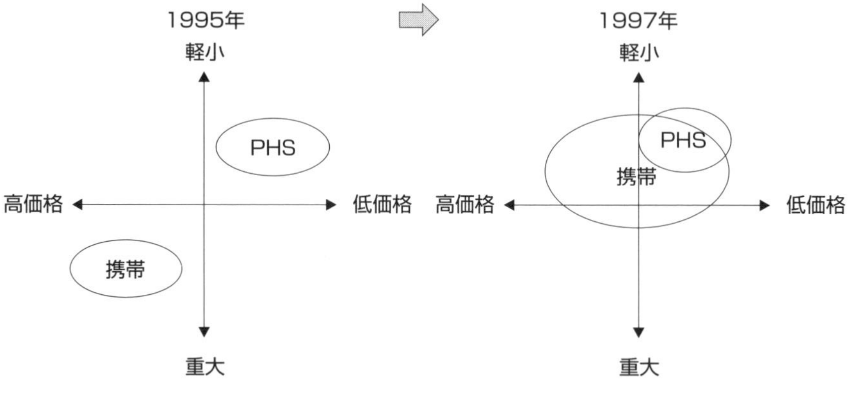

の認識を2軸で表したものは「パーセプション・マップ」と呼ばれる。企業側がマーケティング戦略を立てるうえで能動的にポジショニングを策定する「ポジショニング・マップ」と区別して分析し、マーケティング戦略の修正などに役立てる。

　1995年頃、携帯電話の端末はPHSに比べて重く大きいものが多く、基本料金や通話料金も高かったので、PHSが女子高校生などを中心に一定の需要を確保していた。しかし1997年頃から携帯電話端末の小型軽量化と同時に料金の低価格化が進み、PHSのそれまでの優位性は薄らいでいった。その結果、「高速データ通信」や「子機通話機能」などの新たなポジショニングをとった製品がPHSの主役となった。

　マーケティング戦略を見直す際には、まず顧客の認識を示すパーセプション・マップをつくってみて、それが現行のマーケティング戦略を立てたときのポジショニング・マップと異なっているなら、基本的にはポジショニングの変更を考えるべきである。もちろん、ターゲット自体に変更すべき点があればその部分から見直さなければならないし、市場機会の前提が異なっていれば市場機会を再発見すべく、マーケティング戦略立案のより上位の概念に立ち戻って戦略を練り直す必要があるだろう。

5 製品戦略

POINT

マーケティングでは製品そのものの属性だけでなく、付随するサービスなども含めた、より広範な「ホールプロダクト」として製品をとらえる。顧客が求めているのは、さまざまな便益の束としての製品であるからだ。製品戦略では、新製品開発だけでなく、製品特性やライフサイクルを踏まえて製品ラインの拡張や集約など、市場投入後の製品の育成やマネジメントについても検討していく。

CASE

　リブレは、マンション住民向けに業界初のサービスを始めるために立ち上げられたベンチャー企業である。同社が提供するのは、マンション専用の現代版御用聞き「リブレコンシェルジュ」サービスだ。これまでにない仕組みを用いてマンション居住者のニーズを充足させることを目指す。

＊＊＊＊＊

　2004年8月、小ぎれいなグレーの制服を身にまとった女性が、高級住宅街の東京都港区白金のマンションに出入りするのを見かけるようになった。彼女たちはリブレのサービスの中核的存在である、コンシェルジュと呼ばれるスタッフだ。担当する複数のマンションを回りながら、必要に応じて各部屋を訪問し、顧客のさまざまな要望に応えることが、その役割である。

　こうしたサービスを始めるようになったきっかけは、2000年に入ってから東京都内、特に都心部を中心に新築マンションが増加したことにある。数多くのマンションが供給され、完売するのを見て、リブレは急増するマンション住民向けのビジネスを模索し始めた。マンションには、老若男女、さまざまな人が住んでいる。住民のそうした多様なニーズの一部ではなくすべてに応えることで、これまでにない、まったく新しい価値を提供できるのではないかと考えたのだ。

　もちろん無名の会社が「何でも相談してください」と言ったところで、顧客はすぐに

は信頼してくれない。そこでまずリブレ側から顧客に具体的なサービスを提案するために、サービス内容の開発に着手した。

　食料品や雑貨の宅配、旬の食品や家具などのこだわり製品の宅配、高額製品の共同購入のコーディネーション、ドアツードア旅行、マンション内カルチャースクールなどが候補に挙がった。いずれも当面のターゲットである都心部のマンション居住者が必要とするサービスであり、有料でも利用してもらえると考えられた。ただし当初は、最もニーズが高い食料品の宅配や、あまり知られていないが特定層に強いニーズがある財布の洗浄といったサービスを中心にスタートすることにした。わかりやすく独自性の高いサービスに絞り込むことで、顧客に気軽にコンタクトしてもらうことを狙ったのである。

　食料品の宅配サービスは、高級スーパーマーケット、生協、一部のコンビニエンスストアなどの宅配専門組織も行っていて、競争は厳しい。こうした競合に対して、いずれはサービスメニューの広さで圧倒的な優位性を築けると考えられたが、そうなるまでは個々の商品力で勝負しなくてはならない。リブレは仕入先を吟味し、板前やシェフなどのプロのみを対象とした世界有数の食材卸企業と提携して、特徴のある品揃えを準備した。商品の価格は、同じエリア内にある中高級スーパーと同水準に設定した。それでも配達は無料なので、多少の割安感があると考えられた。

　さらに、競合のように配達に特化した「配達員」ではなく、配達と同時に顧客とコミュニケーションをとり、顧客ごとのニーズを把握・充足する「コンシェルジュ」を起用することにした。コンシェルジュの制服はグレーを基調とし、ホテルのコンシェルジュを思い起こさせる清楚なデザインを用い、ただの配達員とは異なることが一目でわかるようにした。また、コミュニケーション能力がコアスキルとなるので、礼儀作法は無論、顧客に好感を抱かれる方法を身につけるための教育を受けさせた。コンシェルジュによる細かい顧客ニーズを吸い上げる仕組みをつくることは、今後のサービス拡充につながり、リブレの大きな強みになると期待された。

　この新しいサービスを軌道に乗せるためにはまず、顧客とできるだけ多くの接点を持たなくてはならない。カタログは、高品質の紙を使用して美しいカラー写真を掲載するなど、サービスの高品質感をイメージできるようにし、より多くの顧客にアピールするよう試みられた。支払方法も、配達時の代金引換、銀行振込だけでなく、配達後1週間以内の希望日に改めて集金することも可能とした。後日の集金は一見非効率だが、コミュニケーションの機会が増えるため、リブレのサービスにはむしろ好都合だと判断したのである。

　立ち上げエリアは、新築マンションが急増している港区白金に決められた。情報発信力の強いエリアだけに、ここで成功を収めればリブレのブランド・イメージの構築にも

役立つからだ。実際に同社のユニークなサービスに対してマスコミからの注目度は高く、集客に役立った。実は利用者の注文は、リブレの企画品よりもなじみのある大手メーカーの製品が中心であったが、リブレはひとまず順調なスタートを切ることができた。

＊＊＊＊＊

　リブレは1つひとつの顧客接点を大切に扱い、密接なコミュニケーションを通じて集めた情報をサービスメニューの拡大につなげ、近い将来にはカスタムメイドの旅行やマンション内カルチャースクール、健康相談など、あらゆるサービスをフリーダイヤル1本で提供できるようにしたいと考えている。顧客の信頼を得るために地道な努力を続けながら、より高いレベルのサービスを開発することで、他社の追随を許さない体制を構築できるとリブレの経営陣は確信している。

理論

　企業活動において、製品（サービスを含む）こそがまさに価値を生み出すものである。売るべき製品が手元になくては、どんなに精緻に価格戦略や流通戦略やコミュニケーション戦略を考えたとしても、何の意味もない。他のマーケティング戦略に先駆けて練らなくてはならない戦略、それこそが製品戦略である。
　ここでは、製品のとらえ方、新製品開発プロセス、製品ラインの設計、製品ライフサイクル、プロダクト・エクステンションについて解説する。

1●製品のとらえ方

　顧客が求めるのは、さまざまな便益を一括して手に入れられるような製品である。狭義には、製品は製品そのものの属性を指す。だが、マーケティングの観点からは、これを広義にとらえ、製品そのものの属性に加えて、売り手が提供する技術サービス、支払方法、売り手と買い手の間で育まれる人間関係まで含んだ包括的な製品（ホールプロダクト）として考えたほうがよい。なぜなら、顧客はさまざまな便益の束として製品をとらえ、評価するからだ。

●――製品に関する意思決定

　図表5-1で示すように、製品は3つの階層から構成されている。
コア：顧客の本質的なニーズを満たす機能そのもの
　ビールや清涼飲料であれば液体そのもの、プロ野球であれば試合そのものを指す。

図表5-1 製品の構造

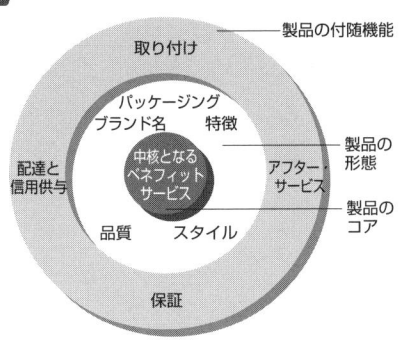

- 取り付け
- パッケージング
- ブランド名
- 特徴
- 中核となるベネフィットサービス
- アフターサービス
- 配達と信用供与
- 品質
- スタイル
- 保証
- 製品の付随機能
- 製品の形態
- 製品のコア

出所：P.コトラー『マーケティング原理』ダイヤモンド社 1982年に加筆修正

形態：コアに付随する製品特性、スタイル、品質、ブランド、パッケージなど

　飲料であれば斬新な缶のデザインやパッケージ、プロ野球であれば「ジャイアンツ」というブランド名や球場での飲食がこれに当たる。

付随機能：アフターサービスや保証など、顧客が価値を認める付加機能

　家電メーカーの修理サービス網などがこれに含まれる。製品によっては、保守サービス、テクニカルサポート、情報サービスなどが特に重視されることがある。

　これら3つの階層のどの部分がマーケティング戦略において重要かは、その製品特性や市場の発達段階で異なる。例えば、書籍であればコンテンツ（コア）と著者というブランド（形態）が重要だが、コンピュータでは利用可能なソフトやさまざまな付加機能（形態）、アフターサービスや保証（付随機能）などがより大きな意味を持ってくる。また、その製品が導入期であれば、コアそのもの、そして形態で差別化することが最大の関心事となるが、市場が発達して同様の製品が出回り、機能や性能などでの差別化が難しくなれば、コンサルティング・サービスのような付随機能での差別化が必要になるかもしれない。

　それぞれの階層の中でどの要因が最も重要であるかは、製品によって異なる。例えば、パソコンは性能や仕様などが重視されるのに対し、化粧品はブランドやパッケージなどが製品の魅力づくりに大きく影響する。

● 製品の類型

　製品はその特性により、マーケティング戦略を策定するうえで有意義なカテゴリーに

分類されている。さまざまな分類法があるが、マーケティングの実務上で特に重要なのが、❶製品の物理的特性による分類、❷使用目的による分類、❸顧客の購買行動による分類である（**図表5-2**参照）。こうした違いによって、セグメンテーションや重視するポイント、マーケティング・ミックスの設計などが多少異なることもあるが、「セグメンテーション、ターゲティング→ポジショニング→マーケティング・ミックス」という一連のマーケティング・プロセスや検討すべきポイントそのものが変わるわけではない。それでは、各分類の特徴を見ていこう。

❶ 物理的特性による分類

耐久財（Durable goods）：自動車、家電製品、コンピュータ、衣料品など

何回も使用でき、使用期間も長い有形の製品を指す。非耐久財と比べて耐久財は、一般に製品1個当たりの価格が高く、販売個数は少ない。

耐久財のマーケティングにおいては、人的販売や製品保証、アフターサービスの重要性が高い。そうした手間がかかる分、粗利益率は高めに設定する必要がある。

非耐久財（Non-durable goods）：飲料、食品、電球など

使用回数が少なく、使用期間も短い有形の製品である。

非耐久財のマーケティングにおいては、初期購入のみならず再購入を促進することが大きな課題であり、そのために店頭シェアの獲得や継続的なマス広告の重要性が高くなる。価格を低めに設定してでも量をさばくことで店頭シェアを高め、広告費を捻出する場合が多い。

サービス（Service）：航空、運送、金融、ホテルなど

図表5-2　製品の分類

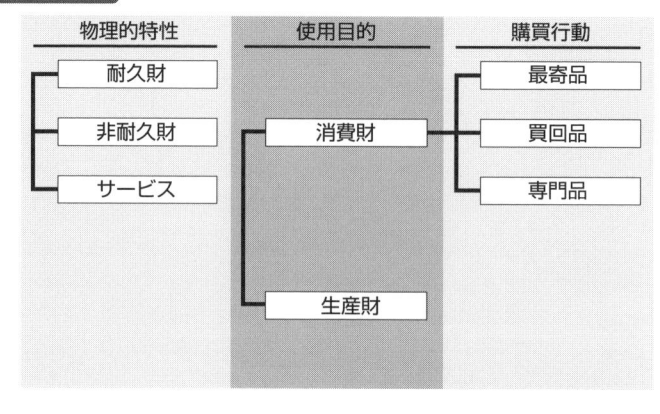

物理的特性	使用目的	購買行動
耐久財	消費財	最寄品
非耐久財		買回品
サービス		専門品
	生産財	

無形の製品であり、その取引対象は「機能」である。耐久財、非耐久財と違い、生産の場がそのまま販売の場であり、消費の場でもある。また、特定の場所で、特定の時間に提供され、いったん提供されると修正や返品ができない。品質を一定のレベルに揃えにくいという特徴もある。

サービスのマーケティングにおいては、形が見えないだけに売り手に対する信頼性の重要度が高い。また、ひとたび顧客の信頼を勝ち取ってリピーターにしてしまえば、高い収益性を得る可能性が高まる。

ただし、モノとサービス、有形と無形というような分類はあくまでも概念的なもので、現実のビジネスは両方の要素を多かれ少なかれ併せ持っている。例えば、ダスキンは化学薬品を染み込ませたモップの訪問レンタルというサービス業者だが、売り切り製品である花王の「クイックルワイパー」と直接的に競合する。消費者が望んでいるのは「家の中を安価に、しかも快適にきれいにすること」であるからだ。そのニーズを具現化するにあたっては、モノを提供するか、レンタルサービスを提供するかということよりも、トータルの効用が大きくなるのはどちらかという点に着目して、ターゲットとすべき顧客、製品やサービスの内容について検討していくことが重要である。

❷ 使用目的による分類

消費財（Consumer goods）：食品、衣料品など
　不特定多数のエンドユーザーを対象市場とし、個人の消費を目的に提供される製品。顧客が分散しているため、マス・マーケティングが中心となる。顧客は必ずしも製品に関する知識が豊富ではないため、イメージなどが重要な判断基準となる傾向が強い。

生産財（産業財）（Industry goods）：工作機械など
　生産者、再販売業者、政府機関などの組織体が対象市場。生産財市場の顧客は全体的な傾向として、消費財市場より大規模で少数である。また、専門知識を持っていることが多く、購買の判断基準も概してコスト・パフォーマンスをシビアに見る傾向にある。一般的には、人的販売が有効とされる。

❸ 顧客の購買行動による分類

最寄品（Convenience goods）：タバコ、洗剤、雑誌など
　消費者が、特別な努力を払わずに頻繁に購入する製品。一般に、製品単価は低く、最寄りの店で購入される。最寄品は計画的に購入されることが少ないため、製品へのアクセス機会を確保すること、すなわち、なるべく多くの小売店になるべく多くの製品を陳

列してもらうことが売上げ増の決め手となる。

買回品（Shopping goods）：家具、家電製品、マンションなど

　消費者が、いくつかの製品を十分に比較検討したうえで購入する製品。手間と時間をかけて買い回る、すなわち複数の店舗や売り場に足を運んで購買を検討する製品であり、一般に製品単価は高い。またマンション、中古車のように個別性が強い製品も多い。価格と品質が、顧客が最も重視するポイントである。

専門品（Specialty goods）：高級自動車、高級ブランド製品など

　購入にあたって特別な知識や趣味性を要する製品。一般に製品単価は高く、販売している店舗数も限られているが、購買者はわざわざ店に出向いてその製品を指名買いする。専門品として競争力を持つためには、ブランドの構築や維持を最優先にしたマーケティング戦略を策定する必要がある。パソコンのように、かつては専門品だったものが普及度が上がるにつれて買回品となることも多い。

2● 新製品開発プロセス

　新製品はどのようにして開発されるのだろうか。新製品のコンセプトづくりは、セグメンテーションやポジショニングと並行して行われ、狭義の製品戦略や他のマーケティング・ミックス戦略の上位に位置する。そのため、戦略上の重要性も高い。

　新製品の開発プロセスは、**図表5-3**のように大きく4段階に分けることができる。開発プロセスに関わる人々は多岐にわたるから、多様な関係者を調整・統制しながら、一貫したコンセプトの下で新製品開発を実施していかなくてはならない。

図表5-3　新製品開発プロセス

第1段階	第2段階	第3段階	第4段階
製品コンセプトの開発	戦略仮説の検討	製品化	市場参入
①製品アイデアの探究　②アイデア・スクリーニング　③製品コンセプトの開発	④マーケティング戦略検討　⑤事業経済性分析	⑥製品開発　⑦テスト・マーケティング　⑧製品生産	⑨新製品の市場導入

●――― 第1段階：製品コンセプトの開発

【1】製品アイデアの探究

　新製品開発の第1段階は、製品アイデアを出すことから始まる。製品アイデアとは、市場に提供するその製品固有の機能（「リブレ　コンシェルジュ」の例では、フリーダイヤルで何でも相談できるサービス）のことである。この段階では、さまざまな情報ソースを駆使して、できるだけ多くのアイデアを創出することが求められる。新製品のアイデア創出は、大きくシーズ発想とニーズ発想に分類される（**図表5-4**参照）。

　シーズ型のアイデアは「我々の強みを何かに利用できないだろうか」という問いかけから始まり、ニーズ型のアイデアは「このようなニーズがあるが、何か解決できる方法はないものだろうか」という視点から生まれる。前者は、社内の技術開発グループや担当者個人の創意発案がもとになることが多い。また後者は、顧客層別のモニター・グループによるフリー・ディスカッションなどを通して発見された、顧客が漠然と心に抱いている不満や問題点に対する解決方法として生まれることが多い。前者の例として液晶テレビのようなハイテク製品、後者の例としてはアンチエイジング用化粧品のような消費財が挙げられる。

　一般には、新製品や新規事業を成功させるためには顧客ニーズを無視することはできないので、ニーズ型の発想が重視されることが多い。しかし、新しい市場を創出しようというとき、当初はニーズが明確につかみにくく、自社の強みを活かすシーズ型のアイデア開発が有効なこともある。また、シーズ型製品とニーズ型製品を明確に区別しにくいこともある。CD、電子レンジ、パソコンなどがその代表例だが、基本技術は別の目

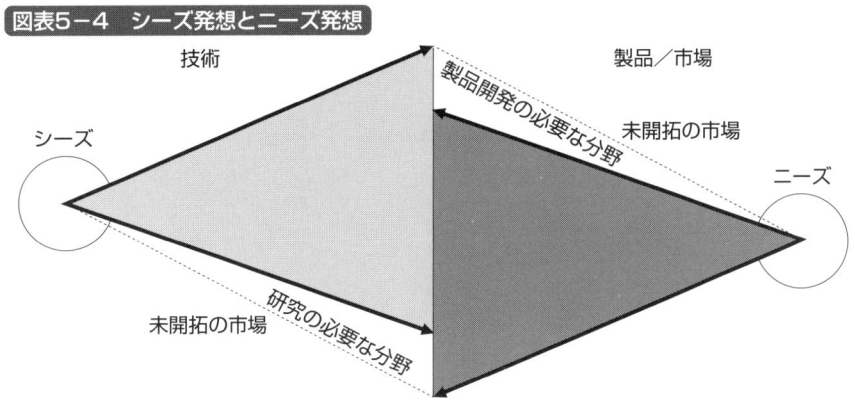

図表5-4　シーズ発想とニーズ発想

技術　　　　　　　　　　　　　　製品／市場

シーズ　　　　　　　　　　　　　　　　　　　ニーズ

製品開発の必要な分野
未開拓の市場
未開拓の市場
研究の必要な分野

出所：日本能率協会編『シャープの技術戦略』JMAマネジメントセンター　1990年に加筆修正

的で開発され、あとから消費者の潜在ニーズに合わせて、より低価格で使いやすい形で登場している。つまり、アイデア開発はニーズとシーズの両面から行う必要がある。

製品アイデアは、ブレーンストーミングのような手法によって創出するケースと、ある一個人の頭脳から生まれるケースに分けることもできる（ある研究によれば、最も斬新なアイデアは、大勢でブレーンストーミングをしたあとに、各人がじっくりと考えているときに生まれるという）。企業としては、システマティックにアイデアを出し続けられるように、何らかの仕組みを用意することが必要である。最近は、社内に広くアイデアを募るような企業や、社内ベンチャー制度を設ける企業も増えている。こうした取り組みは、うまくいけば社員の問題意識を高め、士気の高揚や組織の活性化にもつながる。

アメリカ企業の3Mは、リスクをおそれずに製品開発に挑戦することを推奨しており、製品化に至ったプロセスのみならず、製品化に失敗したあらゆる技術情報にも、社内の誰もがアクセスできるようになっている。そして、ユニークなビジネス提案を行うことが奨励され、これに挑戦して成果を収めた人材は表彰される。この自由闊達なシステムによって、2年間で約半分が新製品に置き換わると言われるほど、同社は製品開発が活発である。

【2】アイデア・スクリーニング

製品開発は具体的な段階になるにつれて、加速度的にそれに関わる人材も増え、開発コストがかかってくる。したがって、多面的でユニークなアイデアをできるだけ多く創出する努力を続ける一方で、早い段階から、成功する確率の高いアイデアを絞り込み、開発に向けて優先順位をつけなければならない。これが、アイデアのスクリーニングと称されるプロセスである。

創出されたアイデアは、経営理念や戦略ドメイン、経営資源、経済性、市場性、実現性などの観点から、ふるいにかけていく。企業規模が大きくなるほど、客観的かつ全社的な統一基準をつくり、チェックリストなどを事前に作成するようになる。単にアイデアを説明するだけではなく、「誰に対して、どのようなベネフィットを持った製品を、どのようにして提供していくのか」といった概要、予測される事業規模、採算見通しなども付加して提出し、経営陣の審査を受けるのが通例である。

経営陣は一般的に、すでに競合先が開拓した成長市場への参入には積極的でも、潜在ニーズを顕在化させるような新製品の投入の意思決定には消極的になりがちである。この傾向は、全方位型をとるリーダー企業に顕著である。かつて松下電器産業（現・パナソニック）が「マネシタ」などと言われたのも、このためである。

しかし、後追いを繰り返していたのでは、さらなる飛躍は望めないばかりか、創造性

のない企業というレッテルを貼られてしまう。ときには、「それまでの常識を疑う態度」を持つことも必要である。もちろん常識の有用性（意思決定の速さ、リスクの軽減）を否定するわけではないが、常識に頼っているかぎり、過去からの延長線上での成功はあっても、それを超えた画期的な成功は望めない。実際に、常識によってスクリーニングされたアイデアは、常識的な製品で終わってしまうことが多い。

【3】製品コンセプトの開発

スクリーニングを経たアイデアは、誰にどのようなベネフィットを与えるかを念頭に置きながら、明確かつ詳細なステートメントに表す。

「リブレ コンシェルジュ」の例で言えば、「白金エリアのマンションに住む20代以上

図表5－5　ある新刊雑誌のコンセプト・テスト

コンセプト

　首都圏に住む20代から30代の旅行好きな女性向け。オールカラーページによるビジュアルなスポット紹介＋お得な宿泊プラン紹介。まだあまり人に知られていない国内の穴場情報をメインに提供。すべてのスポットについて宿泊施設のクーポン付き。150ページ、隔週刊。毎号、抽選で10名の読者に旅行券をプレゼント。また、穴場情報が採用された読者には、抽選で10万円相当のマウンテンバイクをプレゼント。

　質問項目（例）

　・この新雑誌の特徴を理解できますか

　・この新雑誌はあなたのニーズに適していますか

　・この新雑誌と既存誌の違いがわかりますか

　・この新雑誌の良い点はどこですか

　・この新雑誌の改良すべき点はどこですか

　・この新雑誌を買うのはどのような人ですか

　・この新雑誌の価格としてどの程度が適当だと思いますか

　・あなたはどのようなときにこの雑誌を買いたいと思いますか

の女性で、料理の素材にこだわるときに注文するような食材を中心としたワンランク上の宅配サービス。料理好きの専業主婦は日常の食事に、ビジネスウーマンは週末の食事に利用する」というのがスタート時のコンセプトである。このコンセプトは将来的には「都心のマンションに住むあらゆる人々の、あらゆる相談をフリーダイヤルで受け付け、高いレベルで解決するサービス。プライベートからビジネスまで『NO』とは言わない本格的なコンシェルジュ・サービス」へと拡大される予定である。

このように、製品コンセプトとは「想定するユーザーが、実際にそれを使用している場面をイメージできるまで具体化されたアイデア」「基本的なアイデアを、消費者にとって意味がある形にして、わかりやすく説明したもの」を指す。

製品コンセプトは、「コンセプト・テスト」を通じて詳細まで詰めていく。コンセプト・テストでは、「誰がこのコンセプトに共感するか」「競合製品に対する優位性は何か」「考えられる改良点は何か」「価格はいくらにするか」「使うのは誰か」「購入決定者は誰か」などを徹底的に検証する（前ページの**図表5-5**参照）。

製品コンセプトを明確化していく過程と並行して明らかにすべきなのが、第3章と第4章で解説した「ターゲット市場」と「ポジショニング」である。すなわち、製品コンセプトそのものが、想定される顧客の購買理由であり、市場価値なのである。また、比較検討されて絞り込まれたコンセプトは、製品化の具体的な検討にあたって、すべての関連部門が共有すべき共通言語となる。この部分で誤解があったり、不明な点があったりすれば、顧客の求める製品は具現化できない。したがって、コンセプト立案の最終段階までに、主要関連部門の間で徹底的に議論し、互いに納得のいくものにしなくてはならないのである。

◉─── 第2段階：戦略仮説の検討

【4】マーケティング戦略検討

次に、コンセプトを、企業が提供する具体的価値体系に組み立てる。すなわち、コンセプトに従ってマーケティング戦略の基本骨子を固めるのである。具体的にはターゲット市場の市場特性（顧客行動、市場規模など）、ポジショニング、マーケティング目標（売上高、市場シェア）を明確にした後、中長期にわたるマーケティング・ミックス戦略およびマーケティング予算を明確化する。これについては以降の章で解説する。

【5】事業経済性分析

暫定的なマーケティング戦略を策定した後、その製品事業に関する経済性の検討を開始する。具体的には、当該製品の予想売上高、原価、利益をいくつかのシナリオ別（少

なくとも楽観的、現実的、悲観的という3パターンは必要）に推定し、自社の戦略目標に合致するものであるかどうかを検討する。この段階で採算性が否定されれば、もう一度、製品コンセプトの段階からマーケティング戦略を練り直す必要がある。

◉ 第3段階：製品化

【6】製品開発

　事業経済性分析において良い結果の出たものについては、設計開発部門を巻き込んで、具体的な製品への作り込みを始める。技術系のスタッフとマーケティング・グループは、製品コンセプトを具現化するため、さまざまな製品属性の観点からきめ細かく素材、仕様を検討していく。

　具体的な製品像がまとめ上げられた後、設計開発部門（造形部門が関わることもある）はそのコンセプトに基づいて、いくつかの試作品を作り上げる。試作品は、造形、機能を含めた物理的・心理的な両面から比較検討されていく。そうして完成した試作品は、安全性や耐久性といった実用面の実験にまわされる一方で、想定顧客の反応を見るためにさまざまなリサーチが行われる（地域を限定したテスト・マーケティングに対し、純粋に顧客の反応をチェックするためのリサーチをプレテストと言う）。こうしたプロセスを経たうえで、担当役員の承認を得て、ようやく発売にこぎつけるのである。

　製品化が確定したならば、後発メーカーの参入をできるかぎり阻止するため、開発に関する特許の申請を行う必要がある。そうしておかないと、特にアイデア主導型の製品は、模倣品に市場を荒らされてしまうリスクが大きい。

ネーミング

　製品のネーミングは、製品の特徴を伝えたり、顧客の興味を喚起したりするうえで大きな力を発揮する。ネーミングの出来いかんが製品の売上げを大きく左右する要因となることもある。

　緑茶飲料のトップブランドである伊藤園の「お～いお茶」の成功には、ネーミングの果たした役割が小さくないと言われている。同製品は、1989年にそれまで伸び悩んでいた缶入りの緑茶「缶入り煎茶」をリニューアルする形で発売された。「缶入り煎茶」というネーミングはあまりにもストレートすぎるとの意見や、"煎茶"という漢字を読めない人が多数いたこともあり、ネーミングが変更されることになったのだ。「お～いお茶」は、家庭の会話の一部を切り取ってネーミングに用いた珍しいケースであるが、その話題性と親しみやすさにより、消費者に好感を持って受け入れられた。

ネーミングを決めるタイミングはさまざまで、コンセプト設計など早い段階でほぼ決まっていることもあれば、試作品やボトル等の模型づくりと並行して固めていくこともある。少なくとも、パッケージへの印刷やプロモーションの詳細を詰めていく前に、決定しておく必要がある。

　ネーミングは、親しみやすいこと、覚えやすいこと、製品との整合性があることなどを考慮したうえで、ユニークな語感を持たせることが肝要である。「缶入り煎茶」と同じように当たり前の表現でも、ネーミングのうまさに定評のある小林製薬にかかると、「ポット洗浄中」「熱さまシート」「のどぬ〜るスプレー」「ミミクリン」「髪の毛集めてポイ」となる。また、花王が1994年に発売した食器用洗剤「ファミリー キュキュット」は、すすいだ瞬間に汚れ落ちを「キュキュッ」という音で実感できることを表現している。感覚を音で表現したユニークなネーミングとして、さまざまなメディアで取り上げられ、パブリシティに大きく貢献した。

　「リブレ コンシェルジュ」の場合は、単純に社名「リブレ」とサービス内容を表す「コンシェルジュ」とを組み合わせたものだ。「コンシェルジュ」という言葉は、ホテルのロビーに待機している相談のプロフェッショナルとして「優れた」「親切な」というイメージとともに認識されており、リブレのサービスには最適な言葉だと考えられる。また、「リブレ」「コンシェルジュ」ともにフランス語で、組み合わせた際の語感も配慮されている。ちなみに、「リブレ」は「お届けする」という意味を持ち、やはりサービスとの整合性が意識されている。

　なお、ネーミングの決定では、商標の確認も不可欠である。他社が同じ名前で商標登録していると、そのネーミングやロゴは使用できないからだ。現状使用している企業はないと思っても、すでに登録済みのことがある。同時に、これはと思うネーミングは早めに商標登録して、権利を取得、保護しておくことも必要である。

【7】テスト・マーケティング 　【8】製品生産

　次の段階では、テスト・マーケティングを実施して最終的にデザインやブランド、パッケージングなどの製品仕様を決定し、その後に生産体制を組むことになる。

　テスト・マーケティングは、多大なマーケティング費用の支出を伴うことになる全国発売に向けた最終調整の場である。万が一顧客の反応がよくなければ、修正を加えたり発売中止としたりすることで、多額の浪費や流通に対する信用の失墜を未然に回避できる。潜在需要の大きさを測ることで、本格発売時の供給不足による機会損失も防止できる。さらに、全国発売にあたって広告や販売促進の方法を考えるうえでの参考にもなる。

　一般にテスト・マーケティングは、限定地域での反応をもとに全国発売したときの状

態を予測することになるので、できるだけ異常値が出にくい地域を選ぶことが重要になる。国内では、テスト・マーケティングの場として静岡県や北海道がしばしば選ばれる。消費者の購買力や購買特性などが全国平均に近く、地勢的にも夜間人口と昼間人口の移動が少ないなど、「試験管的」にテストを実施できるという理由からである。

しかし一方で、テスト・マーケティングを行えば新製品を競合の目にさらすことにもなり、その製品の市場性の高さを知らしめ、他社の参入を助長するというリスクもはらんでいる。また、精密な結果を得ようとすればするほど、時間とコストがかかる。市場環境の変化が速い場合には、こうした時間やコストは命取りになりかねない。

リブレは、本格的に事業を立ち上げる前に、どのような食料品が好まれるかを確認する目的で、港区白金においてテスト・マーケティングを行った。顧客の反応は上々であり、特にコメ、飲料といった重量があり、かさばる製品が好まれることが明らかになった。そこでスタート時には、コメ、牛乳、清涼飲料、酒、ワインといった製品を中心に展開していくことにした。

> **パッケージング**
>
> 　パッケージングは、製品の保護だけでなく、そのデザイン性や利便性などによって消費者を引きつけ、中身以上に購買意思決定に大きな影響を及ぼすこともある。
>
> 　パッケージのデザインは、競合製品との重要な差別化要素となる。例えばビールや清涼飲料は、飲料そのものでの明確な差別化がしにくいため、パッケージのデザインに工夫を凝らして、各社が競い合うケースが多い。1995年2月に売り出されたサントリーの「モルツ」のパッケージに対し、サッポロビールが自社の「黒ラベル」に酷似していると訴えたことは、パッケージの持つ表象機能やビジュアル効果がいかに重視されているかを物語っている。パッケージの素材、質感、色調などはブランド・イメージの表現にも重要な役割を果たすほか、パッケージの形状は使いやすさや利便性を左右することもある。
>
> 　パッケージは情報提供という点においても、重要な役割を担っている。例えば、花王が掃除用具の「クイックルワイパー」を投入したとき、まったく新しい概念の製品だったことから、パッケージのスペースを徹底的に利用して製品の特徴や使い方の説明を行った。箱の表には、製品名と「簡単にフローリングのホコリや髪の毛を残らずキャッチする」という製品コンセプト、さらにスイスイとフローリングの床を掃除しているテレビCMのワンカットを表示して、テレビCMとの相乗効果を狙った。また製品イメージがつかめない消費者のために、小窓を設けて箱の中が見えるようにした。さらに、使用説明や品質、注意書きなどは両サイドに集中させて、

裏面にはイラスト入りでさまざまな使い道（ベッドの下や、壁、天井まで掃除できること）や多岐にわたる効用（騒音がないので幼児が起きないこと、テレビや照明器具などの手入れにシートだけでも使えること）をコンパクトにまとめて提示した。

　優れたパッケージは、ロジスティクスの効率化や省資源化などの点でも貢献する。かつてリプトンは船で紅茶を輸出するにあたって、貴重な船内の貨物スペースを有効に使うために、現在のような立方体のパッケージを考案した。キリンビールの缶チューハイ「氷結」などで見かけるダイヤカット缶には、ミウラ折りという人工衛星にも使われている特殊な折りたたみ方の技術が用いられている。これによって、プルを開けるとダイヤモンド型が浮かび出てくるという面白さやデザインの美しさだけでなく、強度を落とすことなく従来の缶よりも30％の軽量化を実現している。

　このようにパッケージング（Packaging）はさまざまな役割を果たし、マーケティングにおいて重要な意味を持つため4Pに続く「第5のP」とされることもある。

●――第4段階：市場導入

【9】新製品の市場導入

　次は、いよいよ市場導入である。これは最後の段階であり、もう後戻りはできない。すでに大枠でのマーケティング計画はできているはずなので、それに基づいた戦術づくりとその確実な実行に注力し、一気に事業基盤を築く。

　経営資源を大量に投入する新製品の導入は、経営者にとって重大な意思決定である。したがって、前記プロセスの各段階において新たな問題点が発見された場合には、フィードバックを随時行い、戦略を練り直すことが必要不可欠である。これは当たり前のことのようであるが、動き出した計画をストップし、見直すことには非常に勇気を要するものである。

　一連の新製品開発プロセスを進める際に、経営トップが根拠もなく好みを押し通す、他部門が協力したがらないなど、組織内でコンフリクトが生じることがある。したがって、評価や判断基準の明確化・客観化、処理権限の公式化などを念頭に置いて新製品開発体制を整備するとともに、プロジェクト担当者が企業内で強力なリーダーシップをとれるようにすることも重要である。

3●製品ラインの設計

　製品戦略では、個別の製品のみではなく、製品ライン全体という観点からも考えてい

くことで、製品力を増強することができる。特定セグメント向けにある製品がヒットした場合、バリエーションを少し付加することで、周辺市場まで取り込めることが多いからだ。しかも、ゼロから新製品を立ち上げるよりも、マーケティングの活動効率がはるかによい場合も多い。

製品ラインとは個々の製品の集合であり、「幅」と「深さ」という2次元の広がりを持つ。幅とは、例えば自動車メーカーであれば、乗用車のみを扱うのか、それともトラックや二輪車も扱うのか、ということである。深さとは、その中でも乗用車についていくつのモデル数を扱うのか、ということである。一般的に、製品ラインの深さは、「高級－中級－低級」「高価格－中価格－低価格」あるいは「熟年向け－壮年向け－若年向け」のように設定される場合が多い。

マーケティング担当者は、長期的利益を最大化できるよう、あるいは企業の目的に合致するよう、最適な製品ラインを模索する必要がある。製品ライン政策に影響を与える要因を順に見ていこう。

❶ 顧客ニーズ

当然ながら、最も重要なのは顧客のニーズである。一般に、市場が拡大・成熟するにつれて顧客ニーズは多様になり、顧客はより深い製品ラインを望むようになる。逆に言えば、こうした顧客の変化に合わせて製品ラインを拡大していく必要がある。製品ラインを拡大する場合には、既存の製造ラインを改良して新製品を追加する、というように既存の製品とのシナジーが効く（範囲の経済が働く）ことが期待される。

❷ 製品ごとの収益性

製品ライン政策に影響を与える第2の要素は、個別製品の収益性である。当然のことながら、ある製品の収益性が低い、あるいはキャッシュフローが見込めないならば、廃止の対象になる。もちろん、個別の製品自体は赤字でも、戦略的にその製品を維持することが有意義な場合には、この限りではない。

例えば航空会社で言えば、たとえ赤字路線であったとしても、東京－ニューヨーク便などは「広告塔」として運航し続けるかもしれない。あるいは、パソコンショップが「総合専門店」のイメージを保つために、一部の製品が多少の赤字を出していたとしても目をつぶる場合があるだろう。

また、製品ラインの種類がスタンダードとラグジュアリー仕様のみだと、両者の価格差が開きすぎて、利幅の大きい上級バージョンが敬遠されるきらいがある。こうした場合、中間にワンクッション（デラックス等）を入れると、購入の上級移行が促進される。

これを忘れて、単に売上げが少ないからといって中間バージョンを外すと、利益の確保しにくいスタンダードバージョンに売上げが集中してしまうこともある。

❸ 競合の状況

製品ライン政策を考えるうえで、競合他社の製品戦略を知ることは重要である。競合の主力製品にあえて勝負を挑むこともあるだろうし、逆に相手があまりに強い場合は、それを避けて別の製品に注力することになるかもしれない。1970年代、アメリカの二輪車市場におけるホンダには、あえて大排気量でハーレーダビッドソンと戦うか、競争を避けて中排気量までにとどめるかの選択肢があったが、ホンダは後者を選んだ。

❹ 自社製品同士のカニバライゼーション

自社製品間の差別化が顧客に認知されず、カニバライゼーションを起こしてしまうような場合には、製品ラインの整理・統廃合により拡大を抑制したり、製品間の違いを顧客に認知させるようなマーケティング努力を行わなくてはならない。化粧品大手の資生堂は、百貨店、化粧品系列店、ドラッグストアなど、さまざまなチャネル向けに多数のブランドを擁していたが、1つひとつのブランド戦略が見えにくくなったことから、2000年半ば頃からブランド集約を進め、それぞれのターゲットや特徴を明確にし、ブランド・ポートフォリオの管理を徹底するようになった。

❺ リスク分散

1つの製品に売上げが偏りすぎていると、その製品の売上げが急激に落ち込んだときには大きなダメージを被る。BSE（狂牛病）感染疑惑でアメリカ産牛肉の輸入が一時的にストップしたとき、牛丼をメインにする吉野家などの飲食業は調達困難に陥った。牛肉を敬遠するムードも広がった。吉野家は豚肉を使うといった代替メニューを考案するなどして危機を乗り切ったが、社内のオペレーションを整備していても、思いがけない外部環境の変化に見舞われ、大きなダメージを受けてしまうことがある。企業としては市場の動向や自社の強みを理解したうえで、適切な製品ラインを持つようにしなくてはならない。

4 ● 製品ライフサイクル

製品は、導入期、成長期、成熟期、衰退期からなる製品ライフサイクル（Product Life Cycle）を経るのが通常である。市場の発展段階ごとに定石と言えるようなマーケ

ティング戦略があり、それを理解しておくことは有益である。

● ─── **製品ライフサイクル理論**

　典型的な製品の売上げは、時間の推移につれて導入期、成長期、成熟期、衰退期の4段階を経ながらS字型のカーブを描く。段階ごとに、製品と利用方法に関する顧客の理解度、競合の数や競争の焦点、マーケティング組織の発達段階などに違いが見られ、それに伴ってマーケティングの課題が変化するため、おのずと異なるマーケティング戦略が求められるようになる。その全体像を示したものが**図表5-6**である。もちろん、自社の製品特性や経営資源などの諸条件によって、このセオリーどおりにはいかないことも

図表5-6　製品ライフサイクルとマーケティング戦略

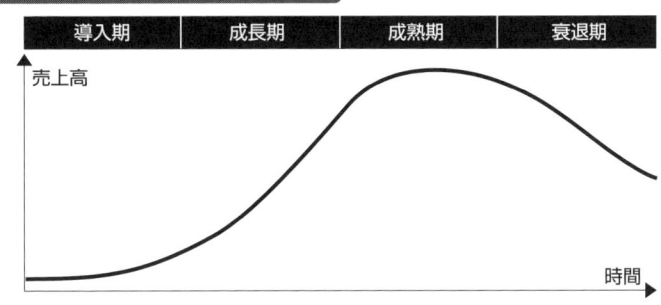

特徴	導入期	成長期	成熟期	衰退期
売上高	低い	急成長	低成長	低下
利益	マイナス	ピークに達する	低下へ	低下
キャッシュフロー	マイナス	プラスへ	プラス	マイナスへ
競合企業	ほとんどなし	増加	多い（特徴のある競争者）	減少

マーケティング戦略				
マーケティング目標	市場拡大	市場浸透	シェア維持	生産性の確保
マーケティング支出	高い	高い	低下中	低い
マーケティングの重点	製品認知	ブランド	ブランド・ロイヤルティ	選択的
ターゲット	改革者	大衆	大衆	保守的顧客
製品戦略	基礎開発	ライン拡大	差別化	ライン縮小
流通戦略	共同（限定）	チャネル拡大	重点チャネル化	選択／限定
価格戦略	高い/低い	やや低い	最低	上昇
コミュニケーション戦略	教育啓蒙的	特徴の強調	実利的手段	効果の減退

出所：P.コトラー『マーケティング・マネジメント』プレジデント社　1990年

あるが、マーケティング戦略を策定する際の1つのガイドラインとなる。個別製品だけでなく、製品ライフサイクルという大きな視点で製品をとらえることが重要である。

❶ 導入期

　市場の発達の初期段階であり、新技術によって市場が創出される場合も多い。この段階でのマーケティングでは、製品の使用方法や従来品に対する優位性に関した啓発活動が重視され、顧客へのコミュニケーションが試みられる。この段階における基本的な目的は、第1次需要を作り出すことである。すなわち、できるだけ迅速かつ完全に従来品に取って代わることにより、需要を拡大していく。この段階では、特許の保護を持つ企業が市場や利益を独占する場合もある。

❷ 成長期

　新製品が浸透してくると、市場の状況は著しく変化する。買い手は、購入の仕方や製品の使用方法に関して知恵をつけてくる。また、市場セグメントごとのニーズに合わせた製品が求められるようにもなる。この段階では、差別化を図ったり、自社の製品を競合製品とは違うものだと認識してもらうよう、買い手を教育する必要性がある。戦略としては、製品の拡張、つまり特定の市場セグメントのニーズに合わせて製品ラインを拡大する場合が多い。

❸ 成熟期

　ある時点で、市場というパイをできるだけ大きなものにする作業は終わり、企業は自社の取り分を最大化しようとし始める。この段階になると、業界構造は固定化し、少数の企業が大部分の市場シェアを獲得している。これらリーディング企業の目標は、市場シェアを維持し、可能であればそれを拡大することとなる。そのために、低価格政策によって販売量の拡大を図る戦略がしばしば用いられる。また、流通チャネルや顧客グループを守るため、サービスや価格を武器として競合の攻撃を防ごうとする。リーディング企業にとって困るのは、競合あるいは新規参入者が、自社製品を陳腐化させてしまうような新製品を開発したときである。こうした新製品の開発は、しばしば異業種から生まれるので、業界外の動向にも注意を払っておく必要がある。

　リーディング企業とは対照的に、小規模な下位企業は生き残ることが第一目標になる。多くの場合、彼らは特定の市場セグメント（その企業が独自の強みを発揮でき、かつ必要とされる経営資源がそれほど大きくないセグメント）をターゲットとして定め、そこに集中するようになる。

❹ 衰退期

この段階に至ると、売上げは低下し、利益も激減する。新規投資がほとんど必要ないことから、一部のリーディング企業はキャッシュを生み続けることができるが、それ以外の企業は、撤退するか、イノベーションにより新たな価値の創造を行うか、どちらかの戦略をとることになる。また、キャッシュを生み出している企業も、それをその事業に再投資するのではなく、新しい事業に投資するようになる。

◉——— 製品ライフサイクル理論の限界

製品ライフサイクル理論は、非常に有益な考え方であるが、いくつか弱点もある。それを理解しておかないと、戦略を見誤るおそれがある。

図表5-7　さまざまな製品ライフサイクル

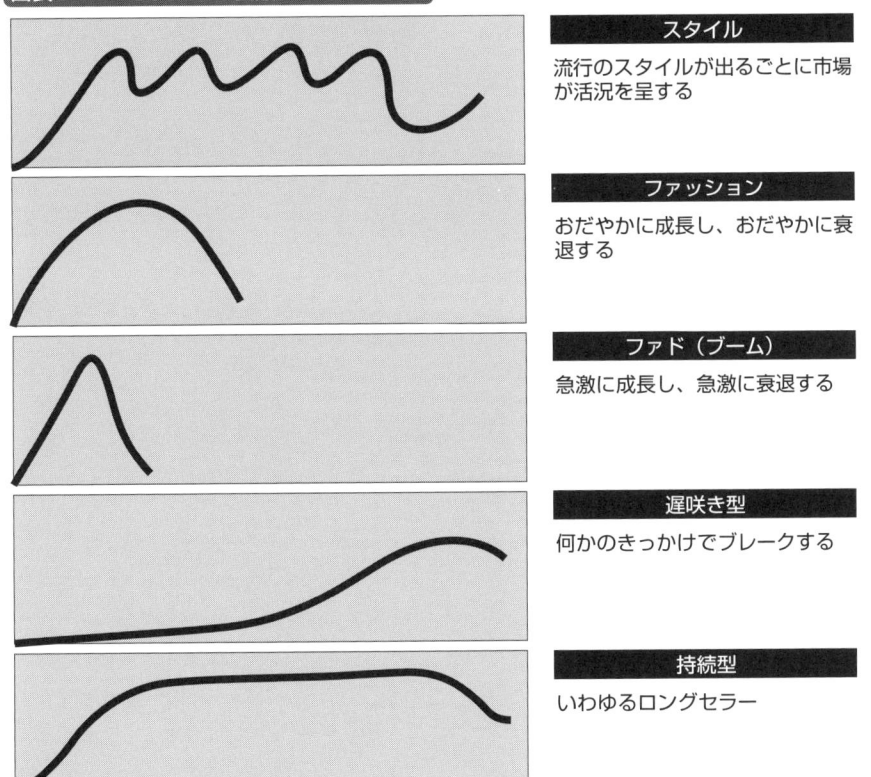

スタイル	流行のスタイルが出るごとに市場が活況を呈する
ファッション	おだやかに成長し、おだやかに衰退する
ファド（ブーム）	急激に成長し、急激に衰退する
遅咲き型	何かのきっかけでブレークする
持続型	いわゆるロングセラー

まず、すべての製品が導入期、成長期、成熟期、衰退期のプロセスをたどるとは限らないことに注意したい（**図表5-7**参照）。実際のところ、導入後に急成長し、その後すぐに衰退期を迎える短命な製品が実に多い。ブーム型製品がその典型である。その一方で、発売後、徐々に普及し、何十年経っても一向に衰退のきざしを見せない製品もある。息の長い定番商品などが該当する。

さらに、製品ライフサイクル理論を適用する際に注意したいのは、対象製品のレベルが、個別のブランドなのか製品カテゴリーなのかによって、ライフサイクルのタイムスパンや形状が大きく変わってくることである。

例えば、ビールという製品カテゴリー、ドライビールというサブ・カテゴリー、「アサヒスーパードライ」などの個別ブランドに注目してみると、後者から順にサイクルのタイムスパンは短くなり、その形状もイレギュラーになる傾向がある。製品ライフサイクル理論を利用する際には、どのレベルに注目しているのかを明確にする必要がある。個別の製品としては衰退期に入っていても、製品カテゴリーそのものはまだ成長している場合も十分にありうる。

5 ● プロダクト・エクステンション

製品ライフサイクルのタイムスパンを積極的に伸ばしたり、第2の成長期を作り出したりするためのマーケティング努力として「プロダクト・エクステンション（Product Extension）」という手法がよくとられる。需要の変化に対応してマーケティング戦略を見直し、その製品に修正を重ねることで製品寿命を延ばしていくのである。たとえ大ヒットした製品であっても、その成功は永遠に約束されているわけではなく、環境変化に応じて改良が必要となることも少なくない。

製品の修正は、パッケージ・デザインの変更といった微修正にとどまる場合が多い。しかし、例えば「カルピス」や「日清チキンラーメン」は微修正の範囲を超えて、缶飲料やカップ麺とすることで製品に新しい命を吹き込み、再活性化に成功している。

プロダクト・エクステンションの代表的手法としては、以下のものがある。

- **製品を修正する**（自動車を例にとれば）
  スタイルの修正：シャープなデザインを流線形にするなど
  特性の追加：サンルーフを付ける、4輪駆動にするなど
  性能の向上：燃費の向上、速度の向上など
  品質改善：耐久性の向上、故障率の低下など

● **市場を修正する／ポジショニングを修正する**
　新たな市場機会を掘り出し、顧客を創造する：シティウエアとしても着られるお洒落なスポーツウエア、デイユーズ（宿泊なしで部屋を利用できる）サービスを加えたシティホテル、健康食品のイメージを打ち出したココアなど

● **マーケティング・ミックスを修正する**
　値下げ、販売チャネルの変更、効率的な広告メディアへの変更、イメージを一新させるキャンペーンの展開など

6 価格戦略

POINT

価格は企業収益を大きく左右するものであり、製品やサービスの価値を表示するという重要な役割を果たす。企業は需要動向と利益確保のバランスをとりながら、製造コスト、カスタマー・バリュー、競争環境に留意して戦略的に価格設定を行う必要がある。

CASE

　アメリカの皮革製品メーカーのコーチは、2001年にコーチ・ジャパンを設立した。同社はそれまで、日本市場では三越と独占販売契約を結んでいたが、その戦略を大幅に変更することで、苦境からの脱却を図ろうとしたのである。一流ブランドの証とも言える三越との契約を解消するという決断には改革への強い意志が感じられ、業界関係者の注目を集めることとなった。
　コーチは従来、良質の皮を素材に使用し、しっかりとしたデザインで耐久性の高い鞄などを提供してきた。その保守的とも言えるデザインと、少々乱雑に扱っても壊れないという安心感が、こだわりの強いユーザーの心をとらえ、ビジネスシーンで多く利用されるようになった。しかし1990年代半ばから、消費者はルイ・ヴィトン、プラダ、グッチといったヨーロッパの高級ブランドを好むようになり、コーチの提供するテイストから離れていった。特に若い女性から、コーチは「良い鞄だが、持ちたいとは思わない」と評されるようになった。こうして、コーチの顧客は年齢の高い層に限られるようになっていった。

＊＊＊＊＊

　このような状況に強い懸念を抱いたコーチの経営陣は、大きなリスクを覚悟のうえで、ビジネス・コンセプトを基本から考え直すことにした。そして、打ち出した新コンセプトが、「アクセシブル・ラグジュアリー（手の届く高級品）」というものだった。
　高級品であれば、高価格が当たり前である。そこに「手の届く」という表現を加えることで、価格を落とし、ターゲットを広げようと考えたのである。しかし、「手の届く

といっても、どの程度が許容範囲なのかの判断は難しく、価格設定は慎重に行う必要があった。

特に重視したのが競合製品の価格帯である。コーチは詳細な競合分析を行った結果、ヨーロッパの高級ブランドと国内ライセンス・ブランドの中間を狙うのが妥当であるという結論に達した。ルイ・ヴィトンを代表とするヨーロッパの高級ブランド・バッグは、最低でも7〜8万円を出さないと購入できない。一方、国内ライセンス・ブランドは、3万円以下で入手可能だった。

コーチが決定した中心価格帯は4〜5万円であった。この価格帯は、ヨーロッパの高級ブランドには手が届かないものの、国内ライセンス・ブランドでは満足しきれない顧客を引きつけるのに適当であると考えられた。実際に、その後行われた調査でも、海外ブランドを購入してもよいという価格の範囲は、3万6000〜13万4000円であることが判明した。コーチの新価格帯は、その下限に位置づけられていた。

だがこの価格帯では、従来のように高品質な皮を十分に使用したバッグをつくり、利益を出すことは難しい。そこで、コーチはナイロンや布を使用し、軽量で明るいカラーのバッグを開発することにした。素材とデザインを変更すれば、コストを大幅に抑えられる。それで設定した価格で提供できるようになれば、利益も十分に見込める。ただし、ナイロンや布は、カジュアルな素材という認識が消費者の間で強く、4〜5万円の価値があるバッグとして受け入れられる保証はどこにもなかった。

コーチは、消費者の認識する価値を高め、高級品としての地位を獲得するために、プロモーションに力を注ぐことにした。必要な費用は迷わず投入し、街灯、旗、大型ビジョン、2階建てバスといったさまざまなメディアを利用して、高級感とオリジナリティに満ちたコミュニケーション戦略を展開した。

ブランドのイメージづくりに重要な店舗空間にも工夫を凝らした。ヨーロッパの高級ブランドは厳かで閉鎖的な空間を創ることで、その高級感を表現する傾向が強い。それに対してコーチは、明るく開放的な空間によって、高級品だが「手の届く」ことを表現しようと試みた。ドアを常に開放して消費者が気楽に入店できる雰囲気をつくり、軽やかな素材の製品を手頃な価格で、気持ちよく購入できるようにした。

このように、コーチは競合製品が手薄になっている中価格帯を狙い、素材を変えることで原価を下げ、さらにコミュニケーション活動により高級イメージを消費者の認識に定着させることで、利益を確保できる構造を作り上げようとした。その後に行われた調査結果を見ると、同社の戦略は間違っていなかったようだ。「手の届く高級品」というコンセプトは多くの消費者に受け入れられ、2004年時点で輸入バッグ・アクセサリーの市場シェアおよび女性用ハンドバッグのブランドの人気度は、グッチ、エルメス、プ

ラダなどの強豪を抑え、ルイ・ヴィトンに次ぐ第2位の地位を獲得するまでになった。

理論

マーケティング戦略において、価格は常に大きな焦点となる。なぜなら、価格戦略は企業が手にするキャッシュに直接影響を及ぼし、企業収益を直接的に規定する要因だからである。価格設定とはある種のアートであり、ゲームでもある。価格は、ダイレクトに消費者に訴えることができるメッセージ手段であり、同時に、それは競合企業に対するメッセージにもなる。ある企業が設定する価格は、顧客がそれを受け入れるかどうかだけではなく、競合企業の価格にも左右される。同時に、その企業が設定した価格は、競合企業の価格戦略にも影響を与える。ここでは、価格設定における重要項目について解説していく。

1 ● 価格の上限／下限を規定する要因

価格はさまざまな要因の影響を受ける。とりわけ、価格の下限を規定する製造コストと、価格の上限を規定するカスタマー・バリュー（Customer Value）は価格設定において大きな意味を持つ（**図表6-1**参照）。まず、これらについて見てみよう。

◉——— 製造コスト

製造コストが価格の最低限度となるのは明らかだろう。企業は特殊な場合を除いて、製造コスト以下の価格を長期間維持することはできない。

図表6-1　プライシング可能な範囲

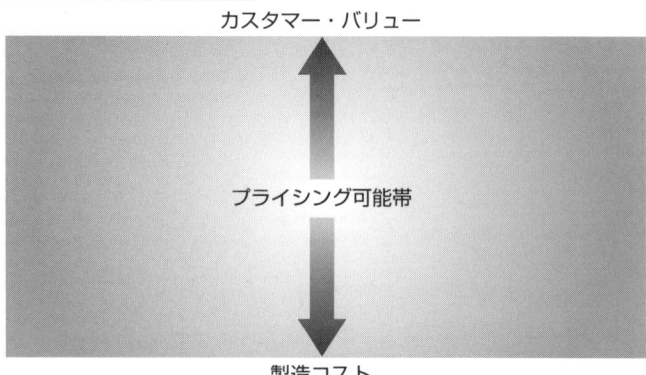

カスタマー・バリュー
↑
プライシング可能帯
↓
製造コスト

第6章　価格戦略

図表6−2　損益分岐点分析

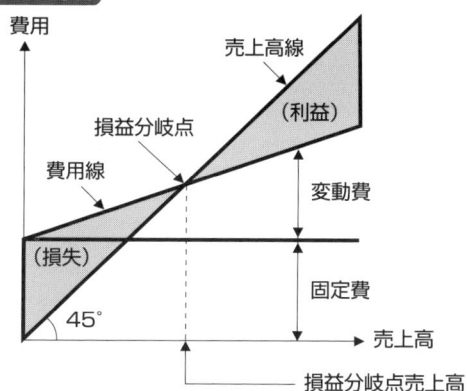

（図：縦軸「費用」、横軸「売上高」。売上高線と費用線が交差する損益分岐点を示し、交差点より左側は（損失）、右側は（利益）。費用線は固定費を切片とし、変動費が売上高に比例して増加。売上高線は45°。損益分岐点から下に破線で損益分岐点売上高を示す。）

　しかし、コストを算出することはそれほど簡単ではなく、コストをどう定義するかということ自体が戦略的な含みを持っている。現在のコストを重視した価格設定にするか、将来のコストまで見込んで考えるのかなど、経営的な判断によって数値は相当変わってくる。

　コストをについて考えるときに、まず注意したいのが、固定費と変動費である。固定費は、生産や販売の規模が大きくなっても（逆に小さくなっても）一定額かかるもので、例えばメーカーでは製造設備の減価償却費や工場の人件費がこれにあたる。一方、変動費は生産や販売の規模に比例して変化するコストであり、メーカーで言えば製品を製造するための材料費や燃料費、消耗品費が変動費となる。

　固定費がコストの大部分を占めている場合には、損益分岐点を常に念頭に置く必要がある。固定費の比率が大きい場合、固定費をカバーする（損益分岐点を越える）までは赤字だが、いったん損益分岐点を越えてしまえば、後は売上げ増加分のほとんどが利益となるからである（**図表6-2**参照）。逆に、商社や小売店のように変動費の比率が大きい場合は、製品1つ当たりの限界利益（売上高−変動費）の最大化が課題となる。

　製造コストは、固定費と変動費以外に、その製品に直接そのコストが関与しているかどうかで、直接費と間接費に分けることもできる。このうち、直接費についてはそれほど問題になることはないが、間接費をどのように各製品に割り振り、正確な原価を見積もるかは、しばしば問題となる。

　図表6-3は、異なる間接費の配賦方法を比較してみたものだ。間接費を製品ごとの売上高に応じて配賦する従来の原価計算法を用いれば、各製品ともそれぞれ利益を計上し、適切な価格設定が実現されているように思われる。しかし、より実態を反映する新原価

図表6-3 ある企業の製品別製造コストと販売単価

製品	年間生産数（個）	販売単価（円／個）	従来システムでの1個当たりのコスト（円／個）（売上高で間接費を配賦）	新システムでの1個当たりのコスト（円／個）（作業員の労働時間で間接費を配賦）
標準部品 A	400,000	1,250	780	480
標準部品 B	200,000	900	550	550
標準部品 C	100,000	1,300	800	1,550
半特注部品 D	30,000	1,400	900	2,000
半特注部品 E	3,000	900	600	450
特注部品 F	6,000	2,200	1,200	3,000
特注部品 G	500	1,500	750	7,500

システムを採用すると、現在の価格設定では、7品目中3品目（A、B、E）しか利益を出していないことになってしまう。適切な価格設定を行ううえで、正確なコストを把握することは非常に重要であり、企業は価格戦略を考える以前に管理会計システムを整備しておかなくてはならない。

製造コストが価格設定の下限を規定すると述べたが、実際には、状況によって製造コストより低い価格が設定されることもある。それは以下のような場合であるが、いずれも一定期間あるいはその製品単体では赤字でも、長期的・全体的には黒字となることを見込んでいる。

- より大きな注文をとるための「客寄せ」として利用する場合（ロスリーダー価格政策）。スーパーや家電店の目玉商品が典型例である。
- 生産量を増やすことによって単位コストを低減し、後に価格を上げることにより利益を得ようとする場合（ペネトレーション・プライシング。詳しくは92ページ）。今後急速に普及が予想される製品に見られる。かつての自動車、ビデオデッキなどが典型例である。
- その製品を導入することで、それに続く関連製品（消耗品やサービス）の購入が期待できる場合。コピー機（トナーやコピー用紙で儲ける）、携帯電話（通話料で儲ける）、エレベーター（保守サービスで儲ける）などが典型例である。

◉───── カスタマー・バリュー

製品は、顧客が適正と認める価値である「カスタマー・バリュー」を超える価格で売ることはできない。したがって、これが価格設定の上限となる。通常、カスタマー・バ

リューはリサーチなどを通して見極めていくが、それは正確なコストを把握する以上に難しい作業で、マーケティング担当者のスキルが問われるところでもある。カスタマー・バリューを決定するうえで留意しなくてはならないポイントを挙げてみよう。

第1に、カスタマー・バリューは買い手が認識する価値なので企業はまったく影響を及ぼすことはできない、と考えるのは間違いである。顧客に対して積極的に働きかけることにより、カスタマー・バリューを高めることは可能だ。マーケティング担当者が試用を促したり、製品特性を正確に伝達することで顧客を啓発し、製品の価値を正しく認識してもらうよう努めることである。

コーチは、ナイロンや布というカジュアルな素材を使ったバッグを導入するにあたり、ヨーロッパの高級ブランドとは異なる斬新なプロモーションや開放的な店舗空間を用いて、「手の届く高級品」というカスタマー・バリューを定着させることに成功した。

第2に、製品の価値は、顧客グループまたは市場セグメントによって異なる。もちろん、そうした顧客グループごとに個別に最高の価格を提示できればよいが、多くの場合(特に消費財の場合)そうはいかない。したがってマーケティング担当者は、さまざまな制約条件の下で、最大限の利益が得られる価格を見出さなくてはならない。

なお、同じ製品を別の価格で販売できる場合もある。それは、①ある市場で販売されている製品を、他の市場の買い手が買うことができない、②同じ製品を他の市場において低価格で買えることに買い手が気づいていない、③保管や保存ができないサービス財である、といった場合だ。特に、サービス業界では、消費時間帯、曜日、季節などによって顧客にとっての重要性が大きく異なることがある。航空運賃やリゾートの宿泊施設がシーズンのオン・オフによって、映画館が時間帯や曜日によって、料金を変えていることなどは広く知られている。

2● 価格設定に影響を与える要因

これまで価格の上限と下限を決める要因について見てきた。次に、その幅の中で価格設定に影響を与える要因について解説する。

◉──── 競争環境

企業が自社製品の価格を考えるうえで、最も影響を受ける要因の1つが競争環境である。例えば、砂糖やガソリンなどのように実質的に差別化しにくい製品では、市場価格を上回る価格をつければ売上げは急激に落ちるだろうし、下回る価格をつければ売上げアップにつながるだろう。

逆に言えば、ある企業が競争環境に左右されずに価格設定をしたければ、製品を差別化しなくてはならない、ということだ。機能、デザイン、ブランド・イメージ、サービスなどが競合製品と明確に差別化されており、買い手が自社ブランドを他社ブランドよりも好むなら、その程度に応じて競合よりも高い価格を提示できる。

業界が寡占的になるほど、プライスリーダー（業界全体の価格構造に大きく影響を与える業界リーダー）が存在しやすくなる。プライスリーダーは通常、最も大きなシェアや強力な流通チャネルを持ち、製品開発の先頭に立ち、業界を牽引していく。また、プライスリーダーは、低価格を打ち出してくる小さな競合に対して、あえて価格で対抗しないことが多い。シェアを維持するために価格を下げて利益を犠牲にするよりも、多少のシェアは譲っても価格を維持したほうが得策だと判断するからである。もっとも、その場合でも適切に状況判断を行わないと、旅行業界で格安航空券販売のHISが台頭したように、気がついたら小さな競合が巨人になっていた、ということになりかねない。

また、業界内の各企業の価格設定は、他社の価格戦略の影響を大きく受け、かなりの度合いで同じような動き方をするものだ。したがって価格設定は、コストの場合と同様、現在と将来の両方の競争を見越して検討していかなくてはならない。

◉ 需給関係

需要と供給の関係も、価格設定に大きな影響を与える。特に、差別化の難しいコモディティ（日用品）では、古典的な需要供給曲線で価格帯がある程度決まる場合が多い（**図表6-4**参照）。

独占的な製品を持つ売り手は、供給量をコントロールすることで価格を維持することも可能であるが（もちろん、複数の企業がこれを共謀して行えば、カルテルという違法行為となる）、こうした手法は顧客からの反感を買い、将来競合が出てきたときに自社の弱みになるおそれがある。マーケティング担当者には、顧客との長期的関係を考慮して、高い価格設定が可能な場合でも自制するといった総合的判断が求められる。

◉ 売り手や買い手の交渉力

特に生産財においては、顧客との交渉力が価格設定を大きく左右する。そして、顧客との交渉力は、需要と供給の関係、製品の差別化の度合い、売り手と買い手の相互依存度、スイッチング・コスト（切り替えコスト）などの要因によって規定される。ここでは、売り手と買い手の相互依存度とスイッチング・コストについて見ていこう。

買い手の購入額や量が売り手側の売上高と出荷量の中で大きな比率を占め、かつほかにも購入先が選べる場合、買い手は価格交渉に強い立場で臨むことができる。大手メー

図表6-4 需要供給曲線

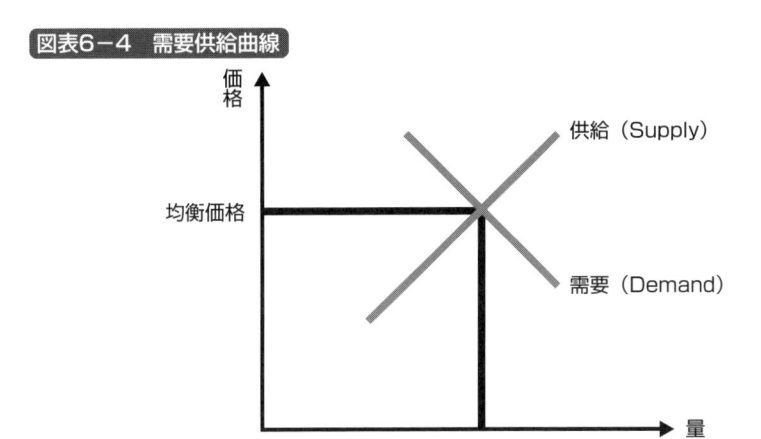

縦軸：価格／横軸：量
均衡価格の水準で供給（Supply）曲線と需要（Demand）曲線が交差する。

カー（買い手）とその下請業者（売り手）との関係は、多くの場合こうした構図になっている。また、販売力のある小売チェーンは、それを武器に卸やメーカーに対して強気の価格交渉を行うことができる。

　逆に、買い手が売り手に大きく依存しており、売り手の言い値がそのまま通ってしまう場合もある。例えば、売り手が独占的な先端技術を持っていたり、特許に守られて独占生産を行っていたりする場合がそうだ。

　さらにスイッチング・コストも、売り手と買い手の交渉力を考えるうえで重要な要素である。これは、買い手あるいは売り手が、相手を変更する際に発生するコストである。スイッチング・コストは、互いの関係が長期間に及び、かつその関係が業務上重要になるにつれて上昇する。例えば、一度ある会社にシステム構築を依頼したならば、多少価格が高くても、メインテナンスも同じ会社に依頼することが多い。システムを熟知している会社であれば余計な説明の手間がかからないなど、さまざまな点で便利であるため、表面上の価格の安さよりもトータルのコストで評価しているからである。

3● 価格設定手法

　世の中にある製品やサービスの価格は、実際にどのように設定されているのだろうか。価格設定方法は極論すれば、売り手と買い手の間の交渉の数だけ存在する。したがって、すべてを網羅することはできない。ここでは、価格設定に大きく影響する3つの要因、製造コスト（原価志向）、カスタマー・バリュー（需要志向）、競争環境（競争志向）に基づく手法について解説していこう。

● 原価志向の価格設定

原価志向の価格設定は、適切な利益を得て、かつ製造コストを増大させるリスクを最小化することを重視する。なお、この方法には、価格設定が簡単という利点がある半面、顧客が払ってもよいと考えている価格よりも低い価格を提示してしまう（すなわち、得られるはずの利益を逃してしまう）リスクがある。

❶ コストプラス価格設定

実際にかかったコストに、利益を上乗せして価格を算出する方法である。売買契約は成立しているものの、事前にコストがはっきりしない場合に用いられる。建設業界やシステム開発業界などで適用される。ただし、この方法には、売り手側にコストダウンの意識が働かないといった問題がある。売り手が買い手に対して強い交渉力を持っているときには、コスト要素について、かかった分だけ余計に負担することを取り決める場合もある。したがって買い手としては、支払額の上限を決めるなど、ある程度の歯止めを設けておくことが必要である。

❷ マークアップ価格設定

仕入原価に一定のマークアップ（上乗せ）を行うもので、流通業では一般的に用いられている手法である。また、マークアップの度合いは、その製品が薄利多売型のコモディティであるか、あるいは回転率の低い高級品であるか、という点に大きく左右される。通常、食品のようなコモディティは利幅が薄く、逆に宝飾品のような高級品は50％以上の利幅が設定されることが多い。

❸ ターゲット価格設定

想定される事業規模をもとに、一定の利益が確保できるように価格設定を行う手法である。製造設備の稼働率が問題となる化学品や自動車などの業界で採用されている。

● 需要志向の価格設定

顧客が認識する価値に焦点を合わせて、価格を設定する。カスタマー・バリューは上限価格となるので、これを適切に行えば企業にとって最も利益が上がることになる。

❶ 知覚価値価格設定

マーケティング・リサーチなどにより「売れる価格帯」を発見し、原価がそれよりも

高い場合には、コスト削減や製品仕様の見直しなどを行い、その価格帯に原価を近づける手法である。製品が差別化されており、激しい競争環境にない場合は、この「売れる価格帯」を発見すること、さらには顧客に「適切な価格である」と認識させることが重要となる。

❷ 需要価格設定

　市場セグメントごとに価格を変化させる方法で、顧客層（学割など）、時間帯（深夜料金など）、場所（グリーン車など）によって異なった価格が提示される。OEM（委託先のブランド名で生産すること）供給と一般ルートとでは、中身は同じ製品であっても卸売価格が異なってくる。また、ソフトウエアの中には、ベーシック版は無料、プロ版は有料というように、ターゲット別に思い切った戦略をとっている商品もある。これは99％の人に無料とすることで利用や普及を促進する一方で、1％のプロ向けで儲けるという構造をとっている。

◉ 競争志向の価格設定

　差別化されていない製品で、ある程度の競争がある場合には、競合製品の価格を踏まえて価格を設定する方法が用いられる。ただし、このやり方は価格競争になりやすく、しばしば売り手同士に疲労感を残すだけという結果になる。ガソリンスタンドの価格競争などが典型例である。マーケティング担当者は「価格だけの競争」になる前に、何らかの差別化を図るための対策を練らなくてはならない。

❶ 入札価格

　価格が売り手と買い手との交渉で決められない場合や、純粋に市場メカニズムによって決まらない場合は、入札によって価格が決定される。買い手は、入札によって、いちばん低い価格を提供する売り手を探すことができる（もっとも公共団体などでは、なまじ入札を採用したがために、能力的に不十分な業者を採用せざるをえなくなるという弊害も報告されている）。

❷ 実勢価格

　競合の価格を十分に考慮したうえで、価格水準を決定する方法である。多くの業界でこの手法が用いられている。金属やプラスチックなどプライスリーダーがいる業界では、プライスリーダーが2番手以下の競争状況を踏まえて価格を決め、他の企業はその価格を基準に自社の価格を設定する。

プライスリーダーが不在で、競合が互いの価格を意識し、牽制し合いながら価格を決定している業界もある。これは一般に、多数の小規模企業から成る業界でよく見られるが、寡占業界でも少数の大規模企業によって激しい価格競争が行われることがある。固定電話業界を例にとると、後発参入した日本テレコム（現・ソフトバンクテレコム）は「常に最安値となるよう値下げを続ける」と発表し、徹底的に価格競争を行うことを宣言した。二番手のKDDIが追随したことで価格競争が激しさを増し、かつてプライスリーダーであったNTTはその圧倒的な優位性を失った。その後、NTTも値下げ競争への参戦を決意し、プライスリーダー不在の激烈な価格競争へと突入した。

4● 新製品の価格設定

マーケティング担当者は、製品ライフサイクルに応じて適切な価格設定を行わなくてはならない。なかでも導入期の価格戦略は、その後の製品の普及度を占う意味でも重要である。

新製品の価格戦略として代表的なものに、市場シェアを獲得するために、価格設定をコスト以下、あるいはコストとほとんど同じにするというペネトレーション・プライシング（Penetration Pricing：市場浸透価格設定）、そして製品ライフサイクルの初期段階で短期に資金を回収するため価格を高く設定するスキミング・プライシング（Skimming Pricing：上澄吸収価格設定）がある。両戦略の効果、リスクなどを十分認識したうえで、適切な戦略を選ばなくてはならない。

●──── ペネトレーション・プライシング（市場浸透価格設定）

この手法は、販売量が上がるにつれて単位コストは顕著に下がるという仮定に基づいている（**図表6-5**参照）。まず、経験を積むことによって、生産プロセスはより効率的になり、従業員は熟練し、原材料や部品の大量購入が行われるようになることから、変動費が低減する（経験効果）。同時に、生産量増大に伴って固定費が分散されるようになることから、単位当たりの固定費も低減していく（規模の経済）。

かつて日本メーカーが海外に進出したときには、こうした原価低減を見越したペネトレーション・プライシングが採用された。この戦略の成功のカギは、将来の需要を正確に見積もること、そして競合他社が追随する機会を取り除くことにある。

【ペネトレーション・プライシングの特徴】
前提条件：広い潜在市場が存在する

図表6-5 生産コストが下がるメカニズム

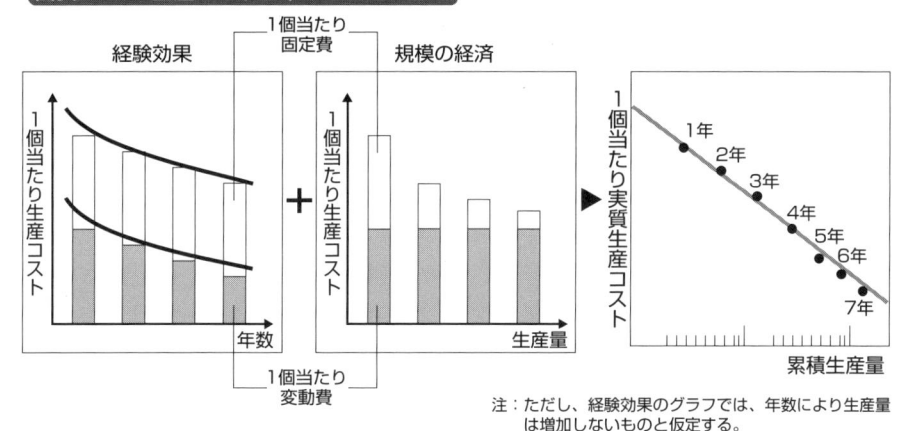

（経験効果：1個当たり固定費、1個当たり変動費）＋（規模の経済）▶ 1個当たり実質生産コスト vs 累積生産量（1年〜7年）

注：ただし、経験効果のグラフでは、年数により生産量は増加しないものと仮定する。

```
          価格弾力性が大きく、価格変動による需要への影響が大きい
          経験効果により投資の回収ができる
期待効果：早い時期に高い市場シェアを獲得できる
          低マージンのため競合他社の参入意欲を減退させる
          製品ブランドを広く消費者に認知させることができる
          莫大な利益を享受できる可能性を持つ
リ ス ク：期待どおりに原価が下がるとは限らない
          設備投資や資金繰りにおいてリスクが大きい
```

● スキミング・プライシング（上澄吸収価格設定）

これは、初期に高価格を設定することで、早期の資金回収を図るものである。巨額の投資が必要な半導体製造などでこの手法が用いられており、製品開発を最も早く行った企業が、二番手以下の企業に対して収益面で大きく優位に立てる。

【スキミング・プライシングの特徴】
```
前提条件：製品の差別化の大きさから、市場での競争の心配が少ない
          価格弾力性が小さく、需要が価格の高低に左右されない
期待効果：プレステージ性の高いブランド・イメージを確立できる
          市場の良質な顧客層を獲得でき、高い利潤が得られる
          価格弾力性の小さい市場を開拓できる
```

リスク：競合の参入を許してしまう

> **価格弾力性**
>
> 　価格弾力性とは、価格の変化率に対する需要の変化率の比である。以下の式で算出される。
>
> $$価格弾力性 = -\frac{(Q_1-Q_0) \div \{(Q_1+Q_0) \div 2\}}{(P_1-P_0) \div \{(P_1+P_0) \div 2\}}$$
>
> 　　　　Q_0＝価格変更前の販売数量　Q_1＝価格変更後の販売数量
> 　　　　P_0＝変更前の価格　　　　　P_1＝変更後の価格
>
> 　価格を変更してもほとんど需要に変化がないとき、「価格弾力性が小さい」という。通常、コメや野菜など生活に不可欠かつ日常的な製品は価格弾力性が小さく、宝飾品など高価な贅沢品は価格弾力性が大きいと言われる。価格設定にあたって、価格弾力性を知ることは非常に重要である。
>
> 　価格弾力性は顧客セグメントによって多様であり、同じ顧客セグメントであっても状況が異なれば同一ではない。例えば飛行機で移動する場合、プライベートとビジネスの旅行では、利用する座席も変わってくるだろう。
>
> 　価格弾力性は、スイッチング・コストの有無にも影響される。顧客は、製品にわずかな価格の違いしかないとすれば、新たな学習が必要になるような製品については不確実性を無視してまで新製品にスイッチしようとはしない。パソコンのソフトなどは、スイッチング・コストが高いことで価格弾力性が小さくなっている典型例である。

5● 成長期の価格設定

　通常、成長期になると、価格は横ばいか低下傾向となる。なぜならば、生産・販売量が増え、規模の経済や経験効果によって原価が低減されるとともに、競争激化で買い手の交渉力が高まるからである。企業としては、成長を維持するために、価格に敏感な顧客層も市場に引き込むべく、適切なタイミングでの価格引き下げや顧客に合わせたオプションの拡充を検討しなければならない。

　例えば、液晶テレビやプラズマテレビなどの「薄型テレビ」は、地上デジタル放送の普及とともに買い換えが進む一方で、年に2～3割のペースで低価格化が進んだ。32

インチの普及型液晶テレビは2005年に普及の目安と言われる1インチ当たり1万円程度に達し、32インチで10万円前後の台湾製の格安液晶テレビが量販店に出回った。2007〜2008年には松下電器産業（現・パナソニック）、シャープ、ソニーなど大手メーカー製品でも1インチ当たり2500〜5000円に下がった。

　成長期を終え成熟期を迎えると、市場成長率は鈍化し、限られたパイの奪い合いが始まる。差別化は困難になり、過剰生産能力と相まって競争は価格を中心に展開される。普及率が高まり成熟期に差しかかった携帯電話は、端末価格、基本料、通話料、通信料、割引期間など多岐にわたって激しい競争が続いており、最も安い料金の情報を提供すること自体がビジネスになるほど複雑化している。

6● 効果的な価格設定のために

　収益性を左右する価格設定は、事業戦略の要である。効果的な価格設定を行うためには、その目的を正しく認識することが必要不可欠である。価格設定の目的は、あるときは市場シェアを獲得することかもしれないし、またあるときは競合他社の気勢をそぎ、新規参入者の動きを制することかもしれない。どのような目的を置くにせよ、その設定と市場導入後のモニタリングは慎重に行わなければならない。

　価格設定のプロセスでは、テニスなどのゲームと同様、1つひとつの意思決定は一連のプレー中における1つの動きにすぎない。自社の設定した価格に対し、競合他社は顧客獲得のためにさらに低い価格を設定してくるかもしれない。それに場当たり的に対応するのではなく、自社のマーケティング目標を果たすためには、どのような価格設定にすべきか適切な判断が求められる。

　価格変更に際して、マーケティング担当者は新しい価格を顧客に受け入れてもらえるよう努力しなくてはならない。価格の引き上げの際、企業は多くの場合、コストアップを転嫁したものだと説明する。しかし、その変更が公正であると確信してもらえなければ、顧客にそっぽを向かれてしまう。

　値下げをする場合にも注意が必要だ。顧客は通常、値下げを歓迎するが、それによって品質やサービスの低下を招けば不満を募らせる。さらに、一度引き下げた価格を再び上げることは非常に難しく、顧客が納得するような適切な理由を示せなければ、顧客は離れていくおそれがある。頻繁に価格変更をすれば、顧客は混乱し、製品に対する価値判断ができなくなってしまう。したがって、マーケティング担当者は、価格変更によるさまざまな影響を考慮したうえで慎重に意思決定するとともに、顧客に対するコミュニケーションや価値の見せ方に細心の注意を払わなくてはならない。

7 流通戦略

POINT

　流通チャネルは、企業の競争優位を構築するうえできわめて大きな意味を持つ。その主機能は、売り手の製品を効率的に市場に届けるとともに、市場からの情報を効率的に収集することにある。企業側は、製品の特性、ユーザーの特性、競合環境などを総合的に考慮に入れて、最適な流通チャネルを選択し、構築する必要がある。

CASE

　パナソニック（旧・松下電器産業）が展開する「ナショナルショップ」は、地域住民に「街の電気屋さん」として長年親しまれてきた身近な小売店である。同社による小売店の系列店化は1950年代後半から進められ、製品の拡販に貢献してきた。1980年代には全国に2万7000店を擁するまでになっていた。

　その後、大型スーパーやディスカウント店などの量販店が増加して、家電チャネルは様変わりした。特定メーカーの製品を専売する系列店と違って、量販店では複数メーカーの製品を並べて販売し始めたのだ。消費者はこうした選択肢の広がりを歓迎した。販売動向や消費者の反応や声など、重要な情報を握ることのできた流通チャネルはメーカーに対して発言権を強めていった。

　一方、メーカーの指導に頼りきって運営していた系列店は、こうした流通構造の変化にうまく対応できなかった。なかには価格や品揃えで対抗できず、経営難に陥るところもあり、パナソニックはチャネル対策に悩まされることになった。これまで成長を下支えしてきた系列店をむやみに切ることはできない。かといって、チャネル変化の流れに乗り遅れると、競争に敗れ、企業は存続の危機にさらされる。かつて競争優位の一端を担っていた系列店は「負の遺産」とまで言われるようになった。

＊＊＊＊＊

　2001年から、パナソニックはついに家電流通改革に着手した。地域販売会社を再編し、人員整理を行った。2002年に販売組織を「ナショナル・パナソニックの会」

とし、「月間仕入れ100万円以上を目指す意欲ある店舗」を絞り込み、1万3000店を加盟店として残した。卸値体系を簡素化し、さまざまな名目のリベートによる価格補填を廃止した。

　2003年には「スーパープロショップ（SPS）制度」を導入した。ナショナル・パナソニックの会の加盟店を対象に、「松下電器とともに努力する店」を募り、すべての店舗ではなく、やる気のある店舗に絞って追加支援策を行うことにしたのである。その目的は「互いに自立したもの同士の共存共栄」を図ることにある。SPS加盟店が「販売計画を提出する」「販売情報の入力に協力する」「販売店対象の商談会に参加する」という3点について合意すると、パナソニック側は販売台数に応じて奨励金が受け取れる契約販売、顧客情報を活用したきめ細かな販促支援、事業拡大投資、スーパープロショップ用のオリジナル家電の展開などの支援を約束した。

　こうした一連の支援策のうち、店舗側のモチベーション向上にとりわけ有効だったのは、頑張って販売した店舗はより多くの見返りが受けられる制度である。契約販売の導入によって、重点機種が明確になったことも役立った。系列店は量販店に比べて店舗面積が狭く、在庫スペースもないため、十分な在庫量を持てない。顧客の注文を受けて追加発注をしても、売れ筋商品の場合はメーカー側でも品切れ状態となっており、販売機会を失ってしまうことが多かった。重点機種が明確になることで、店側は販売予測を立てやすくなり、在庫量の調整も効果的に行えるようになった。

　パナソニックは小売店向け研修に対する考え方も一新させた。これまでもパナソニックが講師を出しての研修を行っていたが、参加費は無料、お土産つきで、小売店側は受身の姿勢で臨んでいた。これに対して、新たに設計した「プロショップ道場」という研修は外部コンサルタントを講師に招き、店舗戦略や顧客獲得ノウハウの実践法などすぐに役立つ情報を提供するが、参加費用は自己負担だ。その結果、小売店側の学習意欲や参加態度の変化は一目瞭然だった。研修で学んだことを活かして、既存顧客の掘り起こしを図ったり、商品の展示方法を工夫するなどして、売上げを大きく伸ばす店も出てきた。顧客に幅広い商品を見てもらうために、店舗の小さいプロショップが協力して広い会場を借りて展示会を行うなど、積極的な試みが見られるようになった。

　さらに小規模店にとっての朗報は、高齢世帯の増加を背景に、電球1個の取り替えにも出向き、複雑な電化製品の操作方法を丁寧に教えてくれる地域密着店の価値が見直されてきたことだ。しかし2006年時点でパナソニックの1万8000の系列店のうち5400店がSPSに認定されているが、系列店の経営者の平均年齢は58歳と高齢のため後継者不在で廃業する店が増え、加盟店数は思うように伸びていない。一方、超大型店の出店で急速に伸びてきたヤマダ電機が、合弁事業で売り場面積30平方メートル前後

の小規模な家電小売店のフランチャイズ展開に乗り出すなど、新たな動きも見られる。家電販売をめぐる熾烈な競争は今後も続きそうだ。

理論

優れたチャネルの存在は企業にとって大きな資産となり、長期的な優位性構築の源泉にもなる。パナソニックや資生堂が優良企業であり続けたのは、そのチャネル力によるところが大きく、チャネルの獲得は企業買収の主要目的の1つにもなっている。

流通チャネルは、その大部分が基本的に外部資源であるという点で、他のマーケティング・ミックスとは本質的に異なる。その構築には通常、非常に多くの時間と費用がかかるうえ、簡単に変更できないことも多く、長期的観点からの意思決定が求められる。ここでは、流通チャネルの設計やマネジメントのポイントについて解説していく。

1● 流通チャネルの意義

製品の生産者と最終顧客との間を結ぶのが、流通業者（流通チャネル）である。流通チャネルは、企業独自の販売網やサービス機関に加え、再販機能を果たす販売代理店、卸売業者、ディーラー、小売業者などの外部組織によって成り立っている。流通チャネルは、製品が倉庫から顧客に届くまでの物理的流通のパイプライン、および市場の現場と企業をつなぐ情報伝達経路として、中心的な働きをしている。

図表7-1は流通業者の存在意義を示したものだが、ここからわかるように、流通業者が介在することで取引全体が合理化される。不特定多数の買い手を相手に個別に取引を

図表7-1　流通業者の経済効果

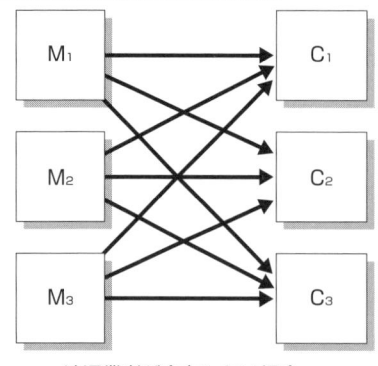

流通業者が介在しない場合　　　　　　流通業者が介在する場合

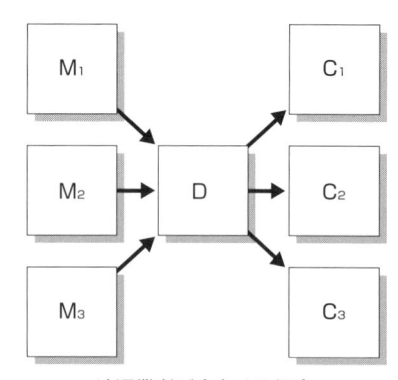

行わなくてはならない場合、そのコストは莫大になる。つまり、メーカー側にとっても、顧客側にとっても、流通業者は経済合理性を高めているのである。

　この点について、年間生産量が約4億本にもなる鉛筆の例で考えてみよう。三菱鉛筆やトンボ鉛筆といったメーカーの営業担当者が、不特定多数の個人や法人ユーザーに直接売り込むことは不可能である。顧客は鉛筆を文房具店や雑貨店で買うが、文房具店だけでも全国に数万店が存在するので、鉛筆メーカーの社員が各店を直接担当することは経済的に見合わない。ここから、鉛筆に限らず、消しゴムから定規、便せん、ノート、ファクシミリ用紙に至るまで、あらゆる文房具や関連製品をまとめて仕入れて文房具店などに卸す問屋の活躍の場が出てくるのである。

　次に、流通チャネルが果たす機能について見てみよう。製品の提供者がターゲット顧客に対して創造した価値を供与し、その見返りとして対価の支払いを得るという交換活動を営むうえで、埋めなくてはならないさまざまなギャップが存在する。製品の提供者と消費者との間にある、こうしたギャップを埋めるために、流通チャネルは次のような機能を担っている。

【主機能】
- 調査（製品の交換を計画し、実施するための情報収集）
- プロモーション（広告、販売活動の促進、人的販売）
- 接触（見込み客を探し、コンタクトをとること）
- マッチング（顧客の要求に合わせた製品を提供するために、包装、組み合わせなどを行うこと、およびメインテナンス）
- 交渉（価格を含む販売に関わる諸条件の最終合意づくりを行うこと）

【販売支援機能】
- ロジスティクス（輸送業務、在庫管理）
- ファイナンス機能（売上回収、流通に必要な資金の調達と融資）
- リスク分担（流通業務遂行に伴うリスク──輸送途中の事故など──をとること）

　流通チャネルは広範囲にわたる活動を行うが、製品のタイプに応じて重要な機能は異なる。

　消費財の場合は、通常チャネルに最も期待される機能はプロモーションやマッチング、ロジスティクスである。生産財では、接触や交渉の比重が高まり、さらにはマッチング（特に製品のアフターサービス）が期待されるようになる。アフターサービスは、特にオフィス機器や工場設備などの市場で重要な役割を果たす。

2● 流通チャネルの種類

流通チャネルは、その参加者および構造により、いくつかのパターンに分類される。

◉──── 自社組織と外部組織

まず、自社の従業員で構成される自社の営業組織と、代理店やディーラー、小売店のように複数企業の製品を再販する外部の流通組織を明確に区別しておく必要がある。分社化されている販売会社はこの中間的な位置づけとなるが、資本関係があり、自社製品のみを扱うのであれば、自社組織と考えるほうがよいだろう。自社の営業組織は、ユーザーに直接販売する場合と、外部の流通業者に販売する場合とがある。

❶ 自社の営業組織

流通チャネルの中で、自社の営業担当者が果たす役割はさまざまである。基本的な仕事は潜在顧客、あるいは下位の流通業者を訪問して購入を勧めることであるが、必ずしも注文をとることだけが営業担当者の役割ではない。営業担当者は、価格および契約条件の交渉をするほか、配送を促す、製品の設置を監督する、クレームを処理する、返品を受け付ける、といった販売後の責任も引き受ける。

流通業者を訪問する担当者は、これらの機能に加えて、製品技術や販売技術の面で流通業者を教育する機能も果たす。そして通常、流通業者の在庫を調査し、在庫補充の注文を扱う。そのうえ、製品のデモンストレーションなどの販売促進活動を行ったり、流通業者の業務管理の改善計画を提案したりする。

法人相手のビジネスでは、営業担当者は直接の購入者やユーザーだけではなく、購入の意思決定に影響力を持つ関係者にも働きかけることが多い。例えば、建材メーカーの営業担当者は、実際にユーザーとなる施主やゼネコン以外に、建物を設計し使用資材を決める建築家に営業活動を行う。航空機のエンジンでは、アメリカの大手メーカーのGE（ゼネラル・エレクトリック）は、エンドユーザーである航空会社に対して営業をかけて、機体メーカーに新しい航空機を発注する際にGEのエンジンを指定してもらうように働きかけている。

❷ 外部の流通組織

消費財などでは、外部の流通業者を指して流通チャネルと呼ぶこともある（狭義の定義）。外部の流通業者は、メーカー（もしくは、自社より上流の流通業者）から仕入れた物品の販売を行うことで利益を得る。また、流通業者は一般に、限られた分野の製品を扱

う専門業者と、幅広い分野の製品を扱う一般業者に分けられる。多くの流通業者は複数の支店・店舗を持っているが、そのサービスの大半は地域的に限定されており、各企業は製品ラインや顧客サービスをその地域に適合したものにするなど、独自の運営スタイルを築いている。

　一般に、メーカーと流通業者との関係は、明文化された協定に基づく長期的なものであることが多い。これにより、流通業者は安定した供給源を確保するとともに、販売トレーニングや新製品情報、在庫管理、顧客サービス、技術支援などの面でメーカーからの援助を受けることができるのである。

　ただし現在では、流通業者はメーカーに頼りきりというよりも、メーカーに対して強い交渉力を持つようになっている。特に、大資本による全国規模のチェーン組織は、一方で地域の市場環境に適合する柔軟性を持ちながら、他方では仕入先との交渉で絶大な取扱量に支えられて、メーカーに対して強気の交渉ができるようになった。また、イトーヨーカドーなどを擁するセブン＆アイ・ホールディングスのように、ITを駆使して売れ筋管理や在庫管理を推進し、情報を蓄積することで、メーカーに対する影響力を強めているところも多い。

◉ 小売業者と卸売業者

　外部の流通組織はさらに、直接エンドユーザーと接する小売業者と、エンドユーザーとは直接接触しない卸売業者に分類される。当然ながら、求められる役割も異なる。

❶ 小売業者

　ある製品の存在を知り、興味を持った顧客は、どうやってその製品に接触しようとするだろうか。まず、どこで販売されているかを知ろうとするだろう。そして、自動車ならカーディーラー、パソコンなら家電販売店、高級衣料品なら有名百貨店、飛行機のチケットなら旅行代理店やチケット・カウンターへ出かけるだろう。小売業者に求められる機能として特に重視されるのが、集客機能である。

　顧客は、ある製品を買いにきたついでに別の製品に行き当たることもある。そうなると、目立つ場所や大きな棚面積を確保できる製品ほど有利になる。顧客が直接その製品に接触するという意味でも、小売業者は非常に大きな意味を持つ。したがって、小売業者に対して営業活動を行うときには、単にあの百貨店に入ったとか、スーパーの棚を確保したということだけで満足すべきではない。百貨店なら、どのフロアのどの位置に、どの程度の規模やディスプレーで売り場を確保したのか、スーパーなら、最も目立つ場所で、かつ目線の位置に十分なスペースを確保できたかというところまで話を詰めて初

めて、仕事が完結するのである。

　小売業者は通常、地代、店舗投資、販売員経費、販促経費などさまざまな出費が必要になるため、卸売業者と比較してマージンは高く設定される。正札価格を極力キープしている百貨店では4～5割のマージンが設定されている。

❷ 卸売業者

　図表7-1（98ページ）に示したように、買い手の数が増えるに従って、メーカーと小売業者の取引は加速度的に煩雑さを増していく。そこで、その製品の特性や地域にマッチした卸売業者が、メーカーと不特定多数の小売業者の間に介在して、見込み客が接触するであろう小売チャネルに効率よく製品を届け、かつ顧客からの情報を吸い上げるためのさまざまな便宜を図るのである。

　こうした卸売業者の機能が、最終顧客の目に止まることは稀である。また、その期待される役割が、複数の製品提供者と小売業者の間の接触回数を大幅に減らすことにあることから、その機能はきわめて労働集約的な組織や複雑な人間関係のうえに構築されている場合が多い。川上（メーカー）や川下（小売業者）の両側から絶え間なく流通合理化の圧力がかかるのも、この業界の宿命と言える。

　なお、卸売業者には、製品を買い取って販売する業者もいれば、売り手と買い手の間を仲介することで口銭（利ザヤ）を得る業者もいる。当然ながら、買い取りリスクを負う前者のほうがより大きなマージンを得ることになる。

◉ 流通チャネルの段階数

　流通チャネルの構造は、その段階数でも特徴づけられる。それを分類したのが**図表7-2**である。何段階の流通チャネルを用いるかは、その製品の特性によるところが大きい。一般に、製品がコモディティ化するほど、流通チャネルは多層化する傾向にある。

❶ ゼロ段階チャネル

　メーカーが直接顧客に販売するケースである。典型的な例としては、基本的に訪問販売に特化しているポーラ化粧品、通販会社大手のセシール、あるいは高価格少量生産の建て売り住宅のようなビジネスが当てはまる（なお、通信販売業者であっても、千趣会はゼロ段階チャネルとは言えない。同社はセシールとは異なり、自社ブランド製品を持たず、既存のブランドの中から季節に応じた新製品を選択してカタログ展開している小売業者だからである）。

　販売量や金額が直接販売組織を賄うに十分な場合には、このゼロ段階チャネルは有効

図表7-2 流通チャネルの段階数

ゼロ段階チャネル	生産者	→			消費者
1段階チャネル	生産者	→		小売業者	消費者
2段階チャネル	生産者	→ 卸売業者	→	小売業者	消費者
3段階チャネル	生産者	→ 卸売業者	→ 二次卸	→ 小売業者	消費者

である。直接販売には、販売活動を方向づけ、きちんとコントロールできる利点がある。当然ながら、営業担当者は他社製品の販売に気を使うことなく、自社製品に集中することができ、顧客が求める製品情報や技術サポートなどを提供できる。

❷ 1段階チャネル

メーカーと消費者との間に流通業者が1つ介在する場合である。かつては家電や自動車業界のようにメーカー主導の系列化という形で進展してきたが、近年は大型小売業者が卸売業者を排して直接メーカーと取引する形態が増えつつある。

自動車業界では、ディーラーの経営不振に際し、メーカーが資本のテコ入れをすることがある。その意味では部分的にゼロ段階化が進行しているとも言えよう。しかしながら、このような垂直統合が度を超えると、独立系の販売店に脅威を与え、反発を招くことにもなりかねない。

❸ 2段階チャネル、3段階チャネル

消費財において最も多く見られるのが、2段階チャネルである。小売業者にとっては少量取引に好都合であり、メーカーにとっては広範囲に販売を拡大しようとしたり、小売業者が多数で分散している場合などにメリットがある。

比較的製品の単価が低く、購買頻度の高い最寄品になると、もう1段階増えて3段階チャネルを通して販売されるようになる。食料品や日用雑貨品など、小売店の数が多い製品がこれに該当する。

時計はさまざまな流通業者が介在するビジネスであるが、一般に、名の通ったブラン

ドは2段階止まりの場合が多い。一方、弱小ブランドや10万店存在すると言われる種種雑多な時計販売店への流通は、二次卸経由の3段階チャネルとなる場合が多い。

このような分類はわかりやすい半面、事象を単純化しすぎている側面もある。実際に、流通構造が何段階になっているかの判断は必ずしも簡単ではない。例えば、部品業者から部品を仕入れて組み立てているだけの、純粋なメーカーとは言いがたい製造業者も多いし、資本参加により製造販売を垂直統合しているケースも少なくない。メーカーと小売業者の両方のブランド名の付いたダブルネーム製品も存在する。

さらに、古典的なゼロ〜3段階チャネルの概念では括れない形態もある。その代表的な例として、マルチレベル方式、フランチャイズ方式、ライセンス方式が挙げられる。

●マルチレベル方式

マルチレベル方式は、アメリカで発達したビジネスであり、日本ではコンパクト洗剤を中心とした品揃えのアムウェイや、スキンケア製品に特化しているニュースキンなどが有名だ。

製品の提供者は問屋や小売店などの流通業者を通さないで、消費者のネットワークをフルに活用するユニークなシステムである。核となるメンバーはディストリビューターと呼ばれ、店舗を構える必要のない個人事業主として傘下の会員数（会員は製品を購入したり、自らも販売活動を行ったりする）を増やす努力を行う。彼らは注文に応じて製品を販売し、傘下のメンバーの売上げがアップするように、さまざまなサポートを行う。傘下のメンバーが増えて売上げが増えれば、それだけバックマージンも増えるので、限りなく収入が伸びる可能性を持つ。

この方式の利点は、多大な初期投資を必要としないという点である。ニュースキンの創始者は、1970年代初頭に手持ちの200ドルでこのビジネスを始めた。一方、最大の欠点は、社会的ななじみが薄く、詐欺まがいの不適切な方法で勧誘するマルチ商法やネズミ講ではないかと警戒されやすいことである。ビジネスのイメージを崩さないよう、ディストリビューターにはかなり詳細な行動規範を定めるのが通例だが、それでも心ない会員がトラブルを起こすリスクは払拭できない。

●フランチャイズ方式

コンビニエンスストア、コーヒーショップ、カーディーラー、郊外型レストラン、ファストフード、語学学校などに典型的に見られるシステムである。

フランチャイザー（ビジネス・システムの提供者）は、製品のトレードマークの使用権

およびビジネスの構築からオペレーション・システムまでのノウハウのすべてをフランチャイジー（フランチャイザーから特定地域のビジネス・システム使用権を得て、自己資本や労力を提供して事業化する個人や企業）に提供し、側面サポートする見返りとしてロイヤルティを徴収する。また、共同仕入れを義務づけることにより、仕入れからの利ザヤを稼ぐことも可能である。ただし、顧客との接触がまったくなく、すべてフランチャイジーに依存していたのではサービスの質を管理できないため、直営方式とフランチャイズ方式を組み合わせることが多い。

　フランチャイズ方式の最大の利点は、他人の資本や労力を活用して急速にシェアを拡大できるところにある。マクドナルドと違い、大手資本をバックに持たなかったモスバーガーの場合、直営店にこだわっていたら迅速に店舗数を増やすことはできなかっただろう。フランチャイジー側にしても、資金とやる気はあってもどうやって事業に取り組んだらよいかわからない人や、リスクを抑えて資産を有効活用したい人が数多く存在する。フランチャイズは、こうした互いのニーズを補い合う方式である。

　フランチャイズ方式では、フランチャイジー間の格差を是正することが重要になる。店舗間でサービスにばらつきがあると、ある店舗の不評が他店舗の足を引っ張ることになったり、ブランド・イメージに悪影響を及ぼしたりする。

　特に難しいのが、資産運用を目的に事業を行っているフランチャイジーを教育し、共通の事業目的に向けてベクトル合わせをすることだ。フランチャイズ・システムの健全性を保つためには、本部のコントロールが末端まで行き届いていなくてはならない。このコントロールがうまくいっていれば、顧客は直営店かフランチャイズ店かの識別すらできないはずである。

●ライセンス方式

　ライセンス方式とは、自社の努力によって築き上げたブランドやキャラクターの使用権などを他社に貸すビジネスである。高級品ブランドのイヴ・サンローランや、多くの人々に親しまれているキャラクターを擁するサンリオやディズニーは、ブランド名、ロゴ、絵柄などのカテゴリー別使用権を第三者の企業に与えることで、売上げに応じたロイヤルティを徴収している。ライセンス方式は、さまざまなカテゴリーでブランド使用権を与えるため、すそ野が大きく広がり、多額の収入がもたらされることがある。

　ライセンス方式による収益が最も生まれている分野としては、エンターテインメント業界（映画、コミックなど）におけるキャラクター使用権があり、企業の商標やブランド使用権などがそれに続く。スポーツ産業における団体、個人のライセンシング（ライセンス供与）も、特に欧米では巨大なビジネスとなっている。

一方で、ライセンス・ビジネスにはリスクもある。ライセンシー（使用権を借りる側）が値頃感を出して量をさばこうとして材質を落としたり、安易なデザインを採用したり、イメージにそぐわない売り方に走るといったことが想定される。一方、ライセンサー（使用権を貸す側）が要求する契約上の最低販売数量が多すぎ、末端市場で値崩れを起こすことも考えられる。したがって、ライセンサーは製品やデザインの品質は当然ながら、販売方法に至るまできめ細かな管理を徹底して行うことが求められる。

3 ● 流通チャネル構築ステップ

流通チャネルは、先に述べたように企業経営に大きな影響を与え、しかもいったん築いてしまうと変更することは難しい。したがって、その構築にあたってはさまざまな要因を考慮に入れながら系統立てて考えていく必要がある（**図表7-3**参照）。

◉ ─── ターゲット市場および自社経営資源の把握

企業が製品の効果的な流通チャネルを選択・構築する際には、まずその目標とする市場をどこに絞るかを決めておく必要がある。一方、チャネル構築には莫大なコストがか

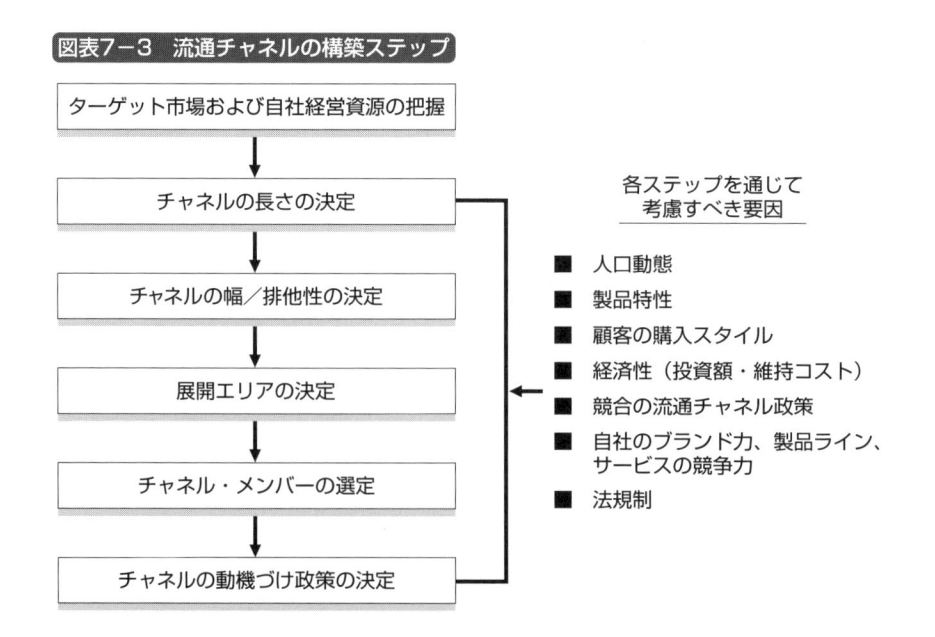

図表7-3　流通チャネルの構築ステップ

```
ターゲット市場および自社経営資源の把握
          ↓
    チャネルの長さの決定
          ↓
  チャネルの幅／排他性の決定
          ↓
     展開エリアの決定
          ↓
   チャネル・メンバーの選定
          ↓
  チャネルの動機づけ政策の決定
```

各ステップを通じて
考慮すべき要因

- 人口動態
- 製品特性
- 顧客の購入スタイル
- 経済性（投資額・維持コスト）
- 競合の流通チャネル政策
- 自社のブランド力、製品ライン、サービスの競争力
- 法規制

かるので、経営資源（ヒト、モノ、カネ）の制約も考慮しなくてはならない。

● チャネルの長さの決定

　長さとは、流通チャネルの段階数を指す。最初に決めなくてはならないのが、直販にするか、それとも外部の流通業者を用いるかということだが、そこで問題になってくるのが、販売量が直販方式を維持するのに十分かどうかである。この判断にあたっては、想定される総販売量、製品特性や製品単価、潜在顧客の地理的集中度または分散度、顧客の規模、そして1取引当たりの取引量が影響する。

　極端な場合、製品単価が安く潜在顧客も分散している製品を、メーカーが直接販売するのは非経済的であろう。逆に、製品単価が高かったり大量購入の可能性があり、顧客が地理的に集中していたり特定できる場合であれば、直販のほうが有利になる。また、経済性をある程度犠牲にしてでも、直販を一定比率維持する場合もある。多くの高級ブランドは、百貨店で販売を行うインショップの手本となり、さらに超優良顧客の囲い込みなどの使命を果たすことを目的として、直営店を運営している。

　チャネルの長さをうまく活かしたのが、前述のセシールである。通販には小売店での販売と比べて大きな限界がある。商品を手に取ってみたり、試着したりできないことである。セシールは、それをカバーするために「郵送料会社負担で返品可能」というシステムを設けた。

　このシステムの合理性は、一度商品を購入した顧客が同じものを買う際に返品することはまずないという点にある。セシールの主力商品である女性用下着は本来消耗品（特にパンティストッキングなど）であり、一度購入して問題がなければ、購入のハードルは低い。リピーターを獲得できれば、試着できないという通販のデメリットは小さくなる。また、通販であれば、店頭で陳列するスペースがないため商品の品揃えに限界があるということもない。セシールは通販という流通形態のメリットを活かして、品揃えの豊富さで売上げを伸ばしたのである。

● チャネルの幅／排他性の決定

　次に、チャネルの各段階で使う流通業者の種類と数、すなわちチャネルの幅を決定する。メーカーは、製品の販売に必要な流通業者の数を決める際、これに関するトレードオフを認識する必要がある。顧客の利便性を最優先するならば流通業者の数を増やそうとするだろうし、製品の販売権を流通業者にとって魅力的なものにすることが重要な場合には、流通業者ごとの担当範囲を広くして業者数を制限することが望ましい。

　流通チャネルの幅に関しては、以下のような3つの基本政策がある。

❶ 開放的流通政策

自社製品の販売先を限定せずに、広範囲にわたるすべての販売先に対して開放的に流通させる政策。大量販売を狙う最寄品に採用されることが多い。デメリットとしては、コントロールしにくく、販売管理のオペレーションが複雑になることが挙げられる。

特定市場を担当する流通業者数が過剰になれば、同じ自社製品を扱う流通業者間での販売競争が激しくなり、販売価格が下がって流通業者の利益が減ったり、製品イメージの低下を招いたりするおそれがある。そうした場合には、思い切って流通業者を選別するか、常習的に安売りを行う流通業者に対しては、懲罰の意味を込めて販促サポートを減らすなどの処置が必要となる。

❷ 選択的流通政策

販売力や資金力、メーカーへの協力度、競合製品の割合、立地条件などの一定の基準で選定した流通業者に、自社製品を優先的に販売してもらう政策であり、開放的政策と排他的政策の中間に位置するものと言える。平均以上の成果、適度なコントロール、流通コストの低減などが実現しやすいとされる。

❸ 排他的流通政策

特定の地域や製品の販売先を代理店あるいは特約店として選定し、独占販売権を与える代わりに、ときには競合他社製品の取り扱いを禁じる政策である。メーカーはこの政策により流通業者の販売意欲を高め、その販売方法をコントロールし、製品イメージの向上や利益確保を図ることができる。効率的・有効的なマーケティング活動を行うための系列化促進政策を展開するときに有利であり、自動車、家電製品でよく見られる。ただし、政策を維持するために生じるコストの増加や、流通業者の創造性・主体性が減退するなどのデメリットがある。

これらの政策とは別に、直販営業部隊と流通業者との間の販売競争についても考えておく必要がある。本来、直販部隊と流通業者は互いに補い合うべきものだが、両者間に摩擦が生じることは決して珍しくない。製品の提供者は、チャネル間における製品および市場の境界線を維持し、明確に区分することにも注力する必要がある。

ルイ・ヴィトン ジャパンは、百貨店チャネルとダイレクト・チャネルを一定の比率でバランスよく組み合わせている。同社では、100万都市と言われる大商圏の一流百貨店からさらに選りすぐってインショップ店舗を展開する傍ら、東京、横浜、大阪、神戸という大都市に限定して直営店を展開し、さらにテレマーケティングなどでも大きな

売上げを上げている。テレマーケティングは、極度の排他的流通の弊害として「店舗のない地方で発生する満たされない需要」に応えるための最適な方法として考案されたものである。この大義名分のおかげで、既存の取引百貨店もある程度納得している。直営店に関しても大都市の一部に限定することで、百貨店との競合を最小限に抑えている。

● 展開エリアの決定

販売エリアの広さも決定しなければならない。一気に全国展開を図る場合と、地域を限定して徐々にエリアを拡大していく場合とでは、プロモーション方法も必要な経営資源の量もまったく異なる。また、流通業者は地域密着型の展開を図っている場合が多いため、取引するメンバーの選定にも影響が出てくる。

● チャネル・メンバーの選定

以上が決まれば、次はチャネル・メンバーの選定である。マーケティング担当者は、どのような企業と取引を行うか、明確な選定基準を持たなければならない。選定基準としては、財務内容など企業の健全性、果たしうる機能、得意とする製品カテゴリー、販売組織の確立度、顧客の数と質、対顧客交渉力、顧客との人間関係、小売店での売り場獲得力、取引条件、物流能力、情報武装のレベル、コントロールのしやすさなどが挙げられる。

花王が2003年に発売した「ヘルシア緑茶」は、体脂肪を消費しやすくするという機能を消費者が高く評価すると考え、価格を他飲料より高い180円に設定した。発売の際には、チャネルをコンビニエンスストアに絞った。コンビニエンスストアにはメインターゲットの中年男性がよく利用するという特徴があり、定価販売を原則としているのでディスカウントを防ぐこともできるからである。

ホンダは1960年にオートバイでアメリカに進出した際に、典型的な買回品であるオートバイのビジネスでは知識豊富で熱心な販売員と腕のよいメカニック、およびアフターサービス設備を持つ優秀なディーラーをいち早く確保することが成功のカギであると察知し、わずか数年の間に優秀なディーラーを全米最大規模でフランチャイズ化した。その結果、ヤマハやスズキなどの競合メーカーは、相当期間、広大なアメリカ市場でホンダの後塵を拝することになった。

● チャネルの動機づけ政策の決定

次に、チャネルに対してどの程度のマージンを与え、どの程度の支援（販売研修や運営協力など）を行うかを決めなくてはならない。

製品の提供者が流通業者に与えるマージンには2つの要素がある。機能に対するマージンと、量によるディスカウントである。

　機能に関する要素は、在庫維持、現場での販売、配送といった機能に対して支払われるものであり、分担してもらいたい機能が増えるほど、そしてリスク負担が大きくなるほど、マージンも大きくなる。製品の導入期には、流通システムを確立するために魅力的なマージンが設定される場合が多いが、いったんそれが定着してしまうと廃止したり減らすことは難しいため、注意が必要である。

　量によるディスカウントは、流通業者の1回の注文、あるいは特定期間に購入する量によって決まる。イトーヨーカドーなどの大手小売業は他の小売業に比べて莫大なディスカウントを得ているが、それは同社がそれだけの販路、棚スペースを提供し、大量に仕入れ、かつ取引コストを低減させていることへの見返りでもある。

　マージン以外にも、さまざまな支援方法がある。パナソニックのスーパープロショップ（SPS）制度では、先述のように、重点機種が明確になる販売契約や、形式的ではなく実務に結びつく研修の実施、頑張りに応じてより多くのメリットが受け取れるような販売支援策を設計することで、店側のモチベーションを高めている。

　他の有効なインセンティブとして、コンテスト（チャネル間で販売成績やアイデアなどを競い合うイベント）が挙げられる。多くのメーカーにとって手頃で費用対効果が大きい賞品は旅行（配偶者同伴の温泉旅行や海外旅行）で、洋の東西を問わず非常によく用いられている。一般に、小規模で従業員数も少ない家族経営の小売店などには、こうしたコンテストの効果は大きいと言われている。

　以上、流通チャネル構築のステップを見てきたが、プロセス全体を通して念頭に置くべき要因がある。重要なものをいくつか紹介しよう。

●人口動態

　どのような潜在顧客がどれだけの数、どれだけの密度で存在しているかが、流通戦略を考えるうえでの第一歩となる。例えば、その製品のメインユーザーが大学生なら、大学が集中している都市部の流通業者や、大学構内で小売活動を行っている全国大学生活協同組合などのチャネルを構築していく必要がある。

●製品特性

　製品の物理的特性、イメージ、使用法、複雑さ、回転率、価格などの要素次第で、適切なチャネルは大きく変わる。サイズが大きい、あるいは値が張る耐久財や買回品は、フランチャイズ式のカーディーラーのような、特定製品に特化した接客用ショールーム

やアフターサービス機能が整った大型の販売設備を必要とすることが多い。

● 顧客の購入スタイル

ユーザーがチャネルに何を望んでいるか、という視点を持つことも重要である。ある製品では、顧客の重視するポイントが、製品と市場の発達に応じて別のものに変わってしまうかもしれない。

例えば、製品ライフサイクルのある時期にユーザーが、技術支援と購入先の確実性を重視するか、迅速な配達と在庫維持費の削減やまとめて購入できる簡便さを重視するかによって、望ましい流通チャネルは異なる。また、製品の普及度が高まるにつれ、一部のファン層のみではなく一般のユーザーも購入するようになり、求められるチャネル機能が変わるケースもある。アップルは2003年、マッキントッシュの直営店を東京の銀座に開いた。同店は、高級ブランド専門店と同じように接客と内外装デザインに徹底的にこだわり、詳細な情報を求めるマニア層やコンピュータにファッション性を求める顧客のニーズに応えようとしている。

● 投資額・維持コスト

流通システムを構築し維持するためには、そのための投資と運営コストが必要である。システムをレベルアップしようとすれば、コストはさらに増加することになる。例えば、流通チャネルを顧客層や製品別に専門化しようとすると、運営費は専門化をしない場合よりも高くなり、それを維持できるだけの売上げを達成しなくてはならなくなる。

● 競合の流通チャネル政策

前述のアメリカにおけるホンダの事例が示すように、ある企業がある地域において顧客に対して影響力のあるチャネルを押さえることは、大きな競争優位となる。競合企業は、同じ流通業者にアプローチして販売強化や棚スペースの拡大を働きかけるか、あるいは既存のチャネルとは別に新たなチャネルを構築する必要が生じる。

● 自社のブランド力、製品ライン、サービスの競争力

流通業者は、当然のことながら「売れる製品」「儲かる製品」を扱いたがるものだ。最終顧客にそのメーカーの製品に対するニーズがあれば、メーカーがチャネルに対して持つ力は強まる。特定メーカーのブランドに対するユーザーの需要は、製品の優秀な性能、製品ラインの広さ、優れたユーザー教育、販売後の修理とメインテナンスなどの要因によって決まる。

そして一般的に、人気がありブランド力が強い製品であるほど、チャネルは流通業者間の多少の摩擦には目をつぶるものである。逆に、差別化が難しい製品の場合、後発メーカーは流通業者に対して、マージンやコミッションを高めに設定するか、サポート活動を増やすなど別の好条件を提示しなくてはならない。

4 ◉ 流通チャネルの変更の難しさ

　市場環境に合わせて柔軟に戦略を実行していくためには、チャネルの再構築、新規チャネルの開拓に継続的に取り組んでいく必要がある。

　流通チャネルは、先述のように、潜在顧客の人口動態、製品特性、購入スタイル、投資額・維持コスト、製品力、競合の流通戦略などの要因によって規定されるが、市場の成長と製品の成熟化に伴い、これらの要素はすべて変化していく。製品に関して言えば、顧客教育の必要は減少し、低価格化と迅速なサービスがますます重要な要素になる。製品によっては、流通ルートが不明な廉売品が出回るグレー・マーケットが出現するかもしれない。

図表7-4　流通戦略の進展とそれに影響を与える要素

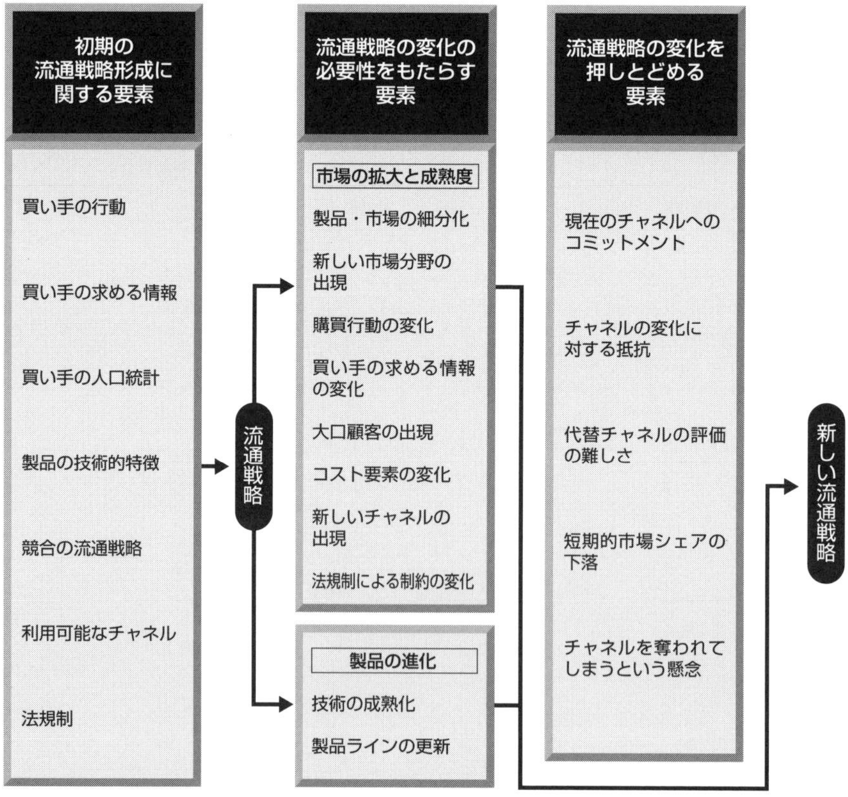

初期の流通戦略形成に関する要素
- 買い手の行動
- 買い手の求める情報
- 買い手の人口統計
- 製品の技術的特徴
- 競合の流通戦略
- 利用可能なチャネル
- 法規制

→ 流通戦略 →

流通戦略の変化の必要性をもたらす要素

[市場の拡大と成熟度]
- 製品・市場の細分化
- 新しい市場分野の出現
- 購買行動の変化
- 買い手の求める情報の変化
- 大口顧客の出現
- コスト要素の変化
- 新しいチャネルの出現
- 法規制による制約の変化

[製品の進化]
- 技術の成熟化
- 製品ラインの更新

流通戦略の変化を押しとどめる要素
- 現在のチャネルへのコミットメント
- チャネルの変化に対する抵抗
- 代替チャネルの評価の難しさ
- 短期的市場シェアの下落
- チャネルを奪われてしまうという懸念

→ 新しい流通戦略

多くの場合、それと前後して、メーカーにも流通業者にも新しい競争相手が現れる。新規参入メーカーは、大手顧客に低価格で直接販売することによって市場に食い込み、地位を確立しようとするかもしれない。あるいは、既存企業が確立した流通ネットワークを重荷に感じさせるような、大胆なチャネル政策を行ってくる可能性もある。流通業者のレベルでは、マージンを犠牲にしてでも高回転率で補うような、大量販売戦略をとる専門流通業者が進出してくるかもしれない。

市場の成長に応じて、メーカーと流通業者の力関係は変わる。希望小売価格制度の見直し、プライベート・ブランドの台頭、メーカーと販売業者の連携……。こうした新しい動きに促されて、流通戦略の再編成が必要になる時がくる。だが、大口顧客への直販を増やす、新しい流通業者と手を組むといった再編の動きは、既存の流通業者の利害に大きな影響を及ぼす。

自社組織とは異なり、外部組織を使っている場合は、他のマーケティング・ミックスのように自社の一存で直ちに戦略を変更できないことも多い。外部組織との関係悪化は、製品を置いてもらえない、メーカーの意向どおりに製品を扱ってもらえない、客寄せのための安売り製品に位置づけられてブランドにマイナス影響を及ぼすといったリスクが懸念される。メーカー側の力関係が強くても、互いに支え合いながら共に成長してきたといった歴史があると、簡単に関係を断ち切ることはできないのだ。パナソニックがかつては競争優位の源泉であった系列店の選別になかなか踏み切れなかったのも、そうした事情による。

しかし、経営環境に合わせて戦略を変更できなければ、共倒れになってしまう。流通チャネルはマーケティング・ミックスの中で最も変更が難しく、構築には時間がかかるものなのである（**図表7-4**参照）。

5 ● ハイブリッド・チャネル

新業態の登場などによって衰退するチャネルがあることからもわかるように、チャネルにも製品ライフサイクルのように栄枯衰退があり、単一チャネルへの過度な依存は販売力の低下につながりかねない。ケロッグ経営大学院教授のフィリップ・コトラーは、1つまたは複数のセグメントに対して複数のチャネルを設定する「ハイブリッド・チャネル」という考え方を提唱している（**図表7-5**参照）。

日本の10～20代の女性はパソコンよりも携帯電話をよく利用するので、彼女らに向けた製品はモバイルショップで展開し、買い物には携帯電話よりもパソコンを使う人が多い30代以上の女性向けの製品はオンラインショップで展開するというように、タ

図表7-5　ハイブリッド・チャネル

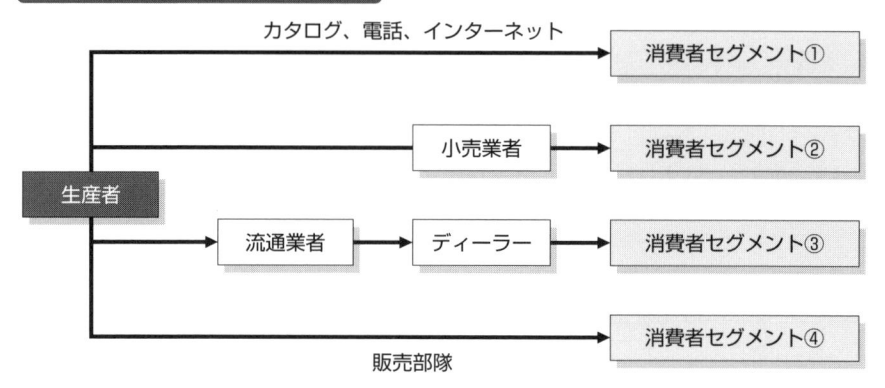

```
                  カタログ、電話、インターネット
        ┌──────────────────────────────→ 消費者セグメント①
        │
        │                    ┌─────────→ 消費者セグメント②
        │                 小売業者
 生産者 ┤
        │          ┌────────→ ディーラー ─→ 消費者セグメント③
        │       流通業者
        │
        └──────────────────────────────→ 消費者セグメント④
                      販売部隊
```

出所：P.コトラー『マーケティング原理　第9版』ダイヤモンド社　2003年

ーゲットごとにチャネルを使い分けている例もある。また、同じターゲットでも購買シーンが異なることを考慮して、さまざまなチャネルを駆使することもある。アップルはアメリカ市場で、iPodを百貨店やディスカウント店などに置いてもらうだけでなく、直営店、オンラインショップ、さらには自動販売機による直販も行っている。

　こうしたさまざまなチャネルをマネジメントするために、コトラーは縦軸にチャネルの種類、横軸にセールス・プロセスを示したハイブリッド・グリッドという表を提案している。プロセスに応じてチャネルの機能を明確にすることで、適切な使い分けが可能になる。

　製品・サービスによっては、1つのチャネルで顧客にリーチできることもあれば、異なるチャネル間の連携により組織的に販売活動をしていくことが必要な場合もある。初期の売り込みをかける、成約をとる、アフターサービスを行うなど、すべての機能を1つのチャネルに担ってもらうのではなく、新規顧客開拓は代理店が行い、その後の受発注やアフターサービスはITを活用してネット直販やコールセンターで対応するというように、効果的、効率的に働きかけられるチャネルを選定し、役割分担をするのが有効な場合もある。ターゲットや市場環境、製品やサービスの特性、自社の経営組織の規模やキャパシティなどを踏まえながら、複数のチャネルを組み合わせて活用していくことが大切である。

8 コミュニケーション戦略

POINT

　製品の価値を正しく伝えるためには、ターゲットとする顧客に、適切な情報を、適切な方法とタイミングで送らなくてはならない。そのためには、顧客の購買意思決定プロセスを踏まえながら、適切なコミュニケーション手法を組み合わせて用いることが不可欠である。また、近年のデジタルメディアの発達により、従来型の企業からの一方的な情報伝達ではなく、顧客側からの情報発信も考慮に入れたコミュニケーション戦略が求められている。

CASE

　2007年3月、東京・新宿の駅ビルに化粧品ショップ「アットコスメストア」が開店した。同店は「美白」「保湿」など用途別に、ネット上のクチコミで評判になった化粧品がメーカーやブランド横断で陳列されている。百貨店や特定の量販店など、限定的なチャネルでしか買えないブランドの化粧品もテスター（試供品）で試せるのが売りだ。同店の来店者数は月間5万人を突破し、初年度の売上高は当初予定を2割も上回った。

　アットコスメストアを運営するアイスタイルは、1999年に化粧品メーカーの開発部門に勤務していた山田メユミと、大手戦略コンサルティング会社に勤めていた吉松徹郎の2人が創業した。「化粧品メーカーと生活者を結ぶエージェント（代理人）になる」というビジョンの下で立ち上げたサイト「アットコスメ」は、月間2億ページビュー、105万人のユーザー会員（いずれも2008年末現在）と日本最大の化粧品クチコミサイトとなっている。

＊＊＊＊＊

　化粧品業界は、もともとメーカー主導の流通構造で、製品の情報もメーカーが雑誌やテレビなどを通じて発信する広告が大きな比重を占めている。このように情報が一方通行かつ売り手に偏った状況下で、当のメーカー自身も自社製品に対する利用者の評価しか持っていなかった。「メーカーに都合のよい情報だけでなく、他社製品についての情

報も含め、消費者の声をデータベースに蓄積して発信すれば、業界の構造をもっと生活者起点に変えられる」。そう考えた山田は、ネット上で化粧品業界全体が利用できるクチコミ情報データベースをつくる事業に着手した。

その狙いは当たり、わずか2年で書き込まれたクチコミ情報は20万件に達した。同社はこのデータベースを使い、化粧品メーカーへのマーケティング提案やリサーチ代行を始めた。当初はアイスタイルの提案を「ネット利用者の書き込みなど信用できない」と相手にしなかった化粧品メーカーも、クチコミ情報を使った市場分析とネット広告キャンペーンなどの提案を受け入れた成功事例が出てくると、しだいにアットコスメに対する評価を変えていった。

やがて同社は約300社の化粧品メーカーに対し、クチコミ情報を市場調査用資料として提供するようになった。アットコスメのデータベースを使えば、自社の化粧品を買ったユーザーが併せてどの企業の化粧品を使っているのかなど、顧客の購買履歴や製品の評価の変化などをたちどころに調べることができる。ヤフーやMSNといった他のポータルサイトでも、化粧品情報の表示にはアットコスメのデータベースが使われている。

同社はこのプラットフォームを活用し、さまざまなビジネス展開を進めている。化粧品メーカーや小売店に対しては、当初から手がけている市場調査や広告企画の提案だけでなく、店頭販促の支援、マス媒体やモバイル（携帯電話）などを使ったクロスメディア的なマーケティング企画も提案し始めた。一方、消費者向けにはクチコミ評価の高い化粧品のネット通販、チャネルやブランドを問わず人気の化粧品を横断的に試して買えるリアル店舗の開発・運営などを行っている。さらに、美容業界での転職先紹介やスキル向上を支援する人材・教育事業、女性向けの他のネット媒体も巻き込んだネットワークによる女性向け専門の広告代理店事業、出版社と提携したライフスタイル提案型雑誌事業、中国・上海での美容関連ポータルサイトまで立ち上げている。

同社の成功要因を、山田は「クチコミサイトの運営でユーザーを信頼し、ユーザーからの信頼を決して裏切らないよう、中立な立場に徹したこと」と説明する。

通常、あるテーマで人気が出てアクセスが集中するウェブサイトは、商品広告などを掲載することで収入を得ることが多い。だが、広告収入に依存した瞬間、広告主に都合の悪い消費者の本音を削除しなければならなくなってしまう。初期のアットコスメは「サイトを単なる宣伝媒体にしない」という方針を掲げ、広告枠を入れていなかった。

化粧品メーカーに対する姿勢も同様である。特定メーカーとのつながりが強いと思われた瞬間に他のメーカーとの取引ができなくなってしまうからだ。アットコスメは、化粧品業界各社との信頼関係が十分に築けたと感じた段階で、初めてメーカーを横断したネット通販などの事業に取り組み始めている。

第8章　コミュニケーション戦略　　117

　このように新しい潮流を生み出したアットコスメだが、一方で、クチコミの限界も感じ始めている。いわゆる「パレートの法則（上位2割のアイテムで、売上げの8割を占めるという経験則）」に照らし合わせると、中位以下の8割のアイテムに対しては一定の影響力を持つ一方で、上位2割に対する影響力は限定的なものにとどまっているのだ。上位2割に入るアイテムへと育てるには、広告投資やチャネルへの働きかけが大きくものを言う。また、製品力がなければ如実に売れなくなる領域であるため、クチコミをベースにした提案が影響を与えにくいのである。また、クチコミがまだ存在しない新製品開発の段階では、メーカーに対して有効な提案ができないという悩みもある。

　一定の成功を収めつつも、同時に壁を感じ始めているアットコスメ。彼らは次にどんなアクションをとっていくのだろうか。

理論

　顧客ニーズに合致した製品を開発し、価格を決め、顧客が購買できる状態にしたにしても、その製品の情報が効率的かつ効果的に顧客に伝わらなければ、製品は売れない。近年のITの急激な進化や顧客特性の変化、あるいは激しくなる一方の「情報洪水」といった経営環境を意識したうえで、ターゲット顧客の購買を促すために有効なコミュニケーション戦略を立案しなくてはならない。そしてそのためには、コミュニケーション手法やメディア特性に関する深い理解が必須である。

　なお、コミュニケーション戦略は、4PではPromotionと示されるが、これは語呂合わせであり、Promotionとは本来はコミュニケーション手法の1つである販売促進（セールス・プロモーション）を指す。本書では、情報伝達戦略という意味で「コミュニケーション戦略」という言葉を用いていく。

1◉マーケティングにおけるコミュニケーションの役割

　マーケティングにおけるコミュニケーションとは、企業が提供する製品・サービスの情報を、それを必要としている潜在的な顧客に最適なタイミングと方法で伝えることにより、その顧客を製品・サービスの購買と満足に近づけることである。

　どんなに良い製品をつくり、魅力的な価格を設定し、入手しやすい流通経路を選択しても、顧客がその製品について知る機会がなければ購入してもらえない。また、製品に関する情報の内容や手段、タイミングが適切でなければ購入されないし、仮に購入されたとしても十分に満足してもらえない。つまり、マーケティング活動においてコミュニケーションとは、最適な顧客に最適な価値を届けるための、最終的かつ最も重要な要素

である。
　ここで注意したいのは、マーケティング・コミュニケーションとは単にある製品・サービスについての情報を顧客に知らせればよいというものではないことだ。同じ情報でも、受け取る相手やその受け取り方によって情報の意味はさまざまに変化する。コミュニケーションにおいては、情報の内容と同じかそれ以上に、「誰が、いつ、どのように」伝えるのか、すなわち情報の発信主体、それを受け取るタイミング、そしてその伝達方法が重要な役割を果たす。
　なお、コミュニケーション戦略は、より広義の意味では、「（企業）組織が関わりを持つさまざまなステークホルダー（利害関係者）との間に良好な関係を保ち、その事業展開に対して好ましいレピュテーション（評判・名声）を獲得することを目的としたあらゆるコミュニケーションを統合する戦略」のことを指す。
　この場合のステークホルダーには、顧客や潜在顧客はもちろん、従業員や取引先とその家族、地域社会、株主などあらゆる意味で関わりを持つ者が含まれる。つまり、広義のコミュニケーション戦略は、マーケティングのためのみならず、企業の存続のために必要不可欠なものなのである。こうした企業全体における広義のコミュニケーションとそれをコントロールするための枠組みや表現形式を「コーポレート・コミュニケーション」と呼ぶ。
　マーケティングにおけるコミュニケーションも、コーポレート・コミュニケーションの一部であり、コーポレート・コミュニケーションのあるべき姿に則って行われるべきものである。しかし、本書では主テーマであるマーケティングにおけるコミュニケーションを中心に解説し、章末に補論として、近年のコーポレート・コミュニケーションの大きなテーマである、レピュテーション・マネジメントついて取り上げる。

◉──消費者の購買意思決定プロセスと態度変容モデル

　コミュニケーションは、その内容もさることながら、いつ伝えるかというタイミングが重要な意味を持つ。ある製品をまったく知らない顧客に対して、その製品の特長を滔々と説明しても聞いてもらえない。だが逆に、その製品に関心を持ち、購入すべきかどうかを判断するためにもっと詳しく知りたいと考えている顧客に対して、製品名だけを連呼しても不快感を与えるだけである。
　このように、顧客とコミュニケーションをとるタイミングを考える際には、その顧客が製品の購買までどの程度近づきつつあるかを踏まえることが重要だ。これを考えるために使われるのが、購買意思決定プロセスと呼ばれるモデルである。
　例えば、一般的な消費者がある製品のことを知ってからそれを店頭で購入するまでに

至る心理的状態を説明するモデルとして有名なのが「AIDMA」の5段階モデルである。すなわち、消費者はまず製品に注目（Attention）し、次に興味（Interest）を持ち、さらに欲求（Desire）を抱くようになって、記憶（Memory）して店舗に来店し、ようやく実際の購買という行動（Action）に至るという考え方だ（4つ目のMは購買の動機を持つ「Motive」の略とされることもある）。Aを認知段階、IからMまでを感情段階、最後のAを行動段階と区別する。日本ではこのAIDMAモデルが有名だが、欧米ではMを除いた「AIDA」モデルが使われることが多い（**図表8-1**参照）。

図表8-1　消費者の状態に応じたコミュニケーション目標

購買決定プロセス	顧客の状態	コミュニケーション目標
注目（Attention）	知らない	認知度向上
↓		
興味（Interest）	知っているが興味がない	製品に対する評価育成
↓		
欲求（Desire）	興味はあるが、欲しいとは思っていない	ニーズ喚起
↓		
行動（Action）	買う決心がつかない	購入意欲喚起

　購買意思決定プロセスは、製品特性や流通チャネルの形態などによっても異なるため、上記以外にもさまざまなものが提唱されている。たとえば、インターネット上で消費者の購買行動が完結するような製品の場合、消費者は「AISAS」、すなわち認知（Attention）、興味（Interest）、検索（Search）、行動（Action）、情報共有（Share）の各プロセスを踏むとされる。

　ただし、これらのモデルには「実際の消費者がいま、どの心理的ステップにいるのか、マーケティング担当者には知りようがない」という欠点がある。このため、購買意思決定モデルをマーケティング・コミュニケーションの目標を達成できたかどうかの評価と結び付けられるように、AMTULというモデルが使われることも多い。

　AMTULは認知（Awareness）、記憶（Memory）、試用（Trial）、本格的使用（Usage）、ブランド固定（Loyalty）の略であり、それぞれのステップにリサーチによって定量的に把握可能な指標が割り当てられている（**図表8-2**参照）。これにより、コミュニケーション施策の効果を定量的に把握することができ、製品の購買前のみならず購買後の顧

図表8-2 効果測定に用いる指標

AMTULの段階	定量化する指標
Awareness（認知させる）	再認知名率＊
Memory（記憶させる）	再生知名率＊＊
Trial（試験的に使う）	使用経験率
Usage（頻繁に使う）	主使用率
Loyalty（ブランドを決める）	今後の購買意向率

＊再認知名率：ブランド名を与えることにより、製品として認知できる
　　質問例「○○というブランドの製品を知っていますか？」
＊＊再生知名率：ブランド名を記憶しており、助けを借りずにブランド名を挙げられる
　　質問例「○○の製品カテゴリーでは、どのブランドが好きですか？」

出所：水口健次著『マーケティング戦略の実際』日本経済新聞社　1983年をもとに作成

客の心理状態についても段階を分けて見ることができる。顧客が単に購買したかどうかだけでなく、製品に満足し継続的に購買してもらえるかどうかを明らかにできるという意味でも優れたモデルであると言えよう。

このほかにも多くのモデルが提唱されているが、重要なのは、顧客がある製品を認知してから購入するまでには一定の心理的なステップがあり、あるコミュニケーションがどのステップにいる顧客に向けたものかを明確に意識しなければならないということだ。

2● コミュニケーション手法とメディア

顧客の状況を踏まえたうえで次に考えるべきは、最適な伝達方法である。例えば、専門的知識がそれほど重視されない家電などの分野において、ある製品が従来の同社製品に比べてとても使い勝手がよくなったという情報があったとする。それを、テレビ広告によって知るのと、雑誌の評価記事で読むのと、友人からメールを通じて教わるのとでは、どれが最も信頼できるだろうか。仮にそれらがまったく同じ内容の情報であっても、テレビ広告よりは雑誌記事のほうが、さらには友人からのメールのほうがずっと情報としての信頼性が高いと思うのが、普通の人の感覚だろう。

このように、情報の効果の度合いは、顧客が製品の購買に至るまでのステップのどこでその情報を受け取るかだけでなく、その情報が誰によって、どのように伝えられたかによっても大きく変わってくる。現代の消費者の日常にはさまざまな経路から入ってくる多様な情報が溢れており、消費者は内容だけではなく、その入手経路や伝達手法によっても情報を選別しながら受け取っているのだ。

以下に、顧客とのコミュニケーションの際に企業が想定しうる情報伝達の手法（コ

ミュニケーション手法）を5種類、顧客が製品・サービスについての情報を入手する経路（メディア）を5種類に分類し、それぞれの特徴や活用の方法について解説する。マーケティング担当者は、それぞれの長所と限界を理解したうえで、適切なコミュニケーション・ミックスやメディア・ミックスを考えなくてはならない。

● コミュニケーション手法

コミュニケーション手法は、「広告」「販売促進」「人的販売」「パブリシティ」「クチコミ」の5つに大別される（**図表8-3**参照）。

❶ 広告

広告は、コラムで述べるプル戦略の中心を成すものであり、メーカーが消費者に対して直接的にメッセージを流して購買意欲を喚起し、消費者にそのメーカーの製品を指名買いしてもらうことを狙うものである。広告は、消費者の態度変容モデルの前半（特にAttentionの獲得）において大きな役割を果たす。また、生産財よりも消費財、専門品よりも最寄品のコミュニケーション戦略において、より重要な意味を持つ。

図表8-3　コミュニケーション手法

手法	特性	具体的方法	役割（機能）
広告	広告主である企業負担で行う宣伝。発信者側の一方的なコミュニケーション手法。マス市場へのアプローチ	テレビ、ラジオ、新聞、雑誌、インターネット、看板	認知、情報提供、リマインド
販売促進	特定の興味、関心を持つ対象者への一方的なコミュニケーション手法	サンプル・クーポンの配布、値引き、実演販売、POP広告、流通チャネル対象の販売コンテスト	購買促進
人的販売	営業販売活動。顧客に直接対応する双方向のコミュニケーション	顧客訪問、製品説明、フェアやトレードショーでの顧客対応	購買促進、取引先の販売サポート、市場の声の吸い上げ
パブリシティ	マスコミなど第三者が商業的に意味のあるニュース（新製品情報など）を公の媒体に配信・報道する一方的なコミュニケーション。スポンサー企業の費用負担がない場合を言う	テレビ、新聞、雑誌、インターネット等のニュースや編集記事（新製品情報、製品評価など）。プレスリリース	信頼性の高い情報としての認知
クチコミ	消費者同士のネットワークによる双方向的なコミュニケーション	口頭、電話、電子メール、ホームページなどの掲示板	情報の信頼性の向上

広告はその性格上、後述するメディア・ミックス、特に「4マス」と呼ばれるマスメディアと重要な関係を持つ。また、139ページで述べる「クリエイティブ」が最も大きな意味を持つコミュニケーション手法でもある。

　なお、広告活動、特にマスメディアを利用する広告には、クリエイティブの作成や媒体の買い付けなど高い専門性が要求されるため、広告代理店の存在が欠かせない。広告主である企業は、代理店に対して、誰にどのようなポジショニングで売り込みたいのか、現在の認知度はどのレベルなのか、といった要望や現状認識を的確に伝える必要がある。代理店はそれをもとに、広告主の立てた仮説や要望を代理店の立場で検証したうえで、広告活動の骨子となるメディア・プランを提出する。広告主は、代理店の提案を十分に吟味し、精査したうえで最終承認を行うことになる。

❷ **販売促進（セールス・プロモーション）**

　広告が顧客の意識下に累積的にイメージを浸透させていくアプローチなのに対し、販売促進は広告によって高まった消費者の関心を実売に直結させるという意図を持ち、比較的即物的な面が強い。また、広告とは違って流通業者に働きかけ、流通業者側がこれを受けて単独あるいはメーカーと共同で消費者に購買をプッシュするものである。ただし、押し込み販売にならないように、特にブランド品の場合は、築き上げたブランド・エクイティ（第9章参照）を崩さないよう細心の注意が必要である。

　販売促進は、流通業者向けと消費者向けの2つに分かれる（**図表8-4**参照）。流通業者向けの販売促進は、卸売業者や小売業者へのインセンティブであり、消費者の目には触れないことも多い。一方、消費者向けの販売促進は、主に流通業者を介して潜在顧客に

図表8-4　販売促進のツール

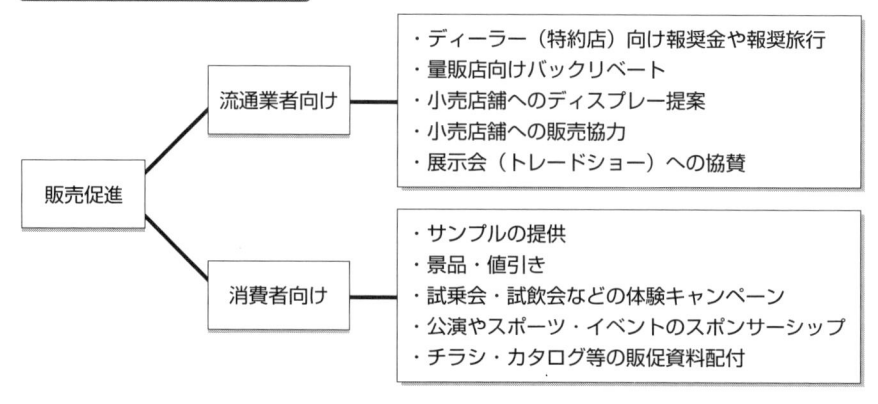

販売促進
- 流通業者向け
  - ・ディーラー（特約店）向け報奨金や報奨旅行
  - ・量販店向けバックリベート
  - ・小売店舗へのディスプレー提案
  - ・小売店舗への販売協力
  - ・展示会（トレードショー）への協賛
- 消費者向け
  - ・サンプルの提供
  - ・景品・値引き
  - ・試乗会・試飲会などの体験キャンペーン
  - ・公演やスポーツ・イベントのスポンサーシップ
  - ・チラシ・カタログ等の販促資料配付

第8章 コミュニケーション戦略

試用を促したり、値引きや記念品などのおまけ（景品）をつけるなどの手段を講じることによって購買意向を促すものである。店頭でのディスプレーやプロモーション用パッケージ、カタログ（流通業者向け、消費者向け）の作成なども、目立たないが重要な販促業務の一環である。

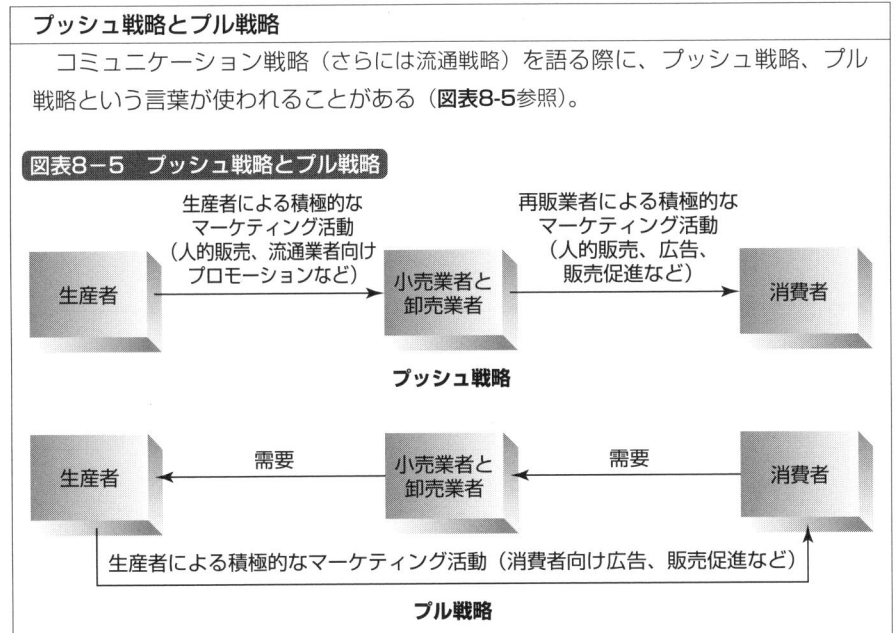

プッシュ戦略とプル戦略

コミュニケーション戦略（さらには流通戦略）を語る際に、プッシュ戦略、プル戦略という言葉が使われることがある（**図表8-5**参照）。

図表8-5　プッシュ戦略とプル戦略

プッシュ戦略：
生産者 →（生産者による積極的なマーケティング活動（人的販売、流通業者向けプロモーションなど））→ 小売業者と卸売業者 →（再販業者による積極的なマーケティング活動（人的販売、広告、販売促進など））→ 消費者

プル戦略：
生産者 ←（需要）← 小売業者と卸売業者 ←（需要）← 消費者
生産者による積極的なマーケティング活動（消費者向け広告、販売促進など）

出所：P. コトラー、ゲイリー・アームストロング『コトラーのマーケティング入門』ピアソン・エデュケーション　2000年

プッシュ戦略は、メーカー（生産者）から流通業者を経て製品が消費者へ到達する過程において、流通チャネルに働きかける戦略である。メーカーは、卸など仲介業者に対して資金面の援助、製品の説明、販売方法の指導、販売意欲の喚起（リベートなど）といった販売促進策をとり、その卸売業者が小売業者に働きかけることによって、最終的に小売業者が消費者に対して製品やサービスの優秀さを説き、購買を促すという構造をとる。このように、プッシュ戦略では、並行して流通戦略も考えていくことになる。

一方、プル戦略は、広告や消費者向け販売促進などによって、メーカーが消費者に対して直接的に働きかけ、消費者にそのメーカーの製品を指名買いしてもらうことを狙うものである。

> プッシュ戦略とプル戦略はトレードオフの関係にあるわけではなく、互いをサポートし合うものである。プッシュ戦略重視だからといって広告戦略をいっさい行わなければ、たとえ有利な取引条件を示しても、小売店はその企業の製品を積極的に取り扱おうとしないだろう。反対に、いくら広告に資金投下して製品の人気をあおっても、販促のサポートを怠れば、小売店はより好条件で、販促や営業活動に熱心な他のメーカーの製品を優先して顧客に薦めるだろう。
> 　なお、同じ業界の企業でも、製品特性やチャネル事情、市場の成熟度、競合状況、自社の強みや弱みなどの違いにより、プッシュ戦略とプル戦略の最適な組み合わせは異なる。例えば、パナソニックは伝統的に全国数万店に及ぶ系列販売店のチャネル・パワーを活かしたプッシュ戦略を重視してきた。一方、ソニーは製品の技術的な優位性を背景としたプル戦略に重点を置いてきた。また、同じ企業であっても、ターゲットとする顧客層が違えば、当然ながらプッシュとプルのミックスも異なってくる。

❸ 人的販売

　営業担当者や販売員による、いわゆる営業販売活動のことである。担当者は顧客に直接コンタクトし、会話や製品の使用方法の説明などを通じて、双方向のコミュニケーションをとる。こうした活動は、競合製品に関する情報を得たり、自社製品についての顧客の不満や要望を把握する機会になる。インターネットの普及や製品経験の蓄積などによって目の肥えた顧客が増えているため、かつてのような広告を主体とした一方的な情報提供ではなく、双方向のやりとりを通して、顧客の生の声や使用実態などを把握することが不可欠である。

　したがって、営業担当者に求められるのは、単に製品を売り込むことではない。取引先がスムーズに製品を販売できるように手助けをすることや、市場の声を関係部門に迅速にフィードバックすることも重要な役割である。そのためには、製品知識の習得のみならず、顧客が抱えている問題を特定し、その解決策を提供するためのスキルやコミュニケーション力を磨くことも必要である。

❹ パブリシティ（広報）

　パブリシティはしばしば広告と混同されるが、本来はまったく別のものである。広告は当事者である企業が費用を負担して情報を流すが、パブリシティはその企業や製品についてテレビや新聞、雑誌など第三者であるメディアがニュースや記事として取り上げることで情報が流れる。

パブリシティ対応がうまく行われていると、企業にとって好ましいイメージや新製品情報を流してもらえる。パブリシティは公的な立場で論じられるので、信頼性の高い情報として消費者や取引先に受け止められる。また、公開が不要な情報や秘匿すべき情報も、広報などパブリシティを管理する部門がしっかりしていれば、流出を免れることができる。これは、リスク・マネジメントの点からも重要である。

効果的なパブリシティには、広報担当者や役員による記者との友好関係がものを言う。また、常日頃から記者の関心を知り、それに合わせた情報発信を心がけることも必要だ。（対価を支払う）記事広告を別にすれば、メディアは自分の関心のあるものや自分の利益になるものにしか興味を示さないからである。

> **企業のホームページでのコミュニケーション**
>
> 近年では、企業のホームページなどのウェブサイトの制作・運営も、広告とパブリシティの境界線上に位置する重要なコミュニケーション活動と見なされるようになっている。
>
> 先端的な企業では、訪問者のコンテキスト（背景や文脈）を意識したうえで、彼らにとって使い勝手がよく、かつ好感を持ってもらえるウェブサイトを構築している。例えば、かつては面白みのない、単なる定型的な情報提供サイトにすぎなかったIR（インベスター・リレーションズ）サイトも、ビジュアルを工夫したり、投資家の関心に応える独自情報の提供に努めるなど、さまざまな取り組みがなされている。

❺ **クチコミ**

クチコミとは、消費者間で情報が伝達されることである。消費者は企業からの一方的な情報提供よりも、親しい人からの情報のほうが信頼できると感じることから、クチコミは消費者の購買行動に強い影響を与える。特に、高額だったり無形の製品の場合、クチコミが大きな威力を持つ傾向がある。

クチコミによって肯定的な情報が伝えられれば、企業は多大なコストをかけずに新規顧客の獲得が可能になる。例えば、大島椿社のツバキ油「大島椿」は中小企業の地味な製品であったが、20代前後の若い女性の間で評判がクチコミで広がったことから、思わぬヒット商品となった。

クチコミは近年、インターネットの普及により、かつてないほどその重要性を増している（インターネットでは、情報の伝播が速く、影響が広範囲に及びやすい。また、誰もが情報を発信できるという特徴がある）。冒頭のケースで示したアットコスメのように、クチコミを活用して新しいビジネスモデルを構築する企業も現れている。

● メディア（伝達経路）

あらゆるコミュニケーションは、メディア（伝達経路）を経て行われる。ここでは、メディアを「マスメディア」「屋外メディア」「流通チャネル」「ダイレクトメディア」「デジタルメディア」の5種類に大きく分類して説明する（**図表8-6**参照）。

顧客は日常的にこれらの複数のメディアに接し、さまざまな情報をやりとりしている。近年の特徴は、顧客が発信する情報が増えたこと、さらに全体としての情報量も増えた

図表8-6 メディア別の特性の比較

	媒体	利点	限界
マスメディア	テレビ	●視覚や聴覚などの人間の感覚に訴えかけることが多い ●（他と比べて）視聴者が多い ●注目度が高い	●コストが高い ●詳細かつ大量の情報は伝達しにくい
	ラジオ	●地域、デモグラフィック、ライフスタイルによるセグメンテーションが可能	●視覚に訴えられない ●聴取者数が少ない
	新聞	●媒体としての信頼性が高い ●地域によるセグメンテーションが可能 ●雑誌と比べて多くの読者を持つ ●原稿の入稿から掲載までの時間が短く、タイムリーな広告出向が可能	●1日で媒体価値を失う ●回読率が低い ●雑誌と比べて紙質が悪く、色の再現性で劣る ●デモグラフィックによるセグメンテーションが難しい
	雑誌	●デモグラフィックやライフスタイルによるセグメンテーションが可能 ●長期間、媒体価値を保つ ●色の再現性に優れている ●回読率が高い	●広告原稿の締め切りから掲載までに時間がかかる ●新聞と比べて読者は少ない ●掲載ページの指定が難しい
屋外メディア		●地域によるセグメンテーションが可能 ●大きなスペースを使用できる ●再接触率が高い	●デモグラフィックやライフスタイルによるセグメンテーションが難しい ●短期間に何回も内容を差し替えることが難しい
流通チャネル		●購買の場面で影響を行使できる ●現物とコミュニケーションの組み合わせが可能	●チャネルごとに対応がばらつきやすい ●チャネルのコントロールが難しい
ダイレクトメディア		●1対1の深いコミュニケーションが可能 ●態度変容プロセスの後半で有効	●個人情報の取り扱いに注意が必要 ●コスト効率が必ずしも良くない
デジタルメディア		●情報量の制約が比較的少ない ●広告効果を測りやすい ●情報の更新が容易 ●1対多数でも1対1でもコミュニケーションが可能 ●顧客参加型の取り組みがしやすい	●情報が多すぎて、埋もれてしまう危険性がある ●誰もが情報発信者となれるため、企業側の情報コントロールが難しい ●情報の信頼性の判断が難しい

第8章　コミュニケーション戦略　　127

ことだ。企業は、売り手の視点だけでメディア戦略を考えるのではなく、ターゲット顧客が常日頃どのようなメディアに接し、どのような情報を、どう得ているのかを意識したうえでメディア・ミックスを考えなくてはならない。

❶ マスメディア

　テレビや新聞など、数十万から数百万人単位の視聴者や読者に向けて均一の情報を一方的に配信するメディアをマス・コミュニケーションメディア（マスコミ）、または単にマスメディアと呼ぶ。一般にマスメディアはテレビ、ラジオ、新聞、雑誌の4つを指し、俗に「4マス」と呼ばれる。

● テレビ

　マス媒体のうち最も広範に訴求可能なのがテレビである。テレビは映像と音声のセットで情報を伝達するため、短時間でも強く視聴者の感覚に訴えることができ、製品の認知やイメージ形成においてインパクトの大きなコミュニケーションが可能である。昼間のドラマは専業主婦、深夜番組は若者というように時間帯や番組の性格によって視聴者の傾向が多少異なるものの、総じて広範な属性の消費者に情報を伝達できるのも大きな特徴である。

　一方で、テレビで広告を流すのには莫大なコストがかかる。視聴率にもよるが、広告放映時間を購入するのに数千万単位の費用がかかるほか、放映する広告映像（CF：Commercial Film）の制作費もかさむ。視聴者の注目を集めるために、特殊効果撮影や著名タレントを起用したりすると、数億円の費用がかかることもある。また、1回当たりの放映時間は15秒から30秒程度しかないため、製品の詳細な特長を説明するといったことは難しい。

● ラジオ

　ラジオは、テレビに比べれば経済的であるが、訴求対象の消費者はかなり限定される。昼間の時間帯は車のドライバー向け、夜間は中高校生や高齢者が主な聴取者である。また、地理的な範囲もテレビに比べて局地的にとどまるものが多い。最近ではラジオをマスメディアではなく、ターゲットメディア（伝達対象を絞り込んだメディア）と考えるマーケティング担当者も多い。

　ラジオのコミュニケーションは聴覚を通じてのみであり、映像を伝えられない。またドライバーは運転しながら聞くので注意して耳を傾けているわけではなく、伝達できる情報には限りがある。だが、広告制作のコストは大幅に抑えられる。聴取者の想像力を

かき立てることで、テレビとは異なるインパクトをもたらすことも可能だ。

● 新聞

新聞は、一定地域内の成人の網羅率が高く、テレビと並んで広範な情報伝達を目的としたマスメディアの代表とされる。また、3大全国紙（朝日・読売・毎日）や日本経済新聞など大手紙の広告コストは高価だが、活字や図版だけで広告を制作することができ、テレビに比べて入稿から掲載までのリードタイムが短くて済むため、スピードが必要でかつテレビの15秒には収まりきらない量の情報を告知するといったコミュニケーションに向いている。

ただし近年は、インターネットの普及に押されて読者が中高年以上に偏りつつあり、特に大都市圏では世帯購読率も減少していることなどから、以前ほどの網羅性はなくなりつつある。また、ほとんどは白黒印刷であり、カラー印刷の場合でもインクの発色がよくないことが多いため、視覚イメージをより強く訴求したいコミュニケーションには不向きとされる。

● 雑誌

雑誌にはさまざまな種類があり、人口動態や価値観、ライフスタイルなどさまざまな属性の読者層を抱える。コミック誌などの例外を除けば、1つの雑誌の読者数は多くても数十万人、ときには数千人の規模に絞り込まれている。

したがって、製品に興味があるかどうかもわからない広範な消費者に向けて一斉に情報を伝達するという目的には向かないが、ターゲット顧客層やその価値観が明確にわかっている場合、顧客層と一致する読者を抱える雑誌を使えば効率的なコミュニケーションを行える可能性が高い。このため、ラジオと同様、雑誌もマスメディアというよりはターゲットメディアの特徴をより多く持つとされる。広告コストもテレビや新聞に比べれば安価である。

❷ 屋外メディア（交通広告）

屋外には、さまざまな場所に顧客とのコミュニケーションの機会がある。道路脇の立て看板、駅構内の看板や電光掲示板、ポスター、電車内の吊り広告や窓のステッカー、アドバルーン、タクシーの車内チラシ、バスの車体ディスプレー、ビルの壁面や電柱に取り付けられている看板などがこれに含まれる。主に人通りの多い公共交通機関とその周辺の施設がメディアとして利用されることから、交通広告と呼ばれることもある。

屋外メディアは、マスメディアと接しない顧客にも広範にコミュニケーションが可能

であるうえ、場所の選択によっては、ライフスタイルや職業などの属性で顧客層を絞り込みながら、クチコミなどとの相乗によって高い効果を上げられるメリットもある。例えば大学キャンパスの最寄り駅での広告展開は、学生の注目を集めて話題にしてもらえる効果が見込める。また、地下鉄車内の吊り広告など、消費者が一定時間を無為に過ごさなければならない場所では、かなり詳細な内容でも読んでもらえることが多い。

　一方、特定ターゲット層に対する明確な効果のある場所とそうでない場所とを比べると、広告コストには極端な差が生じる。東京・銀座の目抜き通りのビル壁面の大看板には数億円がかかるが、都市郊外の駅貼りポスターには月単位で数万円しかかからないといった具合だ。

❸ 流通チャネル

　顧客が製品・サービスの情報に最も強い関心を持つのは、当然ながら、その製品・サービスを購買する瞬間（POP：Point of Purchase）である。その意味で、製品・サービスの販売を担当する流通チャネルは、実は最も重要なコミュニケーションのためのメディアでもある。

　流通チャネルで重要なのは、もちろん販売員による人的販売であるが、店頭で製品に添えられたPOP広告やパネルなども非常に重要な役割を果たす。実際、スーパーマーケットなどの売り場で、POP広告に影響されて購入商品を決めた人は多いはずだ。商品の特徴を魅力的に伝えながら書体やレイアウトなどにも工夫を凝らし、多くの人の目を引きつけるのが優れたPOP広告の条件である。

　近年では、デジタルサイネージ技術（ネットワークに接続したディスプレー端末を使って情報を発信するシステム。交通広告などで多用されている）の進化もあり、それを積極的にPOPに活用しようという動きも一部の先駆的な流通業者で見られている。

> **消費行動の短絡化と、購買接点の重要性の高まり**
>
> 　IT化の進展に伴う影響の1つとして、消費がより「短絡的」になる傾向が挙げられる。多くの人が携帯電話を持ち歩き、メールやソーシャルサービスを日常的に利用している。スーパーマーケットで、携帯電話で呼び出した料理レシピや特売情報を見ながら買い物をする人もいるほどだ。
>
> 　このことは、よほどインパクトのある広告、著名なブランドの宣伝でもないかぎり、消費者が日常的に接している情報を記憶にとどめておく時間が極端に短くなっていることを示している。購買ニーズが生じた瞬間に的確な情報を伝達できるかどうか、そして情報を伝達してから、いかに短時間で購買行動に移ってもらえるかが、

マーケティングのカギになっている。
　購買接点であるチャネルでのコミュニケーションに注目が集っている背景には、こうした要素もある。

❹ ダイレクトメディア

　マスメディア、屋外メディア、流通チャネルがいずれも不特定多数の顧客に発信するコミュニケーションの経路であるのに対して、手紙や電話などで個人に直接発信するコミュニケーション経路のことを、ダイレクトメディアと呼ぶ。

　ダイレクトメディアを使ったコミュニケーションは、個人のニーズに合わせて個別に対応できるため、説得して交渉に必要な情報を提供させる、面会のアポイントを取り付ける、購買の契約を結ぶといった具体的なアクションまで誘導するのには非常に効率的である。また、連絡をとるのは全国（場合によっては全世界）どこからでも可能なため、地理的条件による制約が非常に少ないというメリットもある。

　一方で、相手が自社のことをまったく知らない場合には、突然ダイレクトにコミュニケーションをとろうとしても無視されたり警戒されたり、あるいは「不正な手段で連絡先を入手したのではないか」と疑われて、かえってイメージを悪くするなどのリスクがある。最悪の場合、個人情報の不正利用という違法行為となることもある。

　また、電子メールを除けば、手紙や電話などダイレクトメディアの利用コストは、個別対応をしようとすればするほど高くつく。電子メールを使った広告にしても、近年は事前同意なく広告・宣伝メールを送信することを禁じるオプトイン規制が導入され、迷惑メールを排除する動きが強まっている。すでに評判が確立しているメルマガに載せてもらうなどの工夫をしないかぎり、費用対効果は高まらない。

　このため、製品・サービスを広く認知してもらう、良いイメージを持ってもらうといった初期段階のマーケティング・コミュニケーション目的にダイレクトメディアを使う場合は特に、連絡方法やメッセージ内容を工夫する必要がある。

消費の成熟と顧客ニーズの細分化

　消費社会の成熟によって、消費者は物質的に豊かになるだけでなく、精神的に満たされることを求めて消費するようになった。一例として、他人と同じ製品ではなく、他人とは違う自分だけの製品を、また製品だけでなくその製品にまつわる情報も自分だけのものを求める傾向が強まっている。

　つまり、大量生産と大量消費を背景としたマス（大衆）向けのマーケティング・コミュニケーションではなく、細分化、差異化された消費者のニーズに応えるマー

> ケティング・コミュニケーションが必要になっているということだ。マスメディアを使ったコミュニケーションがまったく不要になったわけではないが、それ以上に個々の顧客のニーズや都合に合わせたコミュニケーションの重要性が高まっている。

❺ デジタルメディア

国内では企業や個人のインターネット普及率が9割を超え、ブロードバンド（広帯域）通信の技術革新によって伝達できる情報量も飛躍的に高まった。また、タッチパネルや薄型ディスプレーといった電子デバイスの進化も目覚ましい。こうした背景から、2000年代以降急速に注目を集めるようになったのがウェブサイト、電子メール、携帯電話などのデジタルメディアである。

デジタルメディアには、他のメディアには見られない顕著な特徴がある。❶情報の伝達が双方向で、かつ1回当たりの伝達にかかるコストがきわめて低い、❷伝達する情報の量や距離が違っても、コストはほとんど変わらない、❸コンピュータによる高速な情報処理を組み合わせると、個別のコミュニケーション相手に合わせた高度な対応が自動で可能、といったことだ。

❶と❸は、電話などのダイレクトメディアにおける双方向性や個別対応と、テレビやラジオなどのマスメディアにおける低廉な1人当たりの広告コストという両方の特徴を、デジタルメディアが併せ持っていることを示す。❷は従来のメディアにおいてトレードオフの関係にあるとされてきた情報の量（リッチネス）と伝達範囲の広さ（リーチ）を、デジタルメディアでは両立可能であることを意味する。

さらに❸は、マーケティング・コミュニケーションのあり方を根本から変えることにつながる。というのも、従来のメディアではコミュニケーションは一方的な情報の伝達であったため、それが顧客にどのような心理・行動上の変化を引き起こしたかは、追跡的な調査をする以外に把握のしようがなかった。しかし、デジタルメディアにおいては、ウェブサイトの閲覧回数、メールの開封タイミング、そして情報を見た後に顧客がクリックしたハイパーリンクなどの情報を即座に取得して、統計的に処理することができる。つまり、メディア上でのコミュニケーションに対する顧客の反応や効果を、瞬時にして観察・評価できるのである。

ただし、一昔前は、これらの特徴を十分に活かせる対象は限られていると考えられていた。すなわち、パソコンなどの情報端末を自由に使いこなすことができ、その情報端末を十分な伝送帯域を持ったネットに接続できる人々である。かつては、これらの条件を満たすのは、所得もITリテラシーも高い消費者（主にホワイトカラーの男性）に限られるとされていた。しかし近年ではインターネットに接続できる携帯電話の急速な普及も

あり、それらを総合すればデジタルメディアによってかなりの網羅性が実現していると見られるようになっている。

　そのほか、デジタルメディアの特徴として、マス媒体と違って顧客が必要な情報だけを選別して受容する傾向があるため、顧客が知りたいと思わないような情報を一方的に伝えるのは難しいことがある。顧客が望む情報を提供できた場合のコミュニケーション効果は非常に高いが、逆に顧客の望まないコミュニケーションはほとんど効果を生まない。また、デジタルメディアは企業のみならず顧客からの情報発信も同様に低コストで行えるため、本章の冒頭にあるケース「アットコスメ」のように、企業を介さない顧客同士のコミュニケーションが情報の多くを占める。

　また、デジタルメディア上では、広告と広告でないものとの境界線が薄れつつあるのも特徴だ。検索エンジン（ヤフー、グーグルなど）がキーワード検索の結果に合わせて表示する検索連動広告は、コンテンツと広告の境目を薄れさせたコミュニケーションの典型例である。

　デジタルメディアでのコミュニケーションを考える際には、こうした状況を踏まえなければならない。

● ── **メディア間のシナジー**

　顧客側から見たときに、情報伝達の経路（メディア）は1つとは限らない。むしろ、顧客は1つのメディアから伝わってきた情報よりも、複数のメディアから取得した情報をより深く記憶に残す。たとえば、朝、テレビや新聞で見たニュースに関するより詳しい情報を昼間に雑誌で見かけて読み、さらに夜、友人と食事をしながらその話題について話し合ったりした場合には、テレビで見ただけよりも深く心に刻まれる。

　つまり、企業が伝えたいメッセージやイメージを顧客の心にしっかり残すためには、タイプの違う複数のメディアを用いたコミュニケーションを設計することが欠かせなくなっている。特に、情報のデジタル化によって、企業だけでなく顧客が情報をメディアからメディアへ移す主体ともなっているいま（コラム「消費者によって発信される情報の増大」参照）、メディアの組み合わせ（クロスメディア）によってどんなコミュニケーションが可能なのか、よく見極める必要がある。化粧品のユーザーコミュニティ「アットコスメ」が展開しようとしているのは、まさにそうしたクロスメディアの可能性の追求である。

　顧客が、情報をあるメディアから別のメディアに広げたユニークな例としては、2008年にトヨタが「iQ」を銀座ソニービルの壁面を使って展開したダンサーの空中

パフォーマンスがある。このパフォーマンスそのものは一種の屋外広告兼セールス・プロモーションであるが、多くの通行人がその場で見ただけではなく、それを写したデジタル写真が携帯電話によって知人間で転送されたり、その映像が動画サイト「YouTube」にアップされたりしたことから、全世界で大きな話題となった。

こうしたメディア間シナジー、特にデジタルメディアを絡ませたメディアシナジーを実現するためには、ターゲット顧客が日常接するメディアの種類とその特性を踏まえたうえで、ターゲット顧客の関心は何か、そしてメディアそのものの関心は何なのかといった背景、コンテキストをしっかり理解しておく必要がある。情報が溢れる現在、顧客であれメディアであれ、自分の関心のないことや時代の潮流から外れたことにはなかなか目を向けない。彼らの目線に立ってコンテキストを踏まえたうえで、どのようなコミュニケーションを行えばメッセージが相乗的に伝わり、コミュニケーションの目的が果たせるのかをしっかり考える必要がある。

消費者によって発信される情報の増大

デジタル化の技術は情報の加工・編集を、そしてネットワーク化はその情報の受発信のコストを劇的に引き下げ、従来は新聞やテレビといったマスメディア産業と企業が占有していたコミュニケーションを誰もが簡単にできるようになった。消費者は自分の購入した製品の感想や不満をブログや評価サイトで自由に表明できるし、気に入った製品に対しては企業に成り代わって宣伝映像をつくり、動画共有サイトに投稿することさえできる。そして、在野の専門家を含めた消費者自身の発信するこうした情報は、いまや企業やメディアが発する情報を圧倒するほどの量に達している。

これにより、企業は消費者に届く自社製品に関するすべての情報の内容をコントロールすることはできなくなり、マスメディアを用いた情報伝達のみを前提としたマーケティングの設計が成り立たなくなっている（**図表8-7**参照）。また、広告や販促など、企業側が発信する情報と消費者が発信する情報との間にあまりに大きな落差があると、かえって企業がコミュニケーションにおける信頼を喪失するといったリスクがある。これを防ぐためにも、マーケティング・コミュニケーションの設計や実施のスタート時点から消費者自身が発信する情報の存在やその影響を想定しておくことが重要なのだ。

近年のマーケティングにおけるコミュニケーション戦略には、文字どおり、顧客と企業との情報の「分かち合い（ラテン語でcommunicatio。コミュニケーションの語源）」が求められる時代が到来したと言えるのかもしれない。

図表8-7　コミュニケーション手法とマスメディアの変化

●かつてのコミュニケーション手法
　企業はさまざまなコミュニケーション手法を用いて、メッセージを伝えようとする。コミュニケーション手法の中心は、広告、SP（販売促進）、人的販売。メディアの中心は主にマスメディア。

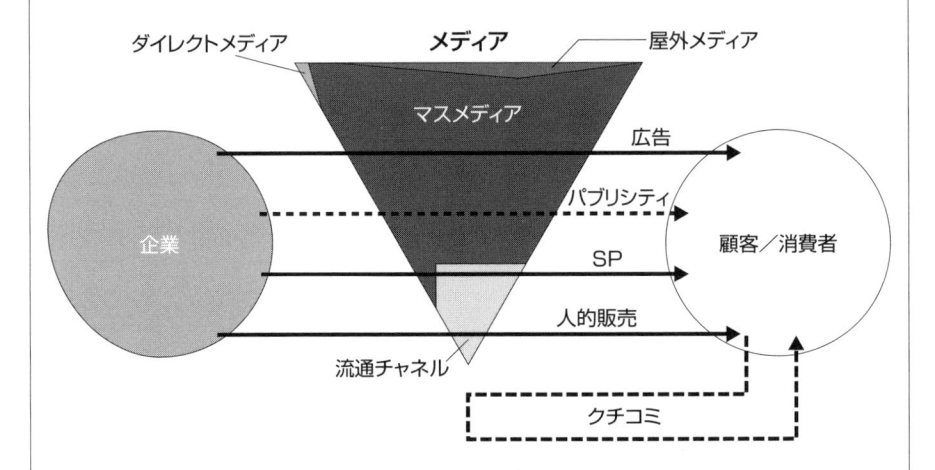

ダイレクトメディア　メディア　屋外メディア
マスメディア
企業 → 広告 → 顧客/消費者
　　　‐‐パブリシティ‐‐→
　　　→ SP →
　　　→ 人的販売 →
流通チャネル
‐‐‐‐‐クチコミ‐‐‐‐‐→

●現代のコミュニケーション
　消費者は、企業が伝えようとするメッセージ（あるいは、それ以外のメッセージも含む）をさまざまなメディアを通じて認識する。クチコミの比重が著しく増大している。

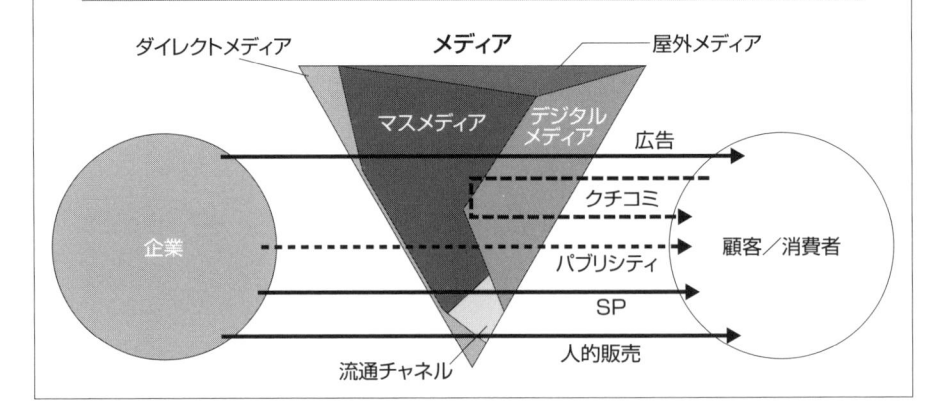

ダイレクトメディア　メディア　屋外メディア
マスメディア　デジタルメディア
企業 → 広告 → 顧客/消費者
　　　‐‐クチコミ‐‐→
　　　‐‐パブリシティ‐‐→
　　　→ SP →
　　　→ 人的販売 →
流通チャネル

3 ● コミュニケーション戦略の立案プロセス

通常、コミュニケーション戦略の立案は、❶コミュニケーションのポリシーと目標、予算の設定、❷コミュニケーション・ミックスとメディア・ミックスの決定、❸具体的なコミュニケーション内容の決定、❹コミュニケーションの実施と効果のモニタリングの手順で行われる（**図表8-8**参照）。

❶ コミュニケーションのポリシーと目標、予算の設定

まず、コミュニケーションのポリシーとは、当該のコミュニケーション戦略のベースとなる基本指針である。例えば、「ターゲット顧客が当該製品を使用しているシーンをあらゆる場面で徹底的に打ち出すことで、製品ベネフィットをダイレクトに訴求する。同時に、これまでの保守的な企業イメージを覆すきっかけとすべく、斬新さを前面に出し、ターゲットに『おやっ』と思ってもらえるようにする。ただし、信頼感を損なうような表現などはＮＧである」、あるいは「新規顧客の獲得以上に、既存顧客に対する安心感を与えることを主眼とする。連続性を重視し、既存の路線の延長線上の文言や表現などを用い、繰り返し同じメッセージを伝え続ける」などだ。こうしたポリシーは、マーケティング・プロセス前段のマーケティング課題や想定ターゲット、ポジショニング、他のマーケティング・ミックスと整合していることが前提となる。

次に、そのコミュニケーション戦略によって何を実現するか、ターゲット顧客にどのような変化を起こしたいか、具体的な目標として設定する。マーケティングの最終目的は購買してもらうことだが、消費者が購買に至るまでには先述したAIDAのような長い意思決定プロセスが存在する。もし消費者がその製品に気づいていないのなら、注意を喚起することが主要な目標となるであろうし、認知度は高いにもかかわらず製品を買う

図表8-8　コミュニケーション戦略の立案プロセス

❶コミュニケーション・ポリシーと目標、予算の設定
　　　　　　　↓
❷コミュニケーション・ミックスとメディア・ミックスの決定
　　　　　　　↓
❸具体的なコミュニケーション内容の決定
　　　　　　　↓
❹コミュニケーションの実施と効果のモニタリング

に至っていないのであれば、購買を促すことが主要な目標となるだろう。そうした目標の設定は、以後の予算の確保やコミュニケーション手法の選択などに影響を与えるので、戦略立案においてきわめて重要である。

なお、コミュニケーション目標は、定性的側面も重要だが、後にその効果測定が可能となるように、定量的に測定しうる数字を設定しておくことが望ましい。また、可能ならば、そのコミュニケーション手法によってどのくらい認知度や好感度が向上したのかという因果関係をつかむためにも、プログラム開始以前に現状の認知度や好感度のレベル測定をしておくことが望ましい。その差を知ることで、コミュニケーションの効果がより正しく測れるからである。

コミュニケーション予算は、社運を賭けた一大プロジェクトなど特殊な場合を除くと、現在の売上高あるいは想定される売上げ増の一定率、もしくは過去の経験から導かれた費用対効果を勘案して設定されることが多い。

ちなみに広告について言えば、企業は、企業広告はもちろん個別製品の広告においても、比較的長い期間にわたる累積効果を生むことを期待している。つまり、広告宣伝費は、会計上は費用であっても、実際には無形の固定資産として企業内に蓄積されていくものなのだ。そのことをよく理解していないと、短期的な視点でコミュニケーション費用を増減させてしまい、適切なブランド構築ができなくなるおそれがある。

❷ コミュニケーション・ミックスとメディア・ミックスの決定

基本的なポリシーと具体的な目標や予算が決まった段階で、いよいよ具体的なコミュニケーション・ミックスと、メディア・ミックスを検討することになる。コミュニケーションの発信源である自社の立場から見たアクションと、受け手であるターゲット顧客が利用するであろうメディアの双方の観点から、費用対効果や補完性、相乗効果なども見据えて最適と思われるミックスを決定していく。

例えば、主要顧客が60歳前後で普段インターネットに触れない女性層であり、コミュニケーション目標がまずは製品（安価な消費財としよう）を広く認知してもらうことであれば、コミュニケーション手法としては広告やパブリシティが中心となり、メディアとしてはテレビ（しかも、60歳前後の女性が好みそうな番組での広告や、番組そのものの中での紹介）が有効と判断されるだろう。そこを中心に予算を投下し、さらに余った予算で店頭でのセールス・プロモーションを補完的に行う、といったミックスが考えられる。

全体的な視点から、コミュニケーション手法の組み合わせ方やタイミングが適切であるか、あるいは他のマーケティング・ミックスとの整合性がとれているかどうかを確認することは必須である。

第8章 コミュニケーション戦略

以下、コミュニケーション・ミックスとメディア・ミックスを考える際に重要となる、いくつかの前提条件について解説していこう。

●消費者の状態やセグメント

消費者が購買決定プロセスのどの段階にあるかによって、有効なコミュニケーション手法は異なる（**図表**8-9参照）。一般的に、消費者が製品に対する認知、興味を示す段階では広告が相対的に有効であり、実際に購買する段階では人的販売が有効だと言われる。つまり、新製品の存在を知らせるには広告が効果的だが、店頭で買おうかどうか迷っている消費者には販売員による説明や推奨が購入の決め手になることが多い。

消費者のセグメント特徴をとらえることも非常に重要である。例えば、お年寄りにはテレビ広告や新聞でのパブリシティが有効だが、20代の若者であれば雑誌、インターネット（携帯電話経由も含む）、屋外での広告や携帯電話を活用したクーポンなどが有効となる。

メディア・ミックスを考えるにあたって顧客情報が不足している場合には、簡単な認知度調査やＵ＆Ａ（使用と態度）調査などを事前に実施する場合もある。

●製品特性

消費財と生産財では、適切なミックスは異なる。一般に、消費財では広告が頻繁に使

図表8-9 消費者の状態によって有効なコミュニケーション手法は異なる

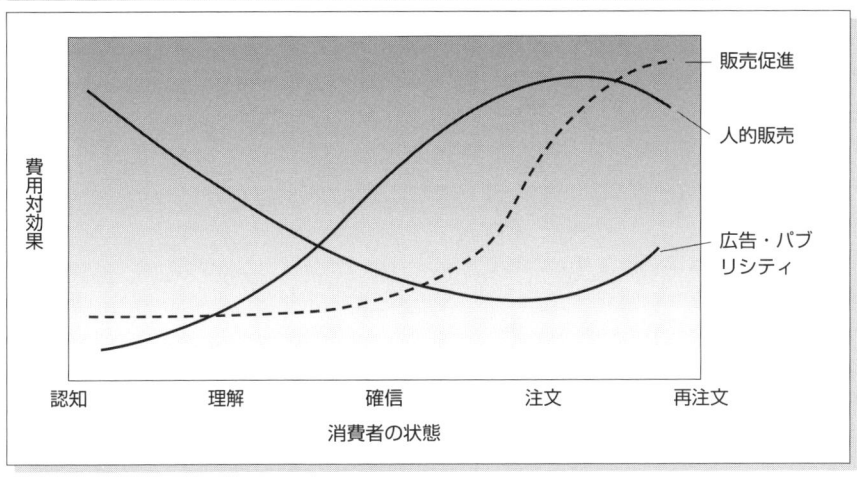

縦軸：費用対効果
横軸：消費者の状態（認知／理解／確信／注文／再注文）

線：販売促進、人的販売、広告・パブリシティ

出所：P. コトラー『コトラーのマーケティング・マネジメント　ミレニアム版』ピアソン・エデュケーション　2001年

用され、生産財では人的販売が最も重要視される。医療用電子機器や産業用ロボットのような生産財は、製品の特徴や効能を綿密に比較・評価してから購入するからだ。

タバコやビール、シャンプーのような最寄品の場合は、広告に加え、サンプル品の試飲や試供を促し、その結果として消費者に良い印象を持ってもらうことで、次回以降のリピートへ結び付けるというやり方がよく用いられる。

自動車のような耐久財では、企業の立場から見ると、さまざまなインセンティブを設けて潜在顧客の足をディーラーに運ばせ、新車に試乗して乗り心地を体感している間に保有中の車両の査定を済ませ、すかさず条件の提示を行うことが、代替需要の掘り起こしや新規顧客獲得に有効な手段とされている。一方、顧客の立場からすると、高額で嗜好性が重視される製品であるから、知人やインターネットから情報収集をしたうえで試乗したりもするだろう。そうした顧客の関与も意識したうえで、コミュニケーション・ミックスやメディア・ミックスを検討していくことになる。

● プロダクト・ライフサイクル

製品のライフサイクルによってコミュニケーション目標が変わるため、各段階に合わせたコミュニケーション・ミックスやメディア・ミックスを考えなくてはならない。

例えば導入期には、その製品の存在を知らしめる必要があるので、テレビを使った広告や新聞・雑誌でのパブリシティが大きな役割を担う。また、販売促進は使い方を説明したり試用を促したりするのに役立つ。例えば、ビデオカメラは発売当初、誰も使ったことがないため、家電ショップの店頭でキャンペーン・ガールによる積極的なデモンストレーションが行われた。近年では、アーリーアダプター層（情報に敏感で聡明な顧客層が多い）を早期に掘り起こすべく、彼らが情報を収集するであろうウェブサイトに有効な情報を提供することも必要になっている。

成長期や成熟期になると、製品の特徴をアピールし再購入を促すための販売促進や人的販売の比重が高まる。

● 競合のコミュニケーション戦略

競合がどのような戦略をとっているかを知ることも重要だ。あえて競合と同じコミュニケーション・ミックスやメディア・ミックスを採用し、正面から競争を挑む戦法もあれば、競合とは別の戦略をとるやり方もある。

一般に、同じ業界では似たようなコミュニケーション戦略をとることが多い。例えば、ある企業がノベルティグッズを出して成功すれば、競合はすぐに似たようなコンセプトのノベルティグッズを出してくる。広告についても、同じ業界内の広告は異業種の広告

と比較して類似性が高い。これは、コミュニケーション戦略の場合、流通戦略などに比べて、競合が実施して成功した手法を模倣しやすいという特性によるものと言えよう。

● **メディアの特性**

126ページに示したメディア特性が、メディア選択の判断基準となるのは言うまでもない。テレビ番組なら階層別の視聴率、雑誌なら購読者のプロファイル、発行部数（実売）などである。また、メッセージの到達範囲、頻度、強度、費用などの観点から期待効果を検討し、予算を見合わせながら具体的な計画に落とし込む。状況次第では、予算を増額したり、他のマーケティング・ミックスへの変更を行ったりすることもある。

期待効果は最終的には認知度や好感度、関心度の向上の形で評価されるが、新製品の場合は事前にこれらを把握できないので、テレビではグロス・レーティング・ポイント（GRP：延べ視聴率）、活字媒体ではコスト・パー・サウザンド（1000人当たりの広告費）などの基準が便宜的に用いられる。

ターゲット顧客が絞り込まれた層であるほど、またそのブランドに対する期待効果が差別化されたものであるほど、単にリーチが広く、露出度の大きいメディアの利用がよいとは言えなくなる。特に、自らもターゲット視聴者を絞り込み、差別化しようとしているマスメディアは、より露出度の大きいメディアに広告やパブリシティが掲載された製品を後追いして取り上げることはしないという編集方針を持っていることもある。もし差別化されたコミュニケーション戦略をとろうとするなら、こうした媒体の特性を理解しておくことが重要だ。

❸ **具体的なコミュニケーション内容の決定**

コミュニケーション内容は、当然、用いるコミュニケーション手法ごとに変わるものである。ここでは、企業サイドの狙いを盛り込みやすく、かつ内容を自社でほぼ完全にコントロールできる広告を中心に議論を進め、その後に他のコミュニケーション手法に関して簡単に言及していく。

具体的な広告の内容として、ここではメッセージ（コピー）、デザイン（トーン＆マナー）、フライティングパターンの3つを取り上げる。特に、広告表現そのもの（これをクリエイティブと呼ぶ）の中心となるメッセージとデザインは、広告の重要なパートを占めている。

● **メッセージ（コピー）**

メッセージとは、企業がターゲット顧客にこれだけは伝えたいと考える製品属性であ

る。テレビCMなら15秒もしくは30秒、雑誌広告なら特定のスペース内というように、広告を載せるメディアには時間的・空間的な制約があり、すべての製品属性を伝えることはできない。あれもこれもと欲張った結果、顧客の頭の中に何も残らなければ、多大な損失を招いてしまう。15秒間で伝わるキーメッセージはせいぜい2つまでと言われるように、効果的なコミュニケーションを行うためには少数の属性に絞ったほうがよい。

　通常、広告では、そのメッセージを顧客により印象づけるようなコピー（キャッチコピー）の形に「翻訳」し、それを音声（テレビやラジオの場合）や最も目立つ文字（新聞や雑誌の場合）にする。メッセージとコピーがほぼ一致している（例：初期のアサヒビール「スーパードライ」の「コクがあるのにキレがある」）こともあるが、より印象を高めるためのユニークなコピー（例：90年代のサンギの歯磨粉「アパガード」の「芸能人は歯が命」）をつくる場合も少なくない。

● デザイン（トーン&マナー）

　メッセージやコピーは、そのままストレートに伝達するだけでは、受け手に興味を持ってもらえる広告表現とはならない場合が多い。1日に接触する広告の数は膨大なので、たとえその広告に接触しても、意識して読んだり見たりしてもらえる保証はない。したがって、受け手が興味を持ち、細かい内容は記憶に残らなくても直感的なイメージだけでも記憶されるようにメッセージを「装飾」する必要がある。例えば、テレビCMであれば、タレントを用いて、楽しい、美しい、ロマンチック、格好いいといった視聴者の感性を刺激するような工夫を行う。そうした「装飾」にあたるのがデザインやトーン&マナーだ。

　デザインは、広義には具体的な広告表現に落とし込むうえでのラフな青写真を指し、それに基づいて詳細な広告づくり――印象的なキャッチ・コピーと周到な場面設定を用意し、制作会社（ビジュアル・イメージ）、カメラマン（撮影）、音楽事務所（BGM）など、広告代理店のアートディレクターを筆頭としたクリエイティブ担当者の調整によって1つの最終作品へと仕上げていく――を行う。デザインは、狭義の意味として、紙媒体での具体的なデザインを指す場合もある。

　トーン&マナーとは、広告の受け手にどのような印象を持ってもらいたいかという表現基調を指す。社名の出し方や醸し出したい雰囲気、あるいは「これだけは避けたい」という禁忌など、細かなトーン&マナーのガイドラインを設けている企業も多い。

　例えば、高級感を印象づけたい製品のCMに庶民的なキャラクターのタレントを起用したり、繊細さを売りにする製品ブランドのロゴにがっしりとしたゴシック体のフォン

第8章　コミュニケーション戦略　　　　　　　　　　　　　　　　　　　　　　　　141

トを使ったりといった、メッセージとデザインがかみ合っていないコミュニケーションは受け手の意識を混乱させてしまい、メッセージの効果的な伝達に失敗する。ターゲットにメッセージを的確に伝達する「乗り物（ビークル）」として、メディアとともにデザインの適切な選択・設定も重要である。

●フライティングパターン

　時期や露出頻度に関する出稿のパターンをフライティングパターンと言う。狭義には、広告の掲載時期と休止を交互に行う出稿パターンをフライティングと呼ぶこともある。発売の初期に大量出稿して顧客のマインドシェアを一気に奪おうとする「バースト型」、一定間隔を置いて断続的に出稿し顧客に定期的な想起を繰り返させる「パルス型」、あるいは、継続的に出稿するパターンなどがよく用いられている。

　既存の製品の場合、過去の経験から効果的な出稿パターンが予測しやすいことも多い。例えばうがい薬は、1年を通じて広告出稿しながら、風邪のシーズンには出稿頻度を高めるなど、継続的出稿と断続的出稿の中間的なやり方を採用して効果を上げている。

　パルス型フライティングでは、まったく同じクリエイティブを使うのではなく、顧客の認知度などに合わせてメッセージそのものを変える場合も多い。シャープが2000年から2007年まで液晶テレビの広告で、毎年正月の仕事始めの日に大手紙の紙面やテレビのゴールデンタイム枠を買い占めるというコミュニケーションをとったのは、パルス型の典型例である。この広告ではタレントの吉永小百合と変えないものの、2000年のメッセージは「21世紀のテレビ」だったものを、2003年に「リビングは環境です」、2005年には世界の名画とともに「美しいニッポンの液晶」へと切り替えながら続けられた。

●その他のコミュニケーション手法との関係

　コミュニケーション・ミックスのうち、広告とセットで考えられることが最も多いセールス・プロモーションは、原則的には広告のメッセージやデザインに沿わせ、補完性を高めるように設計する。例えば、広告でノベルティグッズを強調するなら、そのノベルティグッズも製品や広告の世界観に合わせたカラー、デザイン、コンセプトになるよう工夫する必要があるだろう。

　人的販売は、人によるコミュニケーションゆえ完全に統一することは難しいが、キーとなるメッセージは徹底するのが通常だ。そのうえで、相手に合わせて広告では説明しきれない付加的情報などを提供していく。

　パブリシティは広告と異なり、自社のコントロールが難しい方法だが、キーとなる

メッセージに関しては最低限の一貫性が維持されるよう、説明会でのプレゼンテーションや個別のメディア訪問などで積極的にメディアに働きかけることが必要だ。いずれにせよ、広告やパンフレット、ホームページ、取材、講演会などあらゆる機会に、キーメッセージを一貫して「ワンボイス」で語り続けることが重要である。

クチコミとの連携は近年のコミュニケーション・ミックス、メディア・ミックスを考えるうえで重要なテーマであるが、普遍的な「成功方程式」を描ききるのはなかなか難しい。多くの企業が試行錯誤で実験しているのが現状と言えよう。ただし、クチコミは製品力や企業経営の健全性があって初めて効果を持つもの、という視点を忘れてはならない。

❹ **コミュニケーションの実施と効果のモニタリング**

計画を立て、マーケティング戦略全体の中で整合性がとれていることが確認できたなら、次はそれを実行し、その効果を評価・モニタリングして、戦略変更にフィードバックすることになる。いわゆるPDCAをここでも行うのだ。モニタリングの際にはリサーチを行って、当初の目的が実現しつつあるか、しっかり捕捉する必要がある。そのとき、売上げが上がっているか、顧客に認知されているかといった量的側面だけでなく、想定していたメッセージが正確に伝わっているか、好感度はどうかなど、質の面での効果測定も同時に行い、それらを総合的に判断して、必要であればコミュニケーション戦略を変更しなければならない。

例えば、かつてビールメーカー各社がアサヒビールのスーパードライに触発されて独自のドライビールを開発し、大量の広告を行ったが、結局それは「アサヒスーパードライ」の売上げを押し上げるだけの結果に終わったことがあった。消費者は、後続メーカーのメッセージを、ドライビールを支持するものととらえたからである。結局、各社はドライビールに注力するのをやめ、自社の主力製品を前面に出して「(ドライビールではなく) 自社のビールこそが最高」というメッセージを顧客に送ったのである。

統合型マーケティング・コミュニケーション

マーケティング・プロセスに注目してみると、製品デザイン、価格、チャネル、販促活動、さらには製品の購買や使用に至るまで、さまざまな形で顧客とのコミュニケーションが存在する。店舗1つとっても、それ自体が広告に匹敵する有効なコミュニケーション手法となる。実際に、グッチやエルメスのような高級ブランドだけでなく、スターバックスやユニクロのようなカジュアルなブランドまでも、ユニークな店舗によってブランドを浸透させようとしている。

このようにマーケティング・ミックス戦略のすべてが、顧客に向けた情報発信に直接的、間接的に関係している。つまり、マーケティング活動そのものが顧客との総合的なコミュニケーション活動と言えるのである。このような考え方を、統合型マーケティング・コミュニケーション（IMC）と言う。市場ごと、製品ごとに別々のコミュニケーション・アプローチをとるのではなく、あらゆるコミュニケーション手法を駆使しながら、統一のとれた総合的なコミュニケーション戦略を実践することで、コミュニケーション効果の最大化を図る必要がある。

補論●レピュテーション・マネジメント

　本論でも述べたように、ITの進化に伴って、近年、企業のレピュテーション（評判・名声）をいかに良好に保つかということが重要性を増している。平常時のマーケティング・コミュニケーションとは異なる緊急時のクライシス・コミュニケーション（危機管理コミュニケーション）の対応如何によって、企業の命運が分かれた事例もある。企業は「マイナスをプラスに変える」というコミュニケーションを理解しておく必要がある。

●───レピュテーション・マネジメントとは

　レピュテーション・マネジメントとは、企業の評判・名声を管理する機能のことであり、顧客や株主などのステークホルダー、加えて社会一般の人々に対して良好な企業イメージを保持してもらうよう働きかける活動を指す。

　レピュテーション・マネジメントは大きく2つに分類できる。1つは「平常時のコミュニケーション」で、企業イメージをできるだけ向上させるためのプラスのコミュニケーションである。これについては、ブランディング活動として第9章で取り上げる。もう1つは「緊急時のコミュニケーション」である。有事の際に企業イメージをマイナスからゼロに戻したり、プラスに引き上げるコミュニケーションで、「クライシス・コミュニケーション（危機管理コミュニケーション）」と呼ばれる。

　ITの発達によって、不特定多数が閲覧できるサイト上の掲示板や個人のブログなどのメディアを介して個人が自由に意見を発信できる環境ができたことから、企業にとってネガティブな情報が多くの人に容易に知られるようになった。食品の産地や消費期限などの偽装、リコール隠し、オペレーションミスによる人身事故などのさまざまな事件・事故をマスコミ各社が一斉に報道し、企業責任が厳しく問われる事例も相次いでいる。社会一般やマスメディアも、企業市民としての企業活動のあり方により厳しい目を向けるようになっているのだ。

【近年、マスコミで取り上げられた主な事件・事故】
- 食品会社の管理ミスによる食中毒発生事件
- 鉄道会社のオペレーションミスによる事故
- マンション分譲会社の耐震強度偽装事件
- 食品会社の産地・消費期限偽装事件、外食会社の材料使いまわし事件
- 大手自動車会社の欠陥商品隠し事件
- 大手銀行、大手自動車会社における大量の個人情報漏洩事件

　改めて言うまでもないが、レピュテーション・マネジメントの観点からも、企業はその社会的責任をまっとうし、顧客・社会の信頼に応える真摯な企業活動を実行する使命がある。

　だが、不幸にも事件・事故が発生してしまった場合には、適切なクライシス・コミュニケーションを行えるかどうかが、企業の命運を分ける時代となっている。事件や事故そのものの責任が問われるのはもちろんだが、事後のコミュニケーションの稚拙さによって信用被害が拡大した事例が少なくない。交通事故の事後対応で広報責任者（スポークスパーソン）が報道陣を怒鳴りつける姿や、食品偽装が明るみに出ても開き直って悪びれない社長の会見などはテレビで延々と報道された。ひとたび事件・事故が発生すれば、売上げ減少、株価低下などの金銭的被害はもちろんのこと、訴訟などの法的被害、さらにはレピュテーションの低下による信用被害が企業を襲う。企業倒産に至るケースすらあり、その被害は甚大である。

　その一方で、事件・事故が起きたにもかかわらず、レピュテーションを維持し、かえって向上させたという事例も存在する。1982年にアメリカで起きたジョンソン・エンド・ジョンソンの「タイレノール事件」が有名である。何者かによって解熱鎮痛薬タイレノールに毒物が混入されたという情報が入ったとき、同社は即座に新聞、テレビなどを通じて全米に情報提供を行うとともに、高いコストをかけて自社回収に踏み切った。タイレノールはいったんは全米の店頭から姿を消したが、この迅速かつ誠実な対応によって、事件発生2カ月後には売上げの80％まで回復した。同時に、事件を通じて同社の高い法令順守（コンプライアンス）の姿勢が社会に伝わったことにより、かえってそのレピュテーションは高まったのである。

●─── クライシス・コミュニケーションの実務

　緊急事のクライシス・コミュニケーションを適切に行うには、平常時の地道な活動が欠かせない。そして、緊急事に適切な対応ができるか否かは、平常時の準備如何にか

かっている。

❶ 平常時の準備
　企業は、緊急事に活用する「危機管理マニュアル」を事件・事故の発生前に作成しておくべきである。緊急時の体制、連絡網、行動指針など、有事の際に混乱しないための事前の準備である。例えば、社外に向けた発信文書の雛形なども平常時に準備しておくとよい。ウェブサイトのトップページの差し替え版を用意している企業もある。人命が危ぶまれる事故などのとき、明るい笑顔のホームページは不適切という判断である。また、経営陣および社員への意識喚起を目的として危機管理トレーニングを実施しておくとよい。

❷ 緊急時の対応
　実際に事件・事故が発生してしまった場合、社内の情報連携がカギとなる。現場レベルでは独自の判断をせずに、すべての情報を隠さず速やかに報告する必要がある。情報収集先はトップに近い組織に一元化し、対外コミュニケーションの発信源も一元化する。重要なのはスピードであり、大規模な事件・事故の際は発生から数時間以内に第一報を発表すべきだとも言われる。有事の際の意思決定は経営の最優先事項であり、経営者自らが取り組まなくてはならない。

❸ クライシス・コミュニケーションにおける注意点
　緊急時には限られた時間の中で情報収集、意思決定を行う必要がある。よって、適切なクライシス・コミュニケーションを実施するためには、平常時の準備が何より重要である。
　マニュアルなどの物理的な準備ももちろんだが、意思決定やコミュニケーションの主体となるべき経営者のみならず、社員全員に普段から危機管理意識を醸成しておく必要がある。適切な危機管理意識に基づいたオープンでスムーズな情報連携ができる組織であれば、事件・事故が起こっても、その影響を最小限に食い止めることができる。

　企業の評判は、トップはもちろんのこと、社員・ステークホルダー全員で守らなくてはならない。「自分の身は自分で守る」という言葉が企業にも当てはまる時代となったのだ。会社を倒壊させるほど大きな影響力を持つレピュテーション・マネジメントは、いまや組織課題として取り組むべきものであることを肝に銘じたい。

第2部

応用編

● 第2部のはじめに

●

　第1部では、マーケティングの役割や、環境分析からマーケティング・ミックスに至るマーケティング・プロセスの各論について見てきた。第2部では、第1部ではあまり深く触れなかった「ブランド」「マーケティング・リサーチ」「競争戦略」「カスタマー・リレーションシップ・マネジメント（CRM）」「法人顧客に対するマーケティング」「グローバル・マーケティング」という近年のマーケティングにおいて特に重要なテーマについて解説する。

●

　ビジネスにおいては、プロセスやフレームワークを頭の中で理解するだけではなく、それを自分なりに消化し現実の問題に適用して初めて、アウトプットを生み出し、評価につなげることができる。これはマーケティングにおいても同様である。

　我々は幸いにも、日常生活における消費者やユーザーとしての行動を通じて、マーケティングを学ぶことができる。例えば、テレビCMを見てカーディーラーへ行ったのであれば、「自分なら、このような販促活動をするだろう」「この製品にはこのような広告ができるのではないか」「この車の価格を10％上げたら、どのような影響が出るだろうか」「この機能は余分に思えるが、どの程度の顧客がこれを欲しているのだろうか」「もっと取り扱いディーラー数を増やしてもいいのではないか」などと考えてみる。このような地道な頭の体操こそが、マーケティングのセンスを高めるのに役立つ。

　実際のマーケティングの場面はもちろんのこと、思考訓練においても、第2部で紹介する視点を入れると、さらに深くマーケティングについて考えられるだろう。カーディーラーの例で言えば、「顧客に対してどんなフォローアップ営業を行うか」「顧客アンケートではどんな質問をすれば、問題点の把握に役立つか」「対競合という点で、現状のやり方は有効か」「あのテレビCMから想起されるブランド・イメージは何か」などと考えることができる。

●

　その際には、売り手の立場だけではなく、買い手の立場で考えることが重要だ。マー

ケティングの中心にあるのは、常に顧客である。顧客の行動の変化をいち早く見抜いてこそ、よりよいマーケティング活動を行うことができる。それには、自らが顧客やユーザーとしての視点を持つとともに、顧客をよく知ろうとすることが重要である。

　これらを意識しながら、第2部の各章を読んでいただきたい。

9● ブランド戦略

POINT

　消費者にとってブランドは選択の拠り所や使用・経験の満足を高める機能を果たし、企業にとっては競争優位や長期的な収益の基盤となりうる資産である。したがって、ブランド戦略は、企業のアイデンティティや経営戦略と関連づけて考えるべき上位概念である。強いブランドの構築はいまや企業にとって不可避の課題であるが、一朝一夕で実現できるものではなく、長期的かつ戦略的な活動が求められる。

CASE

　複写機メーカーのリコーは国内市場では営業力の強さから「販売のリコー」として知られてきた。だが近年は「環境経営のリコー」というコーポレート・ブランドが定着しつつある。リコーは1976年に環境推進室を設置し、環境に配慮した取り組みを続けてきた。

＊＊＊＊＊

　リコーは世界中の顧客に、「地球にやさしい」「人にやさしい」「知識創造を簡単に」という3つの価値を提供する企業としてリコーブランドを認識してもらうことを目指している。同社では、CSR（Corporate Social Responsibility：企業の社会的責任）に関わる活動は特定部門や一部の人だけが取り組むものではなく「全員参加の日常活動」として位置づけている。身の回りの小さなことでもよいから、環境貢献のアイデアを出すことが奨励されているのだ。新入社員教育でも、こうしたリコーの理念、コアバリューの説明や意識づけに多くの時間を割く。

　環境貢献活動の一例として、名古屋市を拠点とする販売会社のリコー中部では、「分別ソムリエ」という社内資格が設けられている。名古屋市では一般ゴミは13種類に分別することになっているが、オフィスで発生するゴミについて正しい分別行動ができ、その根拠を自分の言葉で語り、他の人に伝えられる社員は「分別ソムリエ」と呼ばれる。

　分別ソムリエになるためには、社内の認定試験に合格しなくてはならない。試験では、

目の前の雑多なゴミを分別する実技能力はもちろんのこと、それぞれのゴミを扱う業者や処理方法などの知識も問われる。環境活動に関する説明能力の高さも要求され、「国際規格を取得するために紙の再利用を促進したいという取引先に、どのような提案を行うか」といった問いも出される。分別ソムリエの育成を通して、「遊び心」や「学び心」に訴えながら、社員の環境意識の向上を図っているのだ。

　一見すると、ごくささやかな社内の試みのようだが、ブランド価値の向上、さらには実際のビジネスにも貢献している。同社の活動はユニークな試みとして地元メディアに取り上げられ、それを見聞きして分別ソムリエの活動に興味を持った企業の担当者から問い合わせがあり、オフィス機器などの新規受注につながった例もある。

　リコーはほかにも、さまざまな活動を行っている。1999年に社員研修の一環として「環境ボランティアリーダー養成プログラム」が始まり、2007年度末までに412人の環境ボランティアリーダーが誕生した。彼らは所属部署や地域を巻き込んで、ゴミ調査、雑木林や里山の保全、古民家のかやぶき屋根の取り替えなどで活躍している。

　このような環境保全やボランティア活動は利益に直結しないコストだと見なされやすいが、リコーでは「環境保全と経済的な価値の増大は両立できる」と考えている。例えば、1999年に導入された「戦略的目標管理制度」では、「財務」「顧客」「社内ビジネス・プロセス」「学習と成長」に加えて「環境保全」という項目が盛り込まれ、その評価結果は課長代理以上の管理職の賞与に連動するように設計された。その結果、各事業部ではゼロエミッションやグリーン調達などの環境対策に熱心に取り組むようになったという。第15次中期経営計画でも、企業全体の目標として「年間8％以上の事業拡大を見込んだうえで、2007年度までに2000年度比15％の環境負荷を削減する」とし、環境活動を業績評価に取り入れる、プロジェクトごとに環境会計を作成し投資対効果を明確にするなどの仕組みを設けて、環境保全の取り組みを事業活動や企業価値向上と結び付けている。

　環境投資プロジェクトの経済効果をきちんと測定し評価するために、リコーは「セグメント環境会計」という独自の指標を導入している。償却期間内にかかるコストと期待される経済効果や環境負荷削減効果を見積もり、ROI（投資に対する利益率）が算出される。この指標は、コージェネレーション・システムの導入をはじめとする、多くの投資の意思決定に利用されている。目標の達成状況を示す具体的な数値データは、毎年発行される「社会的責任経営報告書」や「環境経営報告書」で見ることができる。

　グローバル規模で環境意識が高まる中で、リコーが地道に取り組んできた環境経営がようやく高く評価される時代になった。2002年に、ドイツのエコム社による「企業の社会的責任」格付けのOA機器・家電部門で、リコーは世界第1位の評価を獲得している。

先進国では「2050年までに環境負荷を8分の1に低減する必要がある」という認識のもとで、リコーは超長期目標を掲げて、引き続き環境経営に取り組んでいく。環境保全と利益創出の両立は今後、どの企業にとっても無視することのできない目標となっていくだろう。

理論

近年、マーケティングにおいてブランドの影響力が増大するのに伴い、ブランド・マネジメントの重要性が高まっている。強いブランドは、長期的な企業資産となるとともに、短期的なマーケティング活動にも好影響を与える。

本章では、ブランドの持つ価値を明らかにしたうえで、強いブランドを構築するための方法論について、最近の潮流も交えながら紹介していく。

1● ブランドのとらえ方

我々は通常、ブランド・ネーム（ディズニー、ジョージア、セコムなどの名前）やロゴ・

図表9-1　ブランドの構成要素

ブランドの構成要素	メルセデス・ベンツの例
属性：ブランドが連想させる製品関連あるいは製品とは直接関係のない属性	高級車、高い技術力、優れた耐久性など
便益：そのブランドの使用者が享受できる物理的あるいは情緒的な便益	事故にあっても危険から身を守れる、経済的あるいは社会的地位の高さを証明してくれる
価値観：生産者が大切にする価値観	高性能、安全性、威信
文化・歴史：そのブランドの文化的あるいは歴史的背景が象徴するもの	ドイツ文化に根づく規律、性能、品質へのこだわり
パーソナリティ：ブランドの個性	人間にたとえると厳格な上司、動物にたとえるとライオン（王）、建物にたとえると厳粛な宮殿など
ユーザー：そのブランドにふさわしいユーザーイメージ	エグゼクティブ

マーク（ナイキのスウッシュ、メルセデスのスリー・ポインテッド・スターなど）、そのブランドを表現する記号、シンボルなどによってブランドを認識している。フィリップ・コトラーは、「ブランドとは、個別の売り手または売り手集団の財やサービスを識別させ、競合する売り手の製品やサービスと区別するための名称、言葉、記号、シンボル、デザイン、あるいはこれらの組み合わせ」と定義している。

　だが、こうした要素のみならず、そのブランドから想起されるイメージや価値観など、さまざまな部分からブランドは形づくられている。例えば、メルセデス・ベンツというブランドを分析すると、**図表9-1**のように、さまざまな観点から語ることができる。ブランドとは何かと問われたときに、それなりに知っているはずなのに、一言でうまく説明しにくいのは、こうした有形・無形の複合的な価値によってブランドが形成されているからである。

　そのため、ブランド価値と言われるものも一様ではない。顧客にとって、ブランドは製品の品質を判断する拠り所となるほか、他の製品・サービスを探す手間や失敗のリスクが回避できて購買の効率が上がる、心理的な満足感が高まる、などの効用を持つ。企業にとってのブランドは、信頼を寄せる顧客のブランド・ロイヤリティを得て、安定的かつ長期的な収益基盤となるものであり、プレミアム価格の設定や競合に対する競争優位の構築をも可能にするものでもある（**図表9-2**参照）。

　このようなブランド価値は、名称やロゴに最初から備わっているわけではない。ブランドが約束する一定の属性、便益、価値観、文化、歴史、パーソナリティ、ユーザー像が周囲に理解・評価されて初めて価値が生まれる。ブランド価値を正しく理解してもらうためには、企業の長期にわたる地道なブランド構築活動が欠かせないのである。

図表9-2　企業と消費者にとってのブランドの役割

企業
- 法的保護が受けられ、競合と差別化しやすくなる
- 対外的に品質や特徴を示すシグナルとなる
- ブランドの拡張により、成長機会が増加する
- 競争優位の源泉となる
- 財務的成果の源泉となる（安定的売上げ、値崩れ防止による収益確保など）

顧客
- ブランドを識別することで、効率的な購買判断ができる
- 品質に対する判断基準となる
- ブランドが提案するライフスタイルや打ち出すイメージと自己を重ねることにより、使用したり経験したりする満足度が向上する

リコーのケースでは「環境にやさしい」企業としてコーポレート・ブランドを構築・浸透する活動を行っている。そして、その成果によって同社の製品が顧客に信頼され、購買されることが長期的に企業に収益をもたらすと考えて、地道なブランド戦略を続けてきた。

ブランド・マネジメントの重要性

近年、ブランド構築活動は複雑化するとともに、その重要性が増し、及ぼす影響も増大している。その背景には、次のような環境変化がある。

高度経済成長期以降、モノをつくっても容易には売れない時代を迎えた。その一方で、企業側はブランドによって他社と差別化することで、優位に販売活動を進められるようになった。顧客側もブランドが示されることで、あれこれ迷わずに安心して購買できることにメリットを感じた。1990年代以降は、ITの進展により企業のコミュニケーション領域が拡大する一方で、テレビなどのマスメディアが高コスト化し、マーケティング活動の効率が低下した。さらに、企業活動のグローバル化に伴って、より広範囲のコミュニケーションが必要となった。こうした変化を受けて、収益を牽引する要因となる強いブランドの構築は企業にとって大きな関心事となっている。

強いブランドの育成には非常に長い時間と努力が必要であるにもかかわらず、ひとたび構築すれば安泰という時代ではなくなってきている。ブランドには企業収益を引き上げるポジティブな影響がある一方で、いったんその信用が疑われると、倒産に追い込まれるほど深刻な影響を及ぼす可能性もある。食品会社の偽装事件や鉄道会社の列車事故

図表9-3 企業のコミュニケーションの種類と対象の広がり

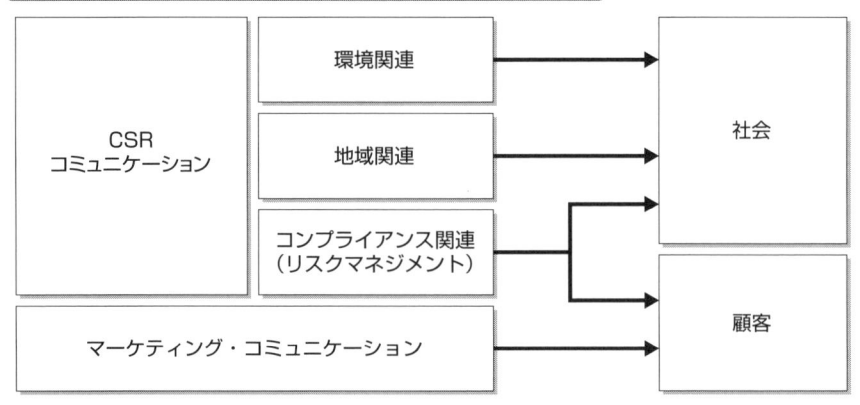

CSRコミュニケーション	環境関連	→	社会
	地域関連	→	
	コンプライアンス関連（リスクマネジメント）	→	
マーケティング・コミュニケーション		→	顧客

など、たった1つのアクシデントで企業の存続が危うくなるような切迫したケースも増えている。ネガティブな影響を避けるためにも、ブランド・マネジメントを徹底し、継続的に信頼強化の取り組みを続けていかなくてはならない。

最近は、ブランド構築のためのコミュニケーション活動の対象や分野が拡大している（**図表9-3**参照）。従来のブランド構築活動では、「顧客」（もしくは見込み客）に対してコミュニケーションが行われていた。しかし近頃は、自社の顧客のみならず、「社会全体」に対するコミュニケーションが必要になっている。自社製品・サービスの拡販活動としての「マーケティング・コミュニケーション」だけでなく「CSR（Corporate Social Responsibility：企業の社会的責任）」という考え方に基づくコミュニケーションが求められているからだ。リコーのケースも地球環境という社会的に関心の高いテーマを掲げており、CSRコミュニケーションを重視している一例である。

2 ブランド・エクイティ

ブランドを考えるうえで重要な概念の1つに、ブランド・エクイティ（Brand Equity）がある。ブランド・エクイティとは、ブランドの持つ資産的価値のことだ。かつてブランドはその実体がとらえにくく、資産として計上されることは稀だった。しかし最近では、ブランドの売買が日常的に行われてきたこと、さらにブランド力や技術力、人材力などのソフトパワーが企業の競争力の1つと認知されてきたことから、無形資産であるブランドの価値を何らかの形で測定するためにブランド・エクイティの概念が活用されるようになった。

ブランド・エクイティの構成要素

ブランド・エクイティをとらえるときには、「ブランド認知」「知覚品質」「ブランド連想」「ブランド・ロイヤルティ」の4つの要素に分解してみるとよい（**図表9-4**参照）。それぞれの要素がどのように価値向上に貢献するかを整理することで、ブランド・エクイティ向上のための施策も見つけやすくなる。

❶ ブランド認知

ブランド認知（Brand Awareness）とは、そのブランドが「どの程度知られているか」と同時に、「どのように知られているか」を指す。人はなじみのあるものを好み、信頼する傾向があるので、他の条件が同じであれば、認知度の高いブランドのほうが選択される可能性が高くなる。

図表9-4 ブランド・エクイティの構成要素

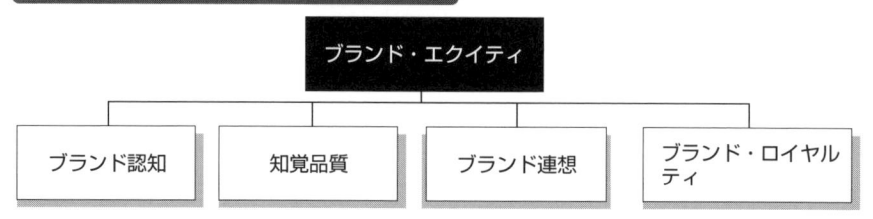

```
               ブランド・エクイティ
    ┌─────────┬──────────┬──────────┐
 ブランド認知   知覚品質   ブランド連想  ブランド・ロイヤル
                                      ティ
```

　例えば、海外旅行先でハンバーガーが食べたくなったときに、目の前に2つのハンバーガーショップがあったと仮定しよう。1つは日本にも店があり名前を知っているが、もう1つの店は名前すら聞いたことがない。その場合、海外ならではのハンバーガーを試そうといった冒険心でもないかぎり、聞いたことのある店に足が向くのではないだろうか。しかし、認知度が高ければそれでいいというわけでもない。なかには「悪名高い」知られ方をしていることもあるので、「どのように知られているか」という視点で考えることが大切だ。内容もさることながら、認知の深さや広さ（どれだけ明確に認知されているか、どれだけ多くの人が認知しているか）にも注意したほうがよい。

　ブランド認知は、「ハンバーガーショップといえば○○」といったように頭に思い浮かぶブランド再生（純粋想起）と、「○○を聞いたことがある、知っている」というブランド再認（助成想起）に分けることができ、認知の深さを測る指標となっている。

　清涼飲料水やスナック菓子のように消費者が店頭で気軽に選ぶ製品では、ブランド再認が比較的購買に結び付きやすいので、再認知名率アップを目標とする場合も多い。一方、車や高級腕時計などブランドの指名買いが多い製品は、ブランド再生のレベルにないと購入の選択肢には含まれないことから、再生知名率アップを目標とすることになる。

❷ 知覚品質

　知覚品質（Perceived Quality）とは、消費者がある製品やサービスを、各自の購入目的に照らして代替品と比べた際に知覚できる品質や優位性である。次のような視点で総合的に判断される。

- パフォーマンス（車の場合、加速性、操縦性、安全性、速度、快適性など）
- 付加機能（洋服の紫外線防止や形状安定など）
- 信頼性（不良品や欠陥品、故障の少なさなど）
- 耐久性（強度、丈夫さなど）
- 付加サービス（アフターサービス、保証など）

いくつかの製品やサービスを比較したとき、消費者はこれらの知覚品質が高いと思われるブランドを好む。

知覚品質に関して注意したい点は3つある。

第1に、同じ消費者にとっても、ある用途やシーンで価値のある知覚品質が、他の用途やシーンでも同様に価値があるとは限らない。

第2に、実際に品質が優れていることと、品質の良さが知覚されることは、同義ではない。人間が客観的に知覚できる範囲には限度があり、それ以外の部分は主観的なものだ。例えば、ホウレン草などの野菜は「生のほうが冷凍品よりも栄養価が高い」などと思っていないだろうか（実は、冷凍野菜は収穫後すぐに加工、凍結されるので、流通や保存段階で失われるビタミンC量は少ない）。人間は固定観念や特定の情報をもとに品質を知覚することが多いのである。

第3に、ポジティブな知覚品質をブランドに帰属させるためには多大な努力と時間がかかるのに対して、ネガティブな知覚品質はあっというまに浸透し、ブランドの評価を押し下げてしまう。たとえ不良品率や故障率が競合他社と比べて低かったとしても、1つ買ってそれが故障したら、その消費者にとっては100％の故障率となる。したがって、大量に売れている製品や使用頻度の高い製品は、実際の故障率よりも「故障が多い」と思われやすいことを意識しながら品質保証の目標を設定しなければならない。

❸ ブランド連想

ブランド連想（Brand Associations）は、消費者がそのブランドに関して連想できるすべてのものを指す。例えば、ディズニーのブランド連想は、キャラクターや人名（ミッキーマウス、ニモ、ウォルト・ディズニー）、施設やアトラクション名（ディズニーランド、ディズニーシー、スプラッシュ・マウンテン）、関連する地名（フロリダ、ロサンゼルス、東京）、感情（楽しい、夢がいっぱい）、顧客像（親子づれ、カップル）、製品カテゴリー（テーマパーク、キャラクターグッズ、映画）、時節（ゴールデンウィーク、夏休み、クリスマス）、製品・サービス特性（行き届いたサービス、気の利いた、混み合った、城のシンボル）、行動（車で行く、京葉線に乗る）などが挙げられるだろう。

これらの連想は、消費者の直接体験から生じているものもあれば、広告や他のユーザー、噂により見聞きしたものもある。また、経験や見聞きした頻度、印象の度合いによって、強い連想もあれば弱い連想もある。ブランド連想は、競合との差別化の重要な基盤になるので、ポジティブで強い連想を顧客の心の中に刻み込んでもらうための努力が必要となる。

特に、化粧品や腕時計、飲料水など、製品自体の差別化が困難でかつ多くのブランド

が存在する製品カテゴリーにおいては、ブランド連想が重要な役割を担う。そのため、先進的なブランドでは、容器、店舗、ショッピングバッグなどのデザインだけでなく、店頭でそのブランドらしさを表現する音楽や香りを使って五感のすみずみまで訴えるような工夫を凝らすことで、巧みにブランド連想の形成を促している。

❹ ブランド・ロイヤルティ

　ブランド・ロイヤルティ（Brand Loyalty）とは、顧客がブランドに対してどの程度忠誠心または執着心を持っているかということである。ロイヤルティが高いほど、顧客は他のブランドにスイッチしにくいため、企業は安定的な収益が得やすくなる。

　ブランド・ロイヤルティにはいくつかの水準があり、単に顧客リピート率を見て「うちの顧客はロイヤルティが高い」と満足するのは早計である。たとえ特定のブランドを繰り返し購入している顧客であっても、その理由はさまざまであり、よくよく調べてみたら真のロイヤル・カスタマーはリピート顧客のほんの一部であったということも珍しくない。顧客が継続購入する理由には以下のようなものがある。

❶もっと価格が安い、あるいは便宜性の高い製品があれば、次回はそちらに乗り換えたいが、たまたまほかに良い選択肢がなかった（特にブランドにこだわって選んだわけではない）。

❷特に不満はなく、他のブランドを探す理由がない。習慣化している。

❸満足しているし、他のブランドに乗り換えるのには時間やお金がかかり、パフォーマンスや品質面でのリスクなどもあって、スイッチング・コストがかかる。

❹愛着がわいたため、他のブランドに切り替えにくい。

❺そのブランドに惚れ込み、ユーザーであることを誇りに思っているので、他のブランドに切り替えることなど考えられない。

　見かけ上の数字では、上記❶～❺の顧客は一様にそのブランドの売上げや利益に貢献しているかもしれない。しかし、顧客基盤としての安定性や競合に対する優位性は、番号が大きくなるにつれてより強くなる。ブランドにコミットしてくれる顧客を増やし、またコミットの度合いを強化することがブランド・エクイティの向上につながる。

　ブランド・ロイヤルティが他の3つの要素と異なっているのは、他の要素はそのブランドを使用したことのない人にも適用可能なのに対して、ロイヤルティは通常、使用経験者に限られる点である（ただし、一度も乗ったことがない人がポルシェの熱狂的なファンになるといった例外はある）。使用経験者による知覚品質やブランド連想は、未使用者のそれよりも実体験に基づいている分、現実的であり、潜在顧客に対して影響力を持つ。

特に車やバイク、洋服、バッグ、スニーカーなど使用シーンが比較的人目に触れやすい製品カテゴリーでは、ユーザー像がブランド連想に及ぼす影響は大きい。

ロイヤル・カスタマーは、安定的な売上げや利益に直接的に貢献するだけでなく、そのブランドのあるべき姿に愛情と強い意見を持ち、ブランドにとって重要な示唆を与えてくれる。したがって、ブランド・ロイヤルティは、ブランド・エクイティの要素の中でもきわめて重要である。

●── ブランド・エクイティの評価

ブランド・エクイティの評価は、M&A（合併・買収）時の買収価格の評価や、ブランドのライセンス料の見積もり、ブランド管理における資源配分の見直しや投資効率の評価など、経営上のさまざまな目的において有用である。

ブランド・エクイティを金額換算する評価方法は多数あり、それぞれの是非については意見が分かれる。ブランドの構築にかかった費用の総額を測定する「コスト・アプローチ」、ブランドが将来生み出すキャッシュを予測して現在価値に割り戻す「キャッシュフロー・アプローチ」、実際に市場で取引されている類似ブランドの価格をもとに評価額を決定する「マーケット・アプローチ」の3つが代表的である。どのアプローチにも一長一短があり、計算の際には、どの数字を引用するかの判断、前提条件の設定、引用する数字の調整などが必要になる。したがって、初めてブランド・エクイティを算出する際には、数種類のアプローチで試算して比較検討したうえで、仮説を見直したり平均値をとるなど、妥当性を高める努力をすべきである。

3● ブランドの構築・展開

ここまで、ブランドの役割やエクイティとしての重要性を見てきたが、企業はそうした高い価値を持つブランドをどのようにして育てていけばよいのだろうか。ブランドの構築は、場当たり的に名前をつければよいというような問題ではなく、一定の方針の下で戦略的に取り組んでいく経営課題でもある。

●── ブランドの階層

具体的なブランド構築について触れる前に、ブランドの階層を整理しておこう。ブランドには、「トヨタ」「ソニー」など企業名がブランドとなるコーポレート・ブランド（企業ブランド）、「植物物語」「ビオレ」などいくつかの製品カテゴリーを1つのブランドの下に展開するファミリー・ブランド、「アタック」「霧ヶ峰」など個別製品をブラ

図表9-5　ブランドの階層

コーポレート・ブランド	企業名など、その企業のすべての製品やサービスに展開しているもの	Nintendo（任天堂）、SONY（ソニー）、TOYOTA（トヨタ自動車）など
事業ブランド	企業内の事業単位でブランドとして認識され、製品・サービスも展開しているもの	レックス・ホールディングスの「牛角」「しゃぶしゃぶ温野菜」「レッドロブスター」 ベネッセコーポレーションの「進研ゼミ」（学習教材）、ベルリッツ（英語学校）
ファミリー・ブランド	複数カテゴリーの製品・サービスに展開しているもの	ニベア（ハンドケア、化粧品など） ハローキティなどサンリオのキャラクターグッズ
プロダクト・ブランド	個々の製品・サービスを展開しているもの	アップルのiMac、iPod、iPhone

ンド化するプロダクト・ブランド（製品ブランドまたは個別ブランド）など、いくつかの階層がある（**図表9-5**参照）。

　個々のブランドについて「これはプロダクト・ブランドか、ファミリー・ブランドか」と厳密に区分することにはあまり意味がない。重要なのは、ブランドの階層を整理したうえで、企業が展開するブランドを体系化し、管理することである。どのようなブランド体系であっても、ブランドの構成要素（属性、便益、パーソナリティなど）は同じであり、その育成、評価、マネジメント手法は共通している。既存ブランドの成長スピードが落ち始め、次の成長戦略を考えていく際にはブランド体系の整理・再構築が必要なことがある。

●── ブランド利用の方針

　企業や事業、製品ごとにさまざまなブランド体系をとることが可能だが、どのような方針でブランドを展開していけばよいのだろうか。新しい製品やサービスに用いるブランドを決める際の代表的なアプローチを見ていこう。

　1つ目は、コーポレート・ブランド（アンブレラ・ブランド）の下に複数の事業や製品カテゴリーを展開していくマスター・ブランド戦略である。例えば、スポーツ用品メーカーのナイキは、バスケットボール、ランニング、サッカーなどのカテゴリーのシューズやウエア、エキップメント（時計やサングラスなど）をすべてナイキブランドの下で展開し、全世界で1兆円を超える売上げとなっている。この戦略は、1つのブランドにマーケティング資源を集中投下でき、効率面でのメリットがある一方で、1つのブランドに依存することによるリスク、成長の限界といったデメリットもある。

これとは対極的なのが、ネスレ、P&G、LVMH（モエ・ヘネシー・ルイ・ヴィトン）に代表される、多数ブランドをポートフォリオに持つマルチ・ブランド戦略（個別ブランド戦略）である。ネスレ・ジャパンでは、「Good Food, Good Life」という企業スローガンの下、「ネスカフェ」や「キットカット」をはじめ約20の独立した飲食料品ブランドを展開している。なかでもミネラルウォーターでは「ペリエ」「ヴィッテル」「コントレックス」など6つのブランドを擁している。マルチ・ブランド戦略は、マスター・ブランド戦略とは逆に、同一カテゴリーで複数ブランドを展開することによる市場シェアの獲得、ブランド間のリスク分散による安定性といったメリットがある一方で、マーケティング資源の分散投資によって非効率になる面もある。

　両者の折衷的なものとして、「アサヒ本生」や「Yahoo! BB」などのように、マスター・ブランドに個別ブランドを組み合わせる戦略もある。マスター・ブランドの保証の下で個別のブランドの特徴もアピールできるが、ブランド体系が複雑になるため、管理が難しく、一貫性が保てなくなるおそれがある。なお、既存ブランドに新しいブランドを結合することをサブ・ブランディングと呼ぶ。

　マスター・ブランド戦略かマルチ・ブランド戦略かといった議論は全社戦略レベルの話であり、企業の成長ステージや市場特性なども考慮しながら決めるべきものと言える。新規ブランドを立ち上げたりブランドを買収したりする際には、既存ブランドとの整合性やシナジー（相乗効果）、各ブランドの戦略的な意味、位置づけをしっかり吟味しなければならない。

　日本企業全般を見ると、コーポレート・ブランド依存型の展開が一般的だが、アパレルや化粧品など細分化された市場ではマルチ・ブランド戦略が一般的になりつつある。化粧品大手の資生堂、カネボウ、コーセーは長年、街の販売店を中心に「資生堂　エリクシール」「カネボウ　テスティモ」といったサブ・ブランド戦略を展開していた。ところが、1980年代後半から急激に販路としての重要性を増した百貨店で「クリニーク」（エスティ・ローダー・グループ）、「ランコム」（ロレアル・グループ）などの外資系ブランドがシェアを伸ばしたことから、資生堂は「クレ・ド・ポー　ボーテ」「マキアージュ」、カネボウは「ルナソル」というように、社名を出さずに独立ブランドを立ち上げている。

プライベート・ブランドとナショナル・ブランド

　日本では1990年代以降、食品や日用品を中心としたブランドにおける潮流として、PB（プライベート・ブランド：流通業者が独自に、あるいはメーカーとタイアップして開発したブランド）の増加と、NB（ナショナル・ブランド：メーカーが打ち出し

たブランド）の相対的なシェアの下降が見られる。

　PB台頭の背景には、①不況などによる消費者の価格志向の高まり、②技術の進歩による品質の底上げ、③大型化、チェーン化、経営統合などによる小売店の交渉力の向上が関係している。昨今では流通業界の再編によって誕生したイオン、セブン＆アイ・ホールディングスなどの巨大小売グループが、強いバイイング・パワーを武器にトップメーカーに対してPB製品の製造を依頼するケースが増えている。

　イオンのPB「トップバリュ」、セブン＆アイ・ホールディングスのPB「セブンプレミアム」は、飲料や冷凍食品などの食品、ティッシュペーパーなどの日用品から、アイロンや炊飯器などの家電に至るまで、数百～数千品目に及ぶPBを開発・販売し、売上げを伸ばしている。製造を委託されるメーカーはハウス食品、味の素冷凍食品、三洋電機などの大手が名を連ねている。

　このPB台頭の潮流は加速しており、販売から開発・調達といった川上に踏み込む「製造小売業」への戦略転換を打ち出している流通業が増えている。PBの対象となるのは成熟期の製品が多く、メーカー側には生産設備の稼働率の維持、販路の拡大、在庫リスクの軽減などのメリットがある一方で、メーカー間の競争激化や大手流通という新たなライバルの出現という苦境も招いている。

4● ブランド拡張

　ブランドの成長戦略を考えるときに、ブランド・エクイティを活かした方法としてよく用いられるのが、ブランド拡張（Brand Extension）である。これは、ある製品で確立されたブランドを他の製品やカテゴリーに使用するというものだ。

　新しいブランドをゼロから立ち上げるためには、多大な投資と時間、管理体制が必要だが、既存ブランドを用いればそうした負担は軽減される。そのため、ブランド拡張は新規ブランドの立ち上げよりも頻繁に行われる。ただし、ブランド拡張で失敗すると、新製品が売れないばかりか、既存ブランドの価値を傷つけ、悪影響を与えてしまうおそれがある。

　ブランド拡張を実行するに値するかどうかの判断にあたっては、以下のようなポイントを検証する必要がある。

- 既存ブランドのブランド連想は、新しい製品カテゴリーにも効果的か（そのブランド名を使用することが差別化、優位性につながるか）。マイナス要素はないか。
- 新しい製品カテゴリーへのブランド拡張は、既存のブランド連想を補強するか。悪

影響はないか。
- 新しい製品カテゴリーへのブランド拡張は、他の製品カテゴリーへのブランド拡張機会を阻害しないか。もっと適切な製品カテゴリーはないか。

例えば、洗浄力で定評のある洗剤ブランドが、界面活性剤の研究成果を活かして化粧品を開発したとして、同じブランド名で化粧品を売り出したらどうだろうか。

まず、洗剤から連想されるのは洗濯や炊事などの日常の家事であるのに対し、化粧品から連想されるのは外出やおしゃれなどであり、両者の間には隔たりがありそうだ。また、多くの化粧品に界面活性剤が含まれているにもかかわらず、なんとなく「界面活性剤は肌に悪そうだ」と感じている消費者もいるだろう。たとえ同じコア技術を用いていたとしても、洗剤ブランドの連想は化粧品へのブランド拡張にはマイナス影響を与えかねないのである。

さらに、洗剤が一般的に「(汚れを)落とす」ことを連想させるのに対して、化粧品の基本は、「(肌に)塗るもの、つけるもの」であり、ともすれば口紅やファンデーションの汚れを連想させる。つまり、化粧品へブランド拡張することで、もともとの強みであった洗浄力のイメージを弱めたり、他の洗濯製品への拡張機会を逸したりすることも考えられるのだ。

事実、花王は界面活性剤の技術をさまざまな製品に応用しているが、衣料用洗剤(アタック、ニュービーズ)、食器用洗剤(ファミリー)、住居用洗剤(マイペット)、シャンプー(メリット、アジエンス)、全身洗浄料(ビオレ)、化粧品(ソフィーナ、オーブ)と使用シーン別に製品ブランド名を付与している。化粧品市場への参入に関しては「花王ソフィーナ」というサブ・ブランディングを用いた。その結果、花王の他製品での実績や企業としての信用力によって、薬局やスーパーなどの流通への影響力を発揮することができた。その一方で、従来の花王のイメージに引きずられ、化粧品ブランドとしては洗練されたイメージが出しにくいというマイナス面も生じた。

ブランド拡張の方向性

どのような方向にブランドを展開していくかを検討する際には、そのブランドが持つ技術や資産の移転の可能性と、補完性のある製品カテゴリーをリストアップしてみるとよい。そのうえでブランド力が最も活かせる展開方法を絞り込んでいく。

ブランド拡張の方向性を考えるときに参考になるのが**図表9-6**である。1988年にアメリカの「ジャーナル・オブ・アドバタイジング・リサーチ」誌に掲載された論文によると、276企業のブランド拡張を調査した結果、7つのパターンに分類できたという。

図表9-6　ブランド拡張のパターン

ブランド拡張のパターン	例
①同製品の異形態への拡張	カップ入りチキンラーメン、ミロバー
②独自の風味・原料・成分を利用した拡張	カルピス・ゼリー、エビアンの化粧水
③使用シーン、カテゴリーを軸とした拡張	ゴルフウエアからゴルフクラブやゴルフシューズへの拡張
④同一顧客をターゲットとした拡張	銀行が発行するクレジット・カード、自動車会社の金融製品
⑤専門技術・知識を転用した拡張	ホンダの芝刈機、ミスターミニットのシューズ・クリーナー
⑥便益・属性・特徴を活かした拡張	ＴＢＣ（東京ビューティーセンター）の美容ドリンク
⑦人名（デザイナー、シェフ）などのイメージから拡張	キハチ カフェ、ホテル・オークラの缶詰スープ、コンラン監修のホテルやマンション

出所：Edward M. Tauber, (1988) "Brand Leverage: Strategy for Growth in a Cost-controlled World", *Journal of Advertising Research*, Sept-Oct, pp.26-30を参考に作成

　これらのパターンは、あくまでも拡張の可能性としての選択肢にすぎず、常に成功するとは限らない。ブランド拡張を意思決定する際には、先に述べたようなポイントを検証する必要がある。また、ブランドは無限大に拡張できるものではない。安易に拡張しすぎると、ブランドが希薄化するブランド・ダイリューション（Brand Dilution）を引き起こすことに注意したい。

　もちろん、どのブランド拡張も必ずダイリューションを起こすわけではない。そのブランドが満たそうとする便益をしっかり享受してもらうためには、製品ラインがある程度充実していたほうがよい場合も多い。例えば、アミノ酸スポーツサプリメント「アミノバイタル」には、粉末、ドリンク剤、錠剤、ゼリードリンクの形態がある。利用シーンや好みに合わせて使い分けられることで、ユーザーにとっての利便性が高まり、使用頻度が増える可能性があるからだ。また、形態によって店頭のさまざまな場所に置かれることで、消費者の目に触れる機会が増えるというメリットも考えられる。

　ブランド拡張の可能性を検討するときには、こうしたことを念頭に置いてさまざまな

観点から慎重に行わなくてはならない。

5● ブランドを浸透させる方法

　強いブランドの育成には、ブランド・エクイティの構成要素を強化していく必要がある。ブランド認知や連想などは、広告、パブリシティ、ホームページ、イベント、製品、社員や店員との対話、他のユーザーの評価など、広範囲に及ぶ直接的・間接的な接点によって築かれる。特にインターネットの普及や人材の流動化によって企業の内外を隔てる壁が低くなり、企業には以前のような広告を主体とした一方的な情報提供ではなく、等身大、リアル、双方向での情報交換が求められるようになっている。このような環境においては必然的に、ブランドを育成・管理する組織は外部に対して過度な"化粧"をしてイメージを創り上げるのではなく、そのブランド「らしさ」を定義し、体現する仕組みを持つことがカギとなる。

　ブランド「らしさ」には、「こういうブランドになりたい」という目標の下で計画的に形成された部分と、創業者や創業時の関係者の価値観やパーソナリティなどから自然に形成された部分がある。ブランドが目指す姿やブランドの「らしさ」を共有するための手段として、ブランド・ステートメントがある。ブランドのミッション、価値観、ポジショニングなどを明文化したものであり、ブランドに関するすべての活動の拠り所と

図表9-7　ブランド・ステートメント（広義）の例：京セラ

●ブランドステートメント　THE NEW VALUE FRONTIER
　"The New Value Frontier"は「新たな価値をいつも最先端で創造し続ける」という京セラの意志を強く世の中に宣言する言葉です。京セラはグループの総合力を発揮し、時代や市場が求める価値を独自の技術と視点で切り拓きカタチにします。

●ブランド憲章
　京セラは人類、社会の進歩発展のために独創性と質の高さで新たな価値を創造し続けます。
　そのためにものごとの本質を問い、質の向上を追求して、時代や市場が求める価値を独自の技術と視点で切り拓きカタチにします。
　そして個々の事業展開においては「顧客の期待を超える価値の創造」を信条に、「感動と喜びを与えるパフォーマンス（技術力、品質、対応力）」を約束し、"Value Frontier"として、グローバルで価値づけられるブランドとなることを目指します。

出所：京セラのホームページ（http://www.kyocera.co.jp/company/summary/brand/index.html）

なる。企業理念に近いものだが、数ページ程度のコンパクトなものから、広告制作時に必要になるビジュアルやロゴの使用方法の細則までを定めた本格的なものまで、フォーマットや内容量はまちまちである（**図表9-7**参照）。

重要なのは、当たり障りのない文句を並べるのではなく、そのブランドの存在意義やあるべき姿をしっかりと示していることである。そして、ステートメントの内容を実現するためには、トップ・マネジメントやマーケティング部門だけでなく、バックオフィス業務も含めた関係者全員がブランドの価値観に共感し、それに即した行動をとらなければならない。社員が共感できない価値観に株主や顧客が共感することは、まずないだろう。

インターナル・ブランディング

インターナル・ブランディングとは、自社の理念・提供価値などを明確化し、社員およびステークホルダーに共有・浸透させる内部活動を指す。

企業の「社会におけるあり方」が問われ、企業理念そのものがコミュニケーションメッセージになっている環境下では、ブランドを発信する社員1人ひとりが自社の理念・価値を理解し、具現化する力を身につけることの重要性が増している。加えて、採用の多様化によってさまざまな人材が共存する雇用環境となっており、インターナル・ブランディングの必要性がますます高まっている。

その浸透のためには、経営陣を中心に自社のブランド・アイデンティティを明確化すること、ならびにそれを組織全体に広め、社員1人ひとりが自分の言葉で語れる状態にまでにもっていく必要がある。具体的な活動としては、ブランド・アイデンティティやロゴ使用規定などを定めた「ブランドブック」の制作、イントラネット、社内SNS（ソーシャル・ネットワーキング・サービス）などを活用した情報共有、ブランド意識浸透のためのワークショップ・研修などが挙げられる。こうした活動には人的コストがかかるが、単にブランディングのためだけでなく、企業文化の形成に必要な活動として多くの企業が実施している。

6⦿コーポレート・ブランディングの新潮流

コーポレート・ブランディングとは、単独の製品・サービスのブランディングではなく、企業そのもののブランド構築を指す。ここ何十年間にわたって議論されてきたブランド課題であったが、そのあり様は社会環境の変化に伴って変化している。

● 企業のブランド・コミュニケーション活動の変遷

コーポレート・ブランディングのためのコミュニケーション活動は、社会情勢や企業環境の変化を背景に、時代によって活動の重点を変えている。

1980年代から、コーポレート・ブランディングの重要性が指摘され、「CI（コーポレート・アイデンティティ）活動」という名で、広く企業に導入された。しかし、CI活動はロゴのデザイン刷新など外形的な活動にとどまり、本来の目的である企業のブランド価値向上を認識できないケースが多かった。だが中には、CI活動の本質をとらえて、企業のブランド価値向上につながった成功事例がある。

その1つが、教育産業大手のベネッセコーポレーションである。同社は、1995年に社名を「福武書店」から「ベネッセコーポレーション」へと変更した。ベネッセ（Benesse）は、ラテン語で「良く」という意味の「bene」と「生きる」を意味する「esse」を組み合わせた造語で、同社の企業理念をそのまま社名として採用した格好であった。変更当時、売上高の8割は「進研ゼミ」に代表される通信教育事業で占められていた。だが、少子化の流れに伴い、国外市場を狙った国際化、育児・介護などの新事業への展開を志向するとともに、株式公開も目指していた。こうした戦略に合わせて実行されたCI活動では、社名はもとより、ロゴ・マークをはじめとするコミュニケーション・ツールをすべて改定し、公器としての社会への貢献や海外展開・業容拡大という戦略転換の意思を内外に強く知らしめた。そして「大学受験を中心とする通信教育」から「生涯学習事業」「グローバル・カンパニー」というイメージを浸透させ、マーケティング活動や採用活動を後押しすることに成功している。

● ITの影響と理念発信型ブランディングの台頭

2000年代に入ると、コーポレート・ブランディング活動は外形的CI活動にとどまらず、マーケティング戦略全体の中での役割を増すようになった。コミュニケーション戦略（第8章）でも取り上げたが、ITの進化によってリアルの製品や企業に触れずにインターネット上でブランドが形成されるようになったこと、マスメディアに依存せずに自社からの直接発信が可能になったことから、ネット上でのブランディングが主要なトピックとなった。企業はホームページ、ブログ、SNSなど、多様なインターネットメディアを活用して、従来の広告よりも多くの情報を顧客に届け始めた。ことに、膨大な情報の中からネット上の読者を引きつけるために、限られたキャッチコピーにとどまらない「読み物・ストーリー型」のコミュニケーションを実施する企業が増えている。バーチャル環境では得にくい「リアリティ（実感）」や「共感」をいかに生み出すかを試

行しているのである。

　一方、顧客側の購買動機にも変化が見られるようになった。機能や便益だけでなくライフスタイルや価値観といった心理的満足を求めるとともに、その企業が社会に良質な価値を提供しているかどうかといった企業姿勢を重視する傾向が強まったのだ。これを受けて、多くの企業で「企業理念」を前面に出したコミュニケーションを行うようになった。特に、環境をはじめとするCSRとブランディングをどう関係づけるかが大きなテーマとなっている（CSRに関わるブランディングについては後述する）。

　また企業は、顧客の心理的満足を充実させるために、ライフスタイル提案やストーリー性の強いコミュニケーションを通して顧客の「感動」や「共感」を引き出し、顧客が自然と巻き込まれていくことを狙ったさまざまな取り組みを行っている。例えば高級大型オートバイ製造・販売の「ハーレーダビッドソン」では、ブランド・コンセプトを「モノを売る前に、ライフスタイルを売る」とし、ハーレーを所有して楽しむライフスタイルやストーリーの提案・伝達によって熱狂的なハーレーファンを作り出すことに成功している。

● CSRを活用したブランディング

　ブランディングにおいては、主要指標である「認知度」に加えて「信頼度」が重要なファクターとなる。特に昨今、社会から共感を得、好感をもたらすコミュニケーションスタイルの重要性が増しているが、その際に重要な役割を担うのがCSRである。

　CSRの背景にあるのは、企業は顧客や株主、社員に対して責任を果たすだけではなく、広く社会全体に対しても責任を果たし、また価値を提供すべきである、という考え方である。1990年代以降、特に先進国においては、企業は利益や経済成長という「結果」だけがよければ手段がすべて正当化されるわけではなく、環境対策や地域貢献など社会への価値提供も求められるようになってきた。

　CSRにはさまざまな活動が含まれるが、特に重要な領域として「環境対策（エコ）」「社会・地域貢献」「貧困層支援」「災害支援・エイズなどの病気への対策」などが挙げられる。これらは、「企業の評判・名声（レピュテーション）」を高める活動として位置づけられる。また、企業が社会にマイナスの影響を及ぼさないための最低限の倫理的行動である「法令順守（コンプライアンス）」「内部統制」「リスク・マネジメント」も、広い意味でCSRの範疇にあると言える。これらの活動は特に、企業ブランドの価値を守る「守りのブランディング」活動ととらえることができる。

　CSRはこのように「公器としての企業の責任」という側面で語られがちであるが、実は、ブランディングの「攻めのツール」としても有効である。ハーバード大学教授の

マイケル・ポーターも、企業が社会に及ぼす悪影響を処理するための「受動的CSR」にとどめず、戦略上の差別化を実現する活動として積極的に活用する「戦略的CSR」の有効性を説いている。

　昨今では、環境対策によって「環境にやさしい企業」という企業ブランドを構築するとともに、差別化可能な戦略的要素を追求する企業が増えている。古くからそうした活動をしてきた例として、1970年代に創設されたザ・ボディショップが挙げられる。同社は、動物実験に反対し、天然原料を使った化粧品・トイレタリー製品を製造販売するイギリス企業であるが、自然派化粧品として競争の激しい業界での差別化に成功している。冒頭のリコーのケースも長期的にCSRを活用したブランディングに取り組んだ好例と言えるだろう。

　ほかにも、戦略的CSRブランディングが実行されている事例として、以下のような活動が挙げられる。

トヨタ自動車：ハイブリッドカー「プリウス」の開発・販売による有害汚染物質の排出削減
TOTO：ユニバーサルデザイン、環境配慮型商品（水使用量を大幅に削減した水洗トイレ）の開発
日清食品：インスタント麺「カップヌードル」のリフィル販売による容器に関する資源削減
ボルヴィック：水販売1リットルに対しアフリカで10リットルの水をつくるキャンペーンでの貧困層支援

　意識の高い消費者はこうした企業姿勢を判断して購入する製品を選ぶ時代になりつつあることから、CSRは企業戦略上、その重要性をさらに増していくと思われる。そして、コーポレート・ブランディングの観点においても、CSRはブランド構築に欠かせない重要な要素となっていくであろう。

10 マーケティング・リサーチ

POINT

マーケティング・リサーチは、戦略策定時から施策の実施後に至る側面においてさまざまな目的で実施される。マーケティング・リサーチは、消費者ニーズを探り新たな機会を見つける目的で行う「探索型リサーチ」と、マーケティング上の仮説や実施結果を検証する目的で行う「検証型リサーチ」に大別される。目的を明確に意識し、予算、実施規模、スピードなどを考慮しながら、適切なリサーチ手法を選択・活用することが大切である。

CASE

飲料メーカーのサントリーは1981年に「サントリーウーロン茶」を発売以来、清涼飲料分野で缶コーヒー「BOSS」(1992年)、炭酸飲料「C.C.レモン」(1994年)、果汁飲料「なっちゃん」(1998年)、機能性飲料「DAKARA」(2000年)などのヒット製品を次々と生み出してきた。

だが、そんなサントリーも、健康志向を背景に成長してきた緑茶飲料カテゴリーでは苦戦を強いられていた。2000年に「しみじみ緑茶」、2002年に「緑水」、2003年に「和茶」を発売したが、いずれも定番商品の地位を獲得できずに消えていった。

そんな中、2004年に新たに投入した緑茶飲料「伊右衛門」は、発売後すぐに出荷が追いつかなくなるほどの大ヒット商品となった。京都の老舗茶舗の福寿園と提携して、創業者の福井伊右衛門からとったネーミングと竹をイメージしたパッケージを用いるなど、「伝統」と「和」を前面に打ち出したコンセプトが消費者の心をとらえたのだ。

＊＊＊＊＊

そのコンセプトづくりのヒントになったのが、インターネットでの定性調査である。消費者のお茶に対する意識を探るために、次のような質問を投げかけた。
「急須で入れたお茶を、人、もの、動物にたとえると何ですか」
「お茶を飲んだことがない外国人に急須で入れたお茶を勧めるとき、どのように紹介し

ますか」
「1年間のお茶禁止法が国会で可決されました。あなたは国民の代表として、お茶を飲み続けるためにどのように反論しますか」
「自分が日本人だなあと、しみじみ感じる瞬間はどんなときですか」

　通常、こうした記入式の質問は「はい」「いいえ」で答えられる質問に比べて手間がかかるので、回答率が悪くなりがちだ。しかし、回答者の中には、強いこだわりを持っていて、思っていることを丁寧に書いてくれる人もいる。それは消費者の本音を読み取ることができる貴重な情報源となる。

　この調査でも、「お茶が生活の一部」「お茶は日本の豊かな自然のおいしさを、五感を駆使して味わう飲み物」「お茶を飲めなくなるのは、日本人が日本人でなくなること」といったコメントが書かれ、緑茶への強いこだわりが感じ取れた。それが「急須で入れる本格的な緑茶」というコンセプトへとつながり、独自の非加熱無菌充填技術を用いて本格的な味わいの製品が生まれたのである。

　伝統を前面に出した製品イメージを採用したのも、開発当初に行った日記調査の結果が反映されている。50人に実施したこの日記調査では、毎日、口にした飲み物について、時間帯、飲料状況、飲んだ理由、飲んだときの気持ちなどを詳しく記入してもらった。顧客のプロフィール、仕事、価値観、ライフスタイルなども併せて調べた。このようにして「顧客を感じよう」と試みた結果、保守的なものを好むトレンドが浮かび上がったのである。

　テレビCMの制作のときにも、再びインターネット調査が用いられた。お茶を飲んで家でゆっくりとくつろぐというイメージから、「夫婦」というテーマが導き出されていたので、新たに消費者の家庭観を探ることにしたのだ。そこで得た「落ち込んだときに励ましてくれる妻の存在」「言葉に出さなくてもわかりあえる安心感」などのコメントをヒントに、京都のお茶の老舗を創業した伊右衛門に俳優の本木雅弘を、その妻に宮沢りえを起用して、夫婦の情感を伝える一連のCMがつくられた。このCMは好評で売上げ面でも大いに貢献した。

　このように、サントリーの強さの秘密は、多種多様なリサーチを効果的に用いながら、常に変化する顧客の嗜好を継続的に追い続け、製品開発や製品改良に活かしてきたことにある。

　ペットボトルの普及や1人当たりの水分摂取量の増大に伴って、右肩上がりの成長を続けてきた清涼飲料業界だが、そろそろ頭打ちの傾向を見せつつある。その中で、いかに魅力的な製品を出し続けることができるのか。それは顧客のニーズを読み取り、顧客を感じる力にかかっている。

理論

　マーケティング部門は「リサーチを行っている部門」と誤解されるほど、マーケティング活動とリサーチは切っても切れない関係にある。リサーチは、マーケティング戦略の策定、実行、再修正というPDCAサイクルのさまざまな局面で重要な示唆をもたらし、マーケティング戦略の成功確率を高める一助となる。
　ここでは、リサーチの意義、リサーチで用いる情報（データ）、実施する際のプロセス、留意点などについて見ていこう。

1● マーケティング・リサーチの意義

　「顧客」を中心に戦略を組み立てていくマーケティングでは、顧客の反応を探るリサーチの活用が必須となっている。顧客の声に耳を傾けることは、ターゲティング、ポジショニング、製品設計、パッケージ、価格の妥当性、適切なチャネル選択、効果的なコミュニケーション方法など、マーケティング戦略のあらゆるプロセスにおける意思決定に役立つ。
　冒頭で紹介したサントリーも、製品設計やCMなど、マーケティング・ミックスのさまざまな場面でリサーチを有効に用いている。リサーチから得られる客観的な情報を活用したほうが、マーケティング担当者や開発者の勘や経験に頼ったやり方よりも、失敗のリスクの軽減、マーケティング戦略の精度向上につながるからだ。
　リサーチは戦略策定時以外にも、さまざまなタイミングで行われる。施策を講じた後に事後調査を行い、その施策の効果を検証したり、そこから得られた反省点を次の戦略策定に活かしたりすることにより、PDCAのサイクルを効果的に回すことができる。
　マーケティング・リサーチは大きく、「探索型リサーチ」と「検証型リサーチ」の2つに分けられる。現在、消費者のニーズや好みが多様化している一方で、消費者はたくさんのモノに囲まれすぎていて、自分自身でも何が欲しいかわからないという状況にある。そこで、消費者の深層心理に迫りながら、顕在化していないニーズを把握しようというアプローチが増えている。このように新たなマーケティング機会を探り、仮説をつくる目的で行うリサーチを「探索型リサーチ」と呼ぶ。サントリーの事例では、探索型リサーチで「お茶」に関する深層心理を探り、そのうえで具体的な施策に関する仮説を構築している。
　そうやって精緻化された仮説を検証し、問題の原因や解決策を特定するために行うのが「検証型リサーチ」である。仮説を検証してマーケティング施策に活かすだけでなく、

実施した施策の効果を検証するためにリサーチが行われることもある。さらに、定期的に同じテーマ調査を行う「定点観測」を通して、トレンドや反応、ブランド認知などの変化をとらえるといった利用もされている。

以前はリサーチと言えば、大掛かりな定量調査を指すことが多かった。仮説が明白で直ちにリサーチ結果を説得材料として用いたいとき、あるいは性別や年齢、職業など単純な変数でセグメントを切り出せば、おおよそのニーズや嗜好が推測できるときであればよいが、個人のライフスタイルや価値観の把握が重要な場合には、ただ大規模な定量調査を行うだけではうまく対応できない。実際に、万人が支持する平均的な回答しか得られず、平凡なアイデアしか出てこないという指摘もある。したがって、定量調査だけではなく、顧客心理に迫れるような定性調査もうまく併用していくことが望ましい。

2● リサーチで用いる情報

図表10-1はマーケティング戦略の策定や実施において必要な情報をまとめたものだ。こうした情報を得るために、社外のリサーチ専門会社なども活用しながらマーケティング・プロセスのあらゆる側面でいくつものリサーチが実施される。

◉──── データの種類

リサーチで収集する情報（データ）は、さまざまな分け方ができる。ここでは、代表的な2つの分け方を説明する。

❶ 一次データと二次データ

データは大きく「一次データ」と「二次データ」に分けられる。前者は特定の目的のために収集するデータで、後者は他の目的のためにすでに収集されているデータだ。

二次データはさらに、外部機関が作成したデータ（外部データ）と、社内で他の目的で集められたデータ（内部データ）に分けることができる。外部データとして、政府系機関、業界団体、調査会社、業界紙や雑誌などが公開している統計データや刊行物、データベースなどが利用可能だ。内部データとしては、販売データや損益情報、顧客情報などが挙げられる。営業担当者やコールセンターなどに寄せられる苦情や意見も重要な情報であり、新製品のアイデアや製品改良のヒントになることがある。

一次データは、利用目的に応じて必要なデータが入手できるが、ゼロから集めなくてはならないため、収集や処理に多くの時間と費用がかかる。それに比べ、二次データはすでにあるデータなので、比較的容易に手に入る。利用可能なデータソースを把握して

おけば、効率よく調査が進められる。特に最近はインターネットで簡便かつ安価に情報が収集できるので、入手できる二次データはなるべくうまく活用したほうがよい。

ただし、二次データはもともと違う目的で作成されたものなので、自分が欲しい情報と完全には一致しないことも多い。したがって、二次データを利用するときには、調査方法、正確性、鮮度、信頼性などによく注意する必要がある。

❷ 定量データと定性データ

定量データは、販売データなど、数値で表せるデータを言う。「男性／女性」「はい／いいえ」などのように、数値に置き換えられる（例：男性を「0」、女性を「1」で表す）ものも、定量データに含まれる。

図表10-1 マーケティング戦略の策定に必要な情報

マーケティング・プロセス	必要な情報
市場機会の発見	消費者ニーズや不満、価値観、ライフスタイル、購買動機、購買・使用実態、顧客満足度、継続購買意向 企業イメージ、ブランド 市場規模・成長性、市場シェア、競合企業・製品
セグメンテーション ターゲティング	セグメントの特性、ユーザー・プロフィール
ポジショニング	企業イメージ、自社製品・競合製品のポジション
製品戦略	製品コンセプト、製品機能（仕様）、デザイン、品質、パフォーマンス、ネーミング、パッケージに関する評価
価格戦略	価格の妥当性、許容水準、競合の価格
流通戦略	商圏、立地条件、売り場の状況 チャネルのニーズやフィードバック
コミュニケーション戦略	広告コンセプト、メッセージに対する好感度、市場浸透度 広告・キャンペーンの効果

参考図書：上田拓治『マーケティングリサーチの論理と技法』日本評論社　2004年

これに対して、文章や画像、音声などで表される、数値化できない情報が定性データである。直接インタビューをしたり、投影法など被験者の深層心理に迫る手法を用いたりすることで、定量データでは得られない貴重な情報が入手できることもある。最近は、文書を解析するテキスト・マイニングなどのツールの発達で定性データが分析しやすくなり、定量データと組み合わせて総合的に結果を解釈することも可能になっている。

3 ● リサーチのプロセス

次に具体的なリサーチの手順を見ていこう。ここではリサーチのプロセスを、❶リサーチ目的の設定、❷（検証型の場合）仮説の設定、❸リサーチの設計と実施、❹データ分析と仮説検証、という4つに分けて、説明していくことにする。

❶ リサーチ目的の設定

リサーチの第1ステップは、「誰が、どのような目的で、いつまでに、どのような情報を求めているか」を明確にすることだ。リサーチそのものは目的ではなく手段である。つまり、目的を明確に定義しなければ、リサーチの設計もままならず、有意義なアウトプットを出しようもない。しかし現実には、目的が曖昧なまま行われるリサーチが多い。

例えば、市場調査会社が「20代前半の女性の結婚観を調べてほしい」という依頼を受けたとする。しかし、「結婚観」とは具体的には何を指すのか、そしてリサーチによって何を明らかにしたいのかがわからなくては、調査に着手することはできない。ウエディングドレス市場を把握したいのか、結婚式で提供するサービスの質を高めたいのかなど、クライアントが求める内容によって、集めるべき情報や質問設計は大きく変わってくるからだ。仮に「10年後のウエディングドレス市場を推定する」ことが目的であれば、「何歳で結婚したいか」「結婚式でウエディングドレスを着たいと思うか」などの質問を用意することになる。

❷ 仮説の設定

検証型リサーチを実施するときには、まず「検証すべき仮説」を設定しなくてはならない。リサーチの有効性は、仮説の巧拙によって大きく左右されると言っても過言ではない。

「求めるものがわからないからリサーチを行う」と考えがちだが、必要な情報を効率よく集めるためには、ある程度当たりをつける必要がある。観察されるさまざまな事象を組み合わせて最終結論を導くやり方では、ノイズ（不要な情報）が多くなり、誤った結

図表10-2 仮説なきリサーチの弊害

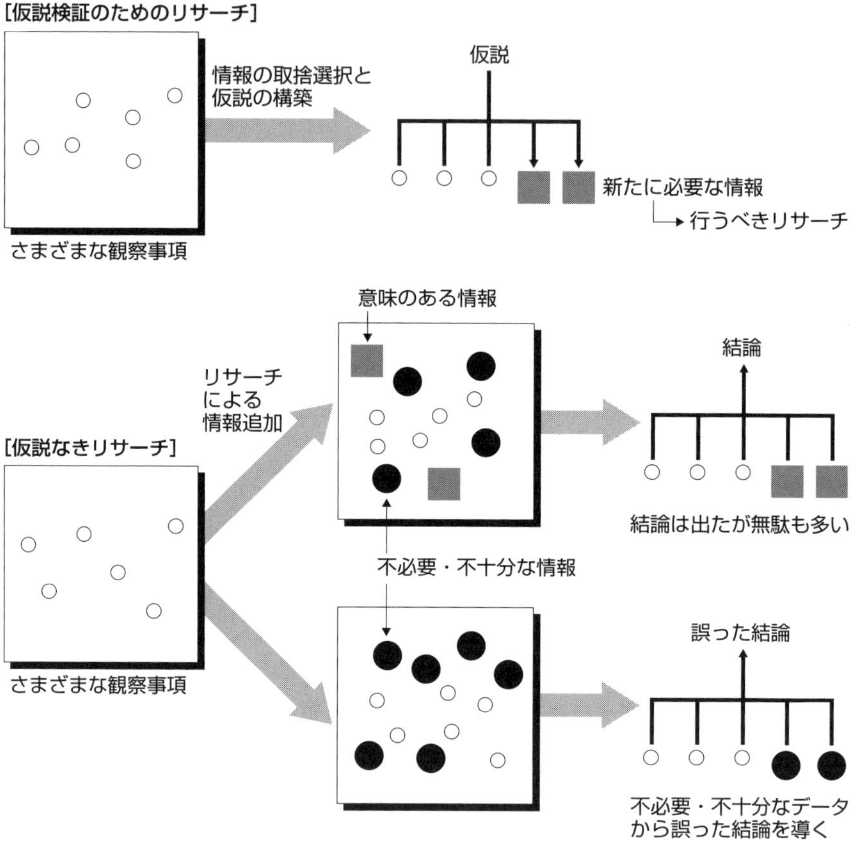

[仮説検証のためのリサーチ]

さまざまな観察事項 → 情報の取捨選択と仮説の構築 → 仮説 → 新たに必要な情報 → 行うべきリサーチ

[仮説なきリサーチ]

さまざまな観察事項 → リサーチによる情報追加 → 意味のある情報／不必要・不十分な情報 → 結論（結論は出たが無駄も多い）／誤った結論（不必要・不十分なデータから誤った結論を導く）

論を導くおそれがある（**図表10-2**参照）。探索型リサーチにおいても、ある段階からは何らかの仮説を立てて、目的意識を持って関連するデータを集めたほうがよい。

　例えば、ある外資系フランチャイザーが日本へ進出するにあたって、どのような立地に出店すれば最も効率よく集客できるかを知りたがっているとしよう。その際、「都市部では、駅からの距離が集客力と最も相関性が高いだろう」という仮説を立てれば、類似業態の同規模店舗について、駅からの距離と集客力についての調査や分析を進めることができる。

　とはいえ、問題点が漠然としていたり、情報が不足していて、適切な仮説が立てられないことも往々にしてある。そのような場合は、二次データを使った文献調査、関係者

や専門家へのインタビューなどを通して、まず課題に対する理解を深め、それをもとに初期仮説を立てるとよいだろう。そして、さらに必要な調査と、その優先順位を見極める。次に、想定しているターゲット層への定性調査（グループインタビュー〈フォーカスグループインタビューとも言う〉など）を行い、その仮説をより深く精査するのだ。このときも、少数のユーザーにじっくりと話を聞いてアイデアを固め、次いでそのアイデアがより多くの人に支持されるかどうかを確認するというステップを踏むとよい。このようなやり方は回り道をしているように感じられるかもしれないが、十分な調査をしないで施策を打って失敗してしまうことを考えれば、はるかに効率がよいと言えるだろう。

❸ リサーチの設計と実施

　仮説を立てた後に行うのは、リサーチの具体的内容の決定である。検証的リサーチであれ探索的リサーチであれ、考えなくてはならない基本的な事柄は同じである。つまり、どのようなデータが必要かを明らかにしたうえで、誰に（サンプルの設定）、何を聞けばよいか（質問の設計）、どのような方法を用いるか（リサーチ手法の選択）を決めていく。これらの要素は相互に関係しているので、整合性に注意して設計していく必要がある。

　どのようにデータ分析を行い、どのようなアウトプット・イメージを持つのかもあらかじめ考えておいたほうがよい。この部分が曖昧なままリサーチを設計すると、後でいくら精緻な分析をしても、ピントの外れた結果しか得られない。リサーチの全プロセスの中で設計部分の検討には最も時間をかける必要がある。

　リサーチの具体的な設計や実施、データ分析などの実務は、調査会社や広告代理店などの外部機関に委託することも可能だが、何もかも任せきりにするのではなく、以下に示すリサーチ設計のポイントを押さえて、そのリサーチが適切かどうか判断できるようにしておきたい。

● サンプルの設定

　リサーチでは通常、一部の人々（サンプル、標本）に対する調査をもとに、その人が所属する集団全体の傾向を明らかにするという手法が用いられる。対象となるサンプルを取り出すことをサンプリング（標本抽出）と言う。サンプリングはリサーチの精度を決めるうえで非常に重要である。したがって、まず対象者の条件を明確にし、必要なサンプル数を決め、抽出方法を考えていく。

　対象者に的確にアプローチするためには、対象者の条件をできるだけ具体的に定義しなくてはならない。サイコグラフィック的（心理的）要素を条件に入れる場合は、対象者像を明確にするために、特定のライフスタイルや価値観を象徴する有名人をロールモ

デルとして、その人の好みや生活様式などを参考にしながら細かなプロフィールを定義することもある。ただし、「首都圏在住の20〜30代の一人暮らしの女性で、過去1年以内にマンションを購入した人」というように、対象者の条件を細かく設定していけばいくほど、サンプルの確保が難しくなる。また、要求する条件を満たすサンプルを実際に集められるかどうかは、調査会社選びのポイントの1つにもなる。

次に重要なのが、適切なサンプル数を明らかにすることだ。特に定量調査の場合、サンプル数が少なすぎると統計解析を行う意味がなくなってしまう。統計的にどの程度のサンプル数が必要かを割り出す計算式があるので、そうした数値を参考にしながら、リサーチ規模を決めていく（細かな計算式については、本シリーズの『MBA 定量分析と意思決定』や統計関係の専門書などをご参照いただきたい）。

リサーチの品質（正確さ）とコスト（金銭的・時間的）は、トレードオフ（一方の条件を満たすためには、もう一方の条件を犠牲にしなくてはならない）の関係にあることに注意しなくてはならない。通常、サンプル数を増やせばより正確性が高まるが、その分、コストが増加してしまう。

どのようにサンプルを集めるかによって、対象としたい集団とは異質の集団を相手にしてしまう危険がある。例えば、高齢者のサンプルを集めたい場合、インターネット調査で必要数のサンプルを集めたとしても、インターネットを使いこなす高齢者は限られているので、対象としたい集団を代表するサンプルとは言えない可能性が高い。また、統計的にランダムに選ぶのではなく、街頭で対象者を集めるような場合は、無意識のうちに声をかけやすい人、目立つ人、声の大きい人などをサンプルとして選びやすく、そうした人々の回答を過大に評価しかねない。探索型リサーチで用いられるグループインタビューでも、集団の性格やグループダイナミクスが話の内容に大きな影響を与えることがある。

さらに、設計段階では適切なサンプルを選んでいても、実際に回答してくれた人は特定の層に偏っていたということも起こりうる。このように、サンプルの設計や抽出には十分な注意が必要であり、データを読み解くときにはサンプルの特性に留意しなくてはならない。

●**質問の設計**

質問の内容や方法もまた、リサーチの精度に大きな影響を与える。リサーチでは、聞いたこと以上の情報は得られない。その質問をすることで仮説を検証するために必要な情報が本当に入手できるかどうかを、十分に検討しなくてはならない。

調査票（アンケート）を用意する場合、質問形式（回答方法）、質問の量、質問の表現

方法、謝礼の有無などによって、回答者の協力度や回収率が大きく変わってくる。例えば、選択式（例：「以下に挙げたブランドの中で、あなたの好きなのはどれですか」）にするか、自由に回答してもらう記述式（例：「あなたの好きなビールのブランドを挙げてください」）にするか。選択式の場合、回答は1つのみか、複数回答可とするか。対象者の負担と入手したい情報のバランスを考えながら、慎重に設定していく必要がある。

質問の分量にも注意したい。質問が多すぎて答えるのに時間がかかると、対象者は疲れてしまい、回答への集中度にばらつきが生じたり、調査票の回収率が低下したりするからだ。

質問に使うワーディングは、意図が明確に伝わるよう細心の注意を払わなくてはならない。例えば、「なぜ当社の4WD車を買ったのですか」という質問は、「なぜ当社のセダンではなく4WD車を買ったのですか」ともとれるし、「なぜZ社ではなく、当社の4WD車を買ったのですか」ともとれる。こうした曖昧さは間違った解釈や判断を招くおそれがあるので極力排除しなくてはならない。さらに、プライバシーに関わる質問、不快感を与えるような質問がないかどうかにも気をつけたい。

インタビューの場合は、口頭での補足説明や追加の問いかけができるので、調査票を用いるときよりも質問に関する自由度は高まる。しかし、質問すべき内容を整理しておかないと、本当に必要な答えが得られないことに変わりはない。限られた時間内で、どれだけ多くの有用な情報を聞き出せるかは、事前の準備にかかっている。リサーチの実施前に必ずプリテストとして数人に回答してもらい、質問内容をチェックするとよい。作成した当事者では気づかないような質問に関する問題点や、期待するような回答が引き出せないことが判明すれば、事前に修正を加えられる。

また、相手に見せる必要がない場合でも、質問紙を作成しておいたほうがよい。その際には、自分が知りたいことを明確にしたうえで、質問項目を書き出し、論点を整理しておく。また、どのような順番で質問すれば相手が答えやすいか、ということも考えておきたい。一般に、最初は少し大きな話から入って、徐々に細部の話をしてもらうとよいだろう。

● **リサーチ手法の選択**

リサーチ手法の選択も、結果に大きな影響を与える。

一次データの収集方法は、サーベイ法（調査票を用いる）、コミュニケーション法（面接する）、観察法（対象者に直接回答してもらうのではなく、その行動を観察する）に分けることができる。**図表10-3**にさまざまな手法をまとめてみたが、質問の量や長さ、正確さ、サンプルの特徴、時間、費用、調査員の管理などの点でそれぞれ一長一短がある。

例えば訪問面接では、調査員が面接時に柔軟な対応ができるというメリットがあるが、実施地域が限られ、費用も時間もかかる。調査員のトレーニングも必要だ。インターネット調査の場合、場所・時間の制約が少なく、短時間で結果を得ることができる。費用も比較的安く、デジタルデータで入手できるのでその後の処理もしやすいが、本人確認がしにくいなどのデメリットがある。

　したがって、予算、時間（納期）、サンプル規模、調査項目（質問の量と深さ）などを勘案しながら、最も効率のよい方法を選択しなくてはならない。実際のマーケティング活動では、企業イメージやブランド調査のときには留置法、探索型リサーチのときにはグループインタビューやデプスインタビュー、パッケージやデザインの評価には会場テ

図表10-3　さまざまなリサーチ手法とその特徴

	調査方法	予算	期間	特徴
定量調査	訪問面接	高	長	最も広範囲のテーマに対応。多数の調査員を雇って訓練するため、莫大なコストと時間がかかる
	留置調査	高	長	調査員が調査票を届け、後日回収する。一定期間の行動がとれたり、時間がかかる質問に対応可能。パネル調査も含まれる
	郵送留置	中	長	調査票の配布や回収を郵送で行う
	ホームユーステスト	高	長	実際の使用現場で使用してもらう。第一印象だけでなく、日々の使い勝手など定期的な評価が把握できる
	CLT（セントラルロケーションテスト）	中	短	通りすがりの人をつかまえて商品を使用してもらったりビデオを見せて意見を聞く。製品や広告の実物、あるいはそれに近いものに対する評価を得られる
	郵送調査	安	長	在宅率の低い、地域が分散している人に調査可能。回収率は一般的に低い
	電話調査	中	短	速報性がある。オペレーターコストがかかる
	インターネット調査	安	短	安価で手軽だが、サンプルにネット利用者の偏りがある
定性調査	キーマンインタビュー			業界の経験豊富な人、影響力がある人に聞く。業界全体の動向予測に使う
	デプスインタビュー			個人の深層心理や価値観にまで及ぶ分析が可能。顧客ニーズの仮説の構築に使う
	ペアインタビュー			意思決定がペアで行われる商品（結婚式場、住宅など）のニーズ調査に使う
	グループインタビュー			5～10人程度のユーザーに2時間程度、特定テーマについて話し合ってもらい、潜在意識などを発見する
	行動観察調査			カメラなどを使って対象者の普段の行動を観察し、言葉に表れない行動パターンを発見する

出所：石井栄造『図解で分かる　マーケティングリサーチ』日本能率協会マネジメントセンター　2001年をもとに加筆修正

ストというように、目的に応じて複数の手法を駆使することになる。
　グループインタビューや個人の深層心理に迫る場合、インタビュアーの場の雰囲気のつくり方、質問のスキルといった属人的スキルが特に重要であり、リサーチの結果を大きく左右する。優秀なインタビュアーを擁しているかどうかは、リサーチ業者選定の重要なポイントである。

❹ データ分析と仮説検証
　データの分析と解釈では、適切な分析手法を用い、収集したデータを多面的に見渡すことが大切だ。単純集計だけでなく、クロス集計（属性やカテゴリーごとに回答結果を集計）やグラフを作成してみると、データの解釈がしやすくなる。なお、定量調査では1つの変数を単独で分析するよりも、統計手法を用いて複数の変数の相関関係や因果関係を明らかにすることで、仮説の検証を行うことも多い。マーケティングでよく用いられる統計分析の手法は、**図表10-4**のとおりである（分析方法の詳細については統計やリサ

図表10-4　よく用いられる分析手法

相関分析	変数間の相関関係を調べる手法。例えば、気温変化とビールの売上高には関係があるかどうかなどを調べるときに用いる
因子分析	相関関係の強い変数の集合をつくり、それぞれに共通する特性を探る手法。セグメンテーションやポジショニングなどの際に用いる
クラスター分析	異なる性質のものが混ざり合っている変数の中から、類似性の高いものを集めてグループをつくり、分類する手法
コレスポンデンス分析	複数の変数間の類似度や関係の深さを調べるための手法で、結果を散布図の形で表す。主にポジショニング・マップの作成などに用いる
コンジョイント分析	いくつかの製品属性を組み合わせた代替案を提示し、回答者にランク付けしてもらい、その選好を分析する手法。製品の価格や色、デザイン、品質などの属性が、それぞれどのくらい選好に影響を与えているかを調べるときなどに用いる
（重）回帰分析	複数の変数間の関係をX次方程式に表し、結果となる変数（従属変数）に要因となる変数（説明変数）の影響がどれくらいあるのかを分析する手法。例えば、価格、広告費、営業担当者数（説明変数）から、売上数量（従属変数）の変化を評価・予測するときなどに用いる

ーチの専門書を参照いただきたい)。

　分析結果を検討するときには、評価基準を明確にしておく。例えば、顧客満足度調査において5点満点で「3」という評価だった場合、高いとみるべきか、低いとみるべきか。どのような結果なら、よしとするのか。基準を決めておかないと、結果を正しく評価することはできない。1回では評価できないときは、定点観測などを行い、傾向値を見ながら判断することも多い。

　先述したとおり、リサーチの実務については調査会社や広告代理店などに委託することが可能であり、担当者は自ら複雑な統計処理をしなくてもよい。しかし、提示されたデータや結果を正しく読み取り、解釈するためには、リサーチの設計や統計に関する知識がある程度必要になる。調査会社を選ぶ際、納期や価格だけでなく、統計的な知識や正確性といった質的な部分も検討する必要があるので、そのための判断力をつけておいたほうがよい。

　分析結果が出てきた時点でリサーチは終わり、というわけではない。マーケティング担当者の手腕が最も問われるのは、そこから次の打ち手につながる解釈や提言を導き出せるかどうかである。分析結果から何が言えるのか、今後のマーケティングの施策にどう活用できるかを考えなくてはならない。

リサーチの信頼性

　定量リサーチの結果には、ある程度のエラーは必ず含まれる。エラーには、調査対象に起因するもの(不適切なサンプリング、回答者の虚偽)、回収率・無回答に起因するもの(無記入の部分が多い)、調査員など人的要因に起因するもの(対象者に不適切な対応をする。回答を聞き間違える)、質問票や回答形式に起因するもの(質問文が不適切である、答えられない)などがある。これらはリサーチの設計をしっかり行うことである程度は回避できるが、回避が難しいものもある。例えば、サンプリングを行うときは、必ず統計学的な不確実性が伴うものだ。

　サンプリングによって生じる誤差(標本誤差)は、以下の式で計算できる。

$\varepsilon = 1.96(\sqrt{\rho(1-\rho)/n}\ )$
ε:限界誤差、ρ:母集団比率、n:標本サイズ、信頼係数=95%

　仮に誤差(ε)が3%であれば、誤差範囲は上下3%ということになる。つまり、回答結果が50%である場合、50±3%(47%～53%)の間に真の値があることを意味する。

● リサーチ結果の報告

リサーチ結果は通常、報告書やプレゼンテーションを通じて意思決定者や関係者に伝達する。

報告書を作成したり、プレゼンテーションの内容を決めるときには、誰に何を伝えるべきかを明確に意識したほうがよい。1つのリサーチ結果であっても、対象者によって知りたい情報が違う場合があるので、それぞれに合った内容を抽出して報告する必要がある。

また、グラフや表などのビジュアル表現を効果的に使いながら事実を提示するのもよいが、それだけにとどまらず、今後の意思決定にどう役立てられるかという提言まで盛り込むようにしたい。さらに、「リサーチの限界」も明らかにしておくと、意思決定者はそれを加味しながら判断を下すことができるほか、うまくいかなかった場合の原因解明にも役立つ。

4● リサーチにおける注意点

リサーチにおいて最も重要なのは、目的を見失わないということに尽きる。実施目的を明確にしておかないと、リサーチそのものが目的化しかねない。単にデータ収集や分析を行い、グラフを作成するだけで満足してしまう「リサーチのためのリサーチ」になってしまう。さまざまな質問をして集計はしたものの、たいしたメッセージが引き出せずに終わってしまう例が多いのは、目的や仮説が曖昧なままリサーチを行うからである。時間、資金、人手の浪費にならないよう、マーケティング・リサーチとはあくまでもマーケティング戦略の意思決定に役立つ情報を得るために行うものであることを忘れてはならない。

もちろん目的や仮説が明確であれば、必ずうまく情報が引き出せるとは限らない。リサーチの細かな設計部分に問題があるときなどがそうだ。特に結果を大きく左右するのが、質問の設計である。仮説を意識して直接的な問いかけをすると、白黒の結果は出ても、仮説の修正や発展に関するヒントが得られない。確認したい事柄の対極にあるような別パターンも同時に提示するなど、質問に幅を持たせる工夫をすることで、得られる情報量は格段に多くなり、リサーチの効率性が向上する。最終的な目的だけでなく、仮説が検証された後のアクションも念頭に置きながら、リサーチの設計を考えるとよい。

リサーチの現場では、「リサーチを信じるな」という逆説的な表現もよく耳にする。リサーチ結果に過度な期待を持ったり、あまりにも表面どおりに受け止めたりすると、

判断を誤ってしまうことがあるからだ。リサーチは恣意的に行うことが可能だ。自説を裏づけるような結果を導く質問を用意すれば、ある程度思いどおりの結論を得ることができる。事実、意思決定に役立てることよりも、企画を通す目的でリサーチ結果が添付されることも多い。リサーチさえ行えば万事うまくいくと決めつけるのではなく、手間やコストをかけてリサーチを行う意味を認識しながら、適切な利用を心がけなくてはならない。

● ─── **コミュニケーション・ツールとしてのリサーチ**

　リサーチには、社内外とのコミュニケーション・ツールという側面もある。

　例えば、上司や社内関係者にマーケティング施策の提案をするときに、リサーチ結果を提示して「○％の顧客がこのような不満を持っているので、その解消のための施策を行う必要がある」と述べることで、根拠の説明が容易になったり、説得力が増したりする。グラフやチャートなどを効果的に用いれば、相手の理解を促しやすい。実際に、企画書を出すときには、リサーチ結果を添付することを義務づけている企業も多い。

　法人向けビジネスでは、リサーチが顧客とのコミュニケーションの機会になることもある。例えば、営業担当者がリサーチへの協力依頼やアンケート回収のために訪問することは、顧客との接触機会となる。また、顧客に調査に協力してもらうことで、自社製品やその製品カテゴリーに対する注意を喚起したり、何らかの感情を持ってもらうきっかけにもなりうる。

　だが同時に、それまではあまり意識していなかった不満を顧客に改めて認識させてしまう危険もある。しかし「触らぬ神にたたり無し」という安易な考え方よりは、クレームに至らないまでも満足していなかった状況を把握して何らかの手を打とうという考え方をしたほうが良い結果をもたらす。とはいえ、すでに把握していた顧客の不満を、客観データとして提示するためのリサーチを行うことで、顧客に再認識させてしまったという失敗例もあるので慎重を期すことも大切だ。コミュニケーションにおける役割や波及効果はリサーチの主目的ではないかもしれないが、そうした側面も踏まえながら有効に活用していくとよいだろう。

11 競争戦略

POINT

マーケティング戦略を策定するときには、競争関係に考慮しなくてはならない。自社がとりうる戦略は、市場内の地位の影響を受ける。特に後続企業の場合は、リーダーに勝負を挑むのか、あるいは刺激しないようにするのかなど、自社の方針や置かれている状況・立場によって戦い方を変える必要がある。自社と競合他社の地位を把握し、それぞれの立場における戦略の定石を踏まえたうえで、独自の戦略を策定する必要がある。

CASE

ペット関連製品メーカーのユニ・チャーム ペットケアは、オムツやサニタリー用品のメーカー、ユニ・チャームの子会社である。1986年にユニ・チャームの新規事業部門としてスタートした同社は、2004年10月にペット関連製品業界では初めて東証2部に上場を果たした。

ペット関連製品は大きく、ドッグフード、キャットフード、ペットトイレタリーのカテゴリーに分けられる。ユニ・チャーム ペットケアは、ドッグフードやキャットフードではマース ジャパンの後塵を拝しているが、ペットトイレタリーでは圧倒的シェアを誇り、カテゴリーリーダーとなっている。また、業界全体を見ると、リーダー企業はペットフードに強いマース ジャパンであり、年商447億円（2009年3月期）のユニ・チャーム ペットケアは2位につけている。

＊＊＊＊＊

ユニ・チャーム ペットケアの当面の目標は、マース ジャパンに追いつき追い越すことだが、総花的に後追いをすることで売上げの拡大を図ろうとは考えていない。同社の方針は「特定のニッチ領域でシェア・ナンバーワンの製品をたくさん生み出す。そのトータルとして業界首位の売上げを目指す」というものだ。

これは、親会社のユニ・チャームが生理用品や使い捨てオムツというニッチ分野に経営資源を集中的に投入することで、花王やP&Gという生活用品大手に対抗してきたや

り方を踏襲している。

　ユニ・チャーム ペットケアは、医療の進展によるペットの長寿化や、都市部の飼い主を意識し、「高齢」「肥満」「室内飼育」といったキーワードを軸とした製品開発を推進してきた。例えばドッグフードでは、小型犬・高齢犬向けや、肥満防止用の品揃えを充実させてきた。高齢犬向け製品では、例えば「愛犬元気 10歳からの中・大型犬用」を市場導入した。「愛犬元気 ベストバランス ミニチュア・ダックスフンド用7歳以上用」といったニッチ分野の開拓も進めている。

　キャットフードでは、「猫元気 毛玉ケア」をはじめとして毛玉嘔吐防止用、肥満防止用、シニア猫向けの品揃えを充実させている。グルメ志向の製品がひしめく中でユニ・チャーム ペットケアは、このように違った切り口の製品展開をしているが、競合の追随もあり、競争は熾烈である。

　ペットトイレタリーは、ユニ・チャームの持つ吸水体技術の活用を意識した領域で、都市部における室内飼育（特に猫）を想定した新製品の開発を進めてきた。その結果生まれたのが、専用の容器、砂、シートを組み合わせた新しいトイレシステム「1週間消臭・抗菌デオトイレ」シリーズである。これは、容器と砂は別々のメーカーが手がけるという従来の常識を覆し、「猫の糞尿臭解消」という飼い主のニーズに対してトータルでソリューションを提供しようというものである。

　こうしたユニークな取り組みを続けているユニ・チャーム ペットケアを、業界トップのマース ジャパンは傍観しているわけではない。同社が展開するドッグフードの「ペディグリー」や「シーザー」シリーズ、キャットフードの「カルカン」シリーズなどの有力ブランドを巨額の広告投資と対小売店営業によって強化するとともに、競合が切り開いたカテゴリーに自社の有力ブランドをぶつけ、シェア確保を図っている。さらに、新しいサブ・カテゴリーの開拓にも取り組んでいる。例えば、ドッグフード分野では、高齢犬向けにおいしくて栄養をバランスよく提供するウェットフード「ペディグリー チャム 11歳からの愛犬用」を販売している。

　キャットフードで高いシェアを誇るネスレ ピュリナ ペットケアも、主力製品「フリスキー」「モンプチ」の品揃えを拡充させ、「便の臭いの軽減」「毛玉の排出」「肥満防止」などの機能を打ち出している。

　このように、新カテゴリーを模索しているのはユニ・チャーム ペットケアだけではなく、競合も同様である。そして、新しいサブ・カテゴリーが生まれると、あっというまに複数の製品がひしめき合う。こうした市場において、ユニ・チャーム ペットケアは、業界初の株式公開による資金調達を活かして「ナンバーワン・ニッチの集合体として業界ナンバーワン」になれるのだろうか。今後の動きが注目される。

理論

　マーケティングは顧客中心に考える必要があるが、市場のみに着目していればよいわけではない。市場には競合が存在しており、競合の動向や市場における地位によって、自社のマーケティング戦略は制約を受けるからである。
　本章では市場シェアが地位を端的に表すという前提で議論を進めることとし、リーダーおよび後続企業の定石となる競争戦略を整理する。

1 ● リーダーの戦略

　リーダーとは、市場において最も大きなシェアを持つ企業を指す。自動車業界のトヨタ自動車、フィルム業界の富士フイルム、広告業界の電通などが典型例である。業界によっては、数社の企業群が数パーセントの差でシェア・ナンバーワンを争い、「リーダー企業群」を形成している場合もある。都市銀行や総合商社、家電業界などがこれに相当する。ここでは、主に前者を典型的なリーダー企業とし、議論を進めることとする。

◉ ── リーダー企業のメリット

　シェア・ナンバーワンのリーダー企業は通常、最も強力な流通チャネルを持ち、製品・製造プロセス開発の先頭に立っている。リーダーになることのメリットとしては、以下が挙げられる。

- 高い市場シェアが獲得できれば、その分規模の経済や経験効果が働いて収益性が向上する。これは特に、製造コストが絶対的な競争優位の源泉となる自動車などの業界において重要である。
- 顧客は、1事業分野（カテゴリー）で1企業（あるいはブランド）しか認識しない場合が多く、「業界＝リーダー企業」のイメージを持ちやすい。特に、小売店などで棚スペースが限られているときは、トップ・ブランドのみが置かれることが多くなる。その結果、トップ・ブランドは顧客の目に触れる機会が増え、ますますそのカテゴリーにおけるイメージが強化される。例えば、ドッグフードではマース ジャパンが、キャットフードではネスレ ピュリナ ペットケアがそうした状態にある。
- リーダー企業であれば、関連製品を扱う業者あるいは流通チャネルの側から声をかけてくる。その結果、強大なコネクションが形成され、ますますその地位が固まっていく。例えば、初期にナンバーワンの地位を築いたマイクロソフトのMS-DOS（パソコンのOS）の場合、その上で動くソフトやそれを標準装備したパソコンが多

数作られ、同社の地位はさらに強大になっていった。同様に、デファクト・スタンダード（事実上の業界標準）となることで強力な地位を築いた例として、半導体メーカーのインテルのマイクロプロセッサなどがある。

●──── リーダー企業のマーケティング目標と戦略

リーダー企業は当然のことながら、ナンバーワンの地位を維持することを目的としたマーケティング戦略を策定する。そのために、市場規模の拡大、あるいはシェアの拡大を目指す（**図表11-1**参照）。

❶ 市場規模の拡大

仮にシェアを維持できるものとすれば、市場規模そのものの拡大によって最も恩恵を受けるのはリーダー企業である。売上げの増加額が最大であり、かつ規模の経済や経験効果により増加分に対する利益率が最も高いと考えられるからである。市場規模を拡大するために、リーダー企業は率先して、新規ユーザーを開拓したり（ベビーローションを成人女性に売り込むなど）、新しい用途やアプリケーションを開発したり（顔だけでなく全身用のスキンケア用品を売り出すなど）、使用頻度や使用量を増やす（朝晩だけでなく昼食後の歯磨きを奨励するなど）ことに注力しなくてはならない。

またリーダー企業は、自社のことのみならず、業界全体の売上げアップ、「業界秩序の維持」の先頭にも立たなくてはならない。リーダー企業は通常、業界全体の規模縮小を招くような低価格設定は行わない。価格競争が激化すれば消耗戦が繰り広げられ、どの企業も一様に収益性の低下を招くおそれがあり、そうなればシェアの大きい企業ほど

図表11-1　リーダーの目指す方向性

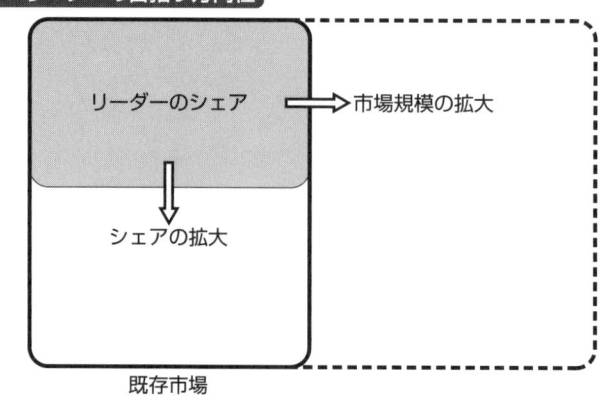

既存市場の中にリーダーのシェアがあり、市場規模の拡大とシェアの拡大の2方向への展開を示す図。

受けるダメージが大きくなる。逆に、業界秩序が維持されれば、リーダー企業は安定的な利益を得ることができる。

❷ シェア拡大

近年、やみくもなシェア競争に対する批判が高まっているが、ある市場を選択してそこで戦うことを決めたなら、シェア拡大は重要課題となる（もちろん、あまりに大きすぎるシェアは、独占禁止法や外圧の対象となるおそれがあり、必ずしも望ましいとは言えない）。

シェア拡大の主な手法としては、顧客のさまざまなニーズに応えられるように品種や価格帯を広げるというフルライン戦略がある。これは、リーダー企業に特有の資金力、技術力、既存の顧客基盤を最大限に活用するものである。また、早期にフルライン戦略をとることは、参入障壁（後述）を高めることにもつながる。安価な小型車から高級車まで豊富なラインナップを揃えるトヨタ自動車は、フルライン戦略を実施している典型例である。

❸ シェア維持

トップを行く企業は、その地位を明け渡すわけにはいかない。総力を挙げて後続企業を押さえ込む必要がある。

そのための第1の戦略は、参入障壁を高め、競合他社が攻め込みにくくすることだ。具体的には、以下のような手法がある。

- 特許を取得する、あるいは有力なライセンス提供者を確保する。
- 自社製品ラインの隙間を埋める。
- 独占契約を結んだり、サポートを手厚くすることで、販売チャネルを確保する。
- 広告費や販売促進費に投資し、ブランド力を高める。
- ヘビーユーザーに対する特典を設けるなどして、良質なユーザーを囲い込む。
- （1業種・1広告代理店の社内ルールがある場合などには）有力な広告代理店を確保する。

規模の経済、経験効果、および範囲の経済による低価格戦略で、市場で圧倒的なシェアを確保することが最大の参入障壁になることは言うまでもない。

第2の戦略は、報復の脅威を高めることである。例えば、設備拡張計画を発表して「その分野には本気で取り組んでいるので、攻めてきたら報復する」という意思表示をしたり、他社の得意分野に攻め込む素振りを見せたりすることで、自社の得意分野に攻め込もうとする競合企業を牽制する。

第3の戦略としては「攻撃は最大の防御なり」を実践し、競合他社の得意分野に攻め

込み、彼らの注意や経営資源をそこに振り向けさせることで、自社の主力製品を守ることである。ただしこの戦略は、自社の企業体力が競合に比べてかなり勝っていなければ難しい。

このようにリーダー企業はその地位を守るために、最強の防衛線を張っておかなくてはならない。それでも思わぬところから強敵が現れる場合がある。その場合にとりうる戦略は2つある。類似の製品を出して「もぐら叩き」に出る方法と、自社のそれまでの強みを活かして得意分野にフォーカスし続ける方法である。

ユニ・チャーム ペットケアに対して、マース ジャパンは前者の戦略をとっている。広告や営業活動によって既存製品を強化しつつ、新しいサブ・カテゴリー製品を投入し、ユニ・チャーム ペットケアの動きを阻止しようとしている。

●───製品・市場の選択

ある市場においてリーダーとなれるかどうかは、市場導入期の戦略に大きく影響される。特に重要なのが、どのような製品や市場を選択するかである。例えば、市場をあまりにも狭く限定してしまうと、すぐにナンバーワンになれるかもしれないが、早期に成長の限界に達し、事業も安定しないだろう。

したがって、より多くの需要を獲得する可能性を残せるようなアプローチをとる必要がある。そのためには、自社の強みや競争優位の源泉を正しく把握しておかなくてはならない。

2● 後続企業の戦略

次に、後続企業の戦略を見ていこう。後続企業（フォロワー）とは、その業界のリーダー企業以外の全企業が該当する（広義の分類）。また、後続企業は個別の特徴により、チャレンジャー、フォロワー、ニッチャーに分類することができる（狭義の分類。**図表11-2**参照）。

そこでまず、「リーダー企業」対「後続企業」という図式で後続企業の戦略を大まかにとらえた後で、チャレンジャー、フォロワー、ニッチャーの個別の戦略について簡単に触れることにしよう。

●───後続企業のマーケティング目標と戦略

追いかける立場の企業としては、リーダーの弱みを見つけ、そこを切り崩すことが戦

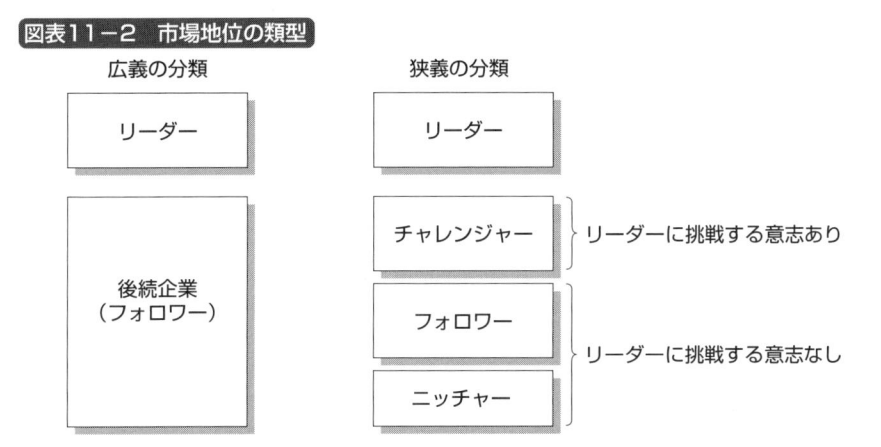

図表11-2 市場地位の類型

広義の分類
- リーダー
- 後続企業（フォロワー）

狭義の分類
- リーダー
- チャレンジャー ｝ リーダーに挑戦する意志あり
- フォロワー
- ニッチャー ｝ リーダーに挑戦する意志なし

略のカギとなる。基本的に、リーダーと同じような戦略で真っ向から対抗するのは得策ではない。同じ土俵で戦っている場合、リーダーが戦略上のミスを犯さないかぎり、リーダーのほうに優位性があるからである。そこで、後続企業は次のような戦略をとることになる。

❶ 低コスト戦略／差別化戦略

リーダーにチャレンジし、打ち勝つには、一時的ではない競争優位を構築する必要がある。基本的には、リーダーよりも低コストで製造できるようにするか、何らかの差別化をするかの2点に絞られる。

一般的には、リーダーが最も低いコストで製造できる場合が多いため、差別化戦略がとられることが多い。だが、リーダー自体が積極的に差別化戦略を追求している場合には、なかなか弱点を見出せないのも事実である。また、差別化しても、リーダーが簡単に模倣できる場合には、後続企業は単に「モルモット」（消費者がその差別化要素を支持するかどうかを試すための実験台）の役割をさせられただけ、ということにもなりかねない。したがって、リーダーの弱みを突いたり、自社の弱みを逆手にとるような差別化の方法を考えていく必要がある。

❷ 集中戦略

経営資源に劣る後続企業が、その持てる経営資源を特定分野（地域、顧客、製品、技術など）に集中させ、その中でナンバーワンになるという手法が集中戦略である。「特定のニッチ領域でシェア・ナンバーワンの製品をたくさん生み出す」というユニ・チャー

ム ペットケアの戦略も、これに該当する。

しかし、優位性を保つには圧倒的な技術力やブランド力を持ち、競合が簡単に模倣できないという状態にする必要がある。例えば、高級車に特化しているBMWは、ブランド力や技術力を背景に集中戦略で成功している。ユニ・チャーム ペットケアの場合も、吸水体技術を活用できるペットトイレタリーでは強いが、そうした強みを持たないペットフード分野ではリーダーの同質化戦略や競合他社の模倣戦略にあっている。

❸ 競争のルールを変える

後続企業がリーダーの立場を根底から覆すための突破口は、競争ルールを変え、そこで優位性を構築することにある。すなわち、リーダーが同等に戦えない、あるいはすぐには真似できないような競争ルールを設定するのである。

これについては、早稲田大学教授の山田英夫が展開する競争理論が役に立つ。山田は、攻撃すべき対象としてリーダー企業の企業資産と市場資産、攻撃の方法として「同質化したくてもできない状況（Can't）」と「同質化できるが、したくない状況（Won't）」を挙げ、その組み合わせにより、**図表11-3**のようなマトリクスで戦略を分類している。これは、リーダーの地位を狙う企業にとって示唆に富むフレームワークである。

●企業資産の負債化戦略

組み替えが難しい企業資産（ヒト、モノ、カネなど）や企業グループが保有する資産（系列店、代理店、営業職員など）が、競争上の価値を持たなくなるような製品やマネジ

図表11-3 リーダーが追随しにくいフォロワーの戦略

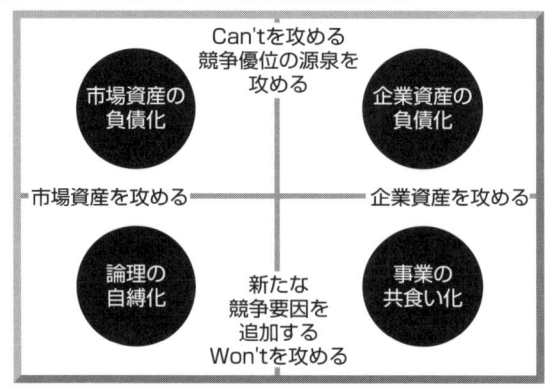

	Can'tを攻める 競争優位の源泉を攻める	
市場資産の負債化		企業資産の負債化
市場資産を攻める		企業資産を攻める
論理の自縛化		事業の共食い化
	新たな競争要因を追加する Won'tを攻める	

出所：山田英夫『逆転の競争戦略』生産性出版　1995年

メント・システムを開発し、リーダー企業を攻撃する戦略。例えば、アメリカのパソコンメーカーのデルは、後発のため販売チャネルを持っていなかったが、インターネットを効果的に活用して販売するというビジネスモデルを築き、ヒューレット・パッカードやIBMなど大手を凌駕することに成功した。

●市場資産の負債化戦略

リーダー企業の製品を購入したユーザー側に蓄積され、組み替えの難しい資産(ソフトウエア、交換部品など)が競争上の価値を持たなくなるような製品を開発して、リーダー企業を攻撃する戦略。例えば通信カラオケの登場は、それまで顧客が持っていたレーザーディスク・プレーヤーやソフトの価値を大きく低減させた。

●論理の自縛化戦略

リーダー企業がユーザーに伝えていたメッセージと矛盾するような製品を出し、安易にそれに追随すると大きなイメージダウンを引き起こすのではないかと、リーダー企業内に不協和を引き起こす戦略。1970年代、アメリカのビック社は低価格の使い捨てライターで市場参入し、高級ライターメーカーの反撃を抑えた。

●事業の共食い化戦略

リーダーが強みとしてきた製品と共食い関係にあるような製品を出すことによって、リーダー企業の内部に「追随すべきか否か」をめぐる不協和を引き起こす戦略。高級品メーカーに対してその少し下のレベルの高級品をぶつける場合などがこれにあたる。

◉――― 後続企業の個別戦略

図表11-2に示したとおり、リーダー以外の企業は、チャレンジャー、フォロワー、ニッチャーに分類することもできる。その定義にはさまざまなものがあるが、ここでは**図表11-4**の定義を用いて、それぞれの企業の戦略を考える。

❶ チャレンジャーの競争戦略

チャレンジャーは通常、リーダーに次ぐシェアを保持しており、かつリーダーに競争を仕掛ける姿勢を持つ企業である。コンビニエンスストア最大手のセブン・イレブンに挑むローソンや、最大の携帯電話加入者数を誇るNTTドコモに対抗して新しいサービスや価格プランを打ち出しているKDDIやソフトバンクモバイルなどが典型例である。

チャレンジャーのシェア拡大の方向性としては、以下の3つがある。

●リーダーとの直接対決

リーダーと同じ土俵で競争を挑む。ただし、前述したとおり、特別なイノベーション

図表11-4　後続企業の市場地位

相対的経営資源		量	
		大	小
質	高	リーダー	ニッチャー
	低	チャレンジャー	フォロワー

量的経営資源：営業担当者の数、投入資金力、生産能力等
質的経営資源：企業・ブランドイメージ、マーケティング力、技術水準、
　　　　　　　トップのリーダーシップなど

出所：嶋口充輝『統合マーケティング』日本経済新聞社　1986年

でもないかぎりリーダーに打ち勝つことは困難であり、結局「返り討ち」に遭うことも多い。

●背面攻撃（競争範囲の拡大）

リーダーが強化していない地域や製品分野に注力し、シェアを奪っていく。例えばコーヒーチェーンのスターバックスは、リーダーのドトールが注力していなかった中価格帯の製品を投入し、新たな市場を開拓した。ただし、容易にリーダーが追随できるようでは、競争範囲を拡大した意味がない。

●後方攻撃

リーダーのシェアを奪うのではなく、自社よりもシェアの小さな企業を攻撃対象とする。市場の成熟期にはこの傾向が強く、結果として業界の上位企業の集中度が高まっていく。

❷ フォロワーの競争戦略

フォロワーの最大の目標は、競合（特にリーダー）の報復を招かないように注意しながら収益性を高める努力をし、なんとかその業界に食らいついていくことである。

例えば、鉄鋼、セメント、砂糖などの成熟業界で製品差別化が困難な状況においては、競争手段は基本的に価格競争しか残されていない。こうした業界では、フォロワーは競争を仕掛けるよりも、業界秩序維持の名の下にリーダー企業に追随した価格や製品仕様などを提供することが多い。

フォロワーは通常、リーダーが本格的に攻めてこない、あまりうまみのない市場セグメントを狙うことが多い。付加価値をあまり必要とせず、価格が安ければいいという層

などである。かつての三洋電機は、成功したフォロワーの典型と言われた。同社の製品はブランド力の弱さから、しばしば店頭で値崩れを起こしていた。同社はそれを承知のうえで徹底的に無駄な機能を省き、かつ生産現場でコストダウンを進めることで利益を確保したのである。

❸ ニッチャーの競争戦略

　ニッチャーとは、集中戦略を展開することで、市場は小さいながらも特定の分野において独自の地位を築き成功している企業である。事業ドメインを絞り込み、その中でリーダーとなっている企業と言い換えることもできよう。ニッチャーとして成功するためには、大手が本気で参入してこないような市場の括りを発見し、限られた経営資源をその一点に注ぎ込み、そこでの専門性や高いブランド力を維持することにより他社の参入を防ぐ必要がある。

　ニッチャーが失敗する例としては、当初の成功に気をよくしてより大きな市場に打って出るケースと、当初はニッチであった市場が市場拡大によりニッチでなくなり、大手の参入を招くケースとがある。前者は自ら招いた失策であるが、後者の場合はたとえ意に沿わなくても、戦略を変更せざるをえなくなる。例えば、家庭用ゲーム業界では、ソニーやマイクロソフトなどの大手が参入してきたことによって、市場を創ってきた任天堂やセガは戦略変更を迫られた。このような場合、拡大した市場の中でさらにニッチを追求するか、まだ市場規模が大きくない周辺分野に移行するケースが多い。この例では、任天堂は携帯型ゲーム機やWiiなどの新製品で活路を見出し、セガは家庭用ゲーム機から撤退してコンテンツやアミューズメント施設などにフォーカスを変えている。

図表11-5　競争戦略の定石

競争地位	市場目標	基本戦略方針	戦略ドメイン	政策定石
リーダー	市場シェア 利潤 名声	全方位化 (オーソドックス)	経営理念 (顧客機能中心)	周辺需要拡大 同質化 非価格対応 最適市場シェア
チャレンジャー	市場シェア	差別化 (非オーソドックス)	顧客機能と独自能力の絞り込み (対リーダー)	上記以外の政策 (リーダーとの差別性)
フォロワー	利潤	模倣化	通俗的理念 (良いものを安く社会に奉仕など)	リーダー、チャレンジャー政策の観察と迅速な模倣
ニッチャー	利潤 名声	集中化	顧客機能、独自能力、対象市場層の絞り込み	特定市場内で、ミニ・リーダー戦略

出所：嶋口充輝、和田充夫、池尾恭一、余田拓郎『ビジネススクール・テキスト　マーケティング戦略』有斐閣　2004年

リーダーと後続企業（フォロワー）における定石と呼ばれる戦略をまとめたものが、**図表11-5**である。創意工夫に満ちた製品を投入しても、たちまち模倣されてしまうことも少なくない。したがって、競争相手の反応も考慮し、次の打ち手まで視野に入れて動くことが大切だ。もちろん、マクドナルドが率先して低価格品を売り始めたように、業界のリーダーが定石を覆すような動きをしてくる例もある。その場合は、経営環境、その企業の狙いや勝算などを理解し、自社の戦略を柔軟に修正していく必要がある。

12. カスタマー・リレーションシップ・マネジメント

POINT

カスタマー・リレーションシップ・マネジメント（CRM）とは、特定の顧客との関係を継続的に築き上げ、その結果として売上げや利益、さらには企業価値を向上させるための経営手法である。顧客生涯価値、顧客の選別などの考え方に基づき、ターゲットごとにメリハリをつけたマーケティング活動を行うことで、顧客の満足度を高め、重要顧客の獲得・維持を図っていく。

CASE

再春館製薬所は、漢方薬や中高年女性向けの基礎化粧品「ドモホルンリンクル」の製造および通信販売を行っている。同社が確立した販売プロセスは次のとおりだ。まずテレビCMなどのマスメディアを使って製品を紹介する。それを見て電話やインターネットで問い合わせてきた新規顧客に「無料お試しセット」を送付し、初回購入へと導く。その後、リピート購入を促し、ロイヤルユーザー化を図っていく。店舗での対面販売はいっさい行わないので、全プロセスにおいて、顧客との窓口になるコールセンターが販売促進や顧客との関係構築において重要な役割を果たすことになる。

再春館製薬所は熊本県内に1300坪の巨大なワンフロアのオフィスを構えているが、その中心部を占めるのが400人以上のオペレーターを擁するコールセンターである。企業理念や価値観に則った質の高いコミュニケーションを実現するために、オペレーターは全員、パートタイマーではなく正社員として採用されている。名称も、ただ電話に対応するオペレーターではなく、顧客接点の重要な担い手として「お客様プリーザー（お客様を喜ばせる人の意）」としている。

お客様プリーザーは、顧客からの電話を受ける「インバウンド」と、顧客に電話をかける「アウトバウンド」の2つのグループに分かれている。以前は、アウトバウンド部隊が顧客に積極的にセールスの電話をかけて獲得した売上げが、全体の7割を占めていた。しかし1993年頃、数字目標を追いすぎた結果として、顧客からの苦情や返品が相次いだことがあったのをきっかけに、お客様満足室を設置してサービス体制を見直す

こととなった。そして、顧客自らが注文や問い合わせのためにかけてくる電話に対応するインバウンドを軸に、プル型の売上獲得スタイルへと転換を図ることにしたのである。

＊＊＊＊＊

　再春館製薬所では、ITを駆使してデータ管理を徹底している。オフィスの天上部分には巨大な電光掲示板が並んでいて、待ち状態の顧客数やコールセンターの稼働状況がリアルタイムで把握できるようになっており、増員支援などの対応も臨機応変にとれる。通常、テレビCM放映後にサンプル請求の電話が殺到するが、インバウンドでは「2コール以内に受話器を取る」ことを徹底させている。

　顧客からかかってくる電話をきっかけに関係を深め、次の販売チャンスにつなげていくために、顧客情報データベースを充実させ、コミュニケーションが円滑に進められるように工夫している。再春館製薬所では、再購入率を高めることがビジネス上のカギとなると考えている。というのは、同社の販売プロセスでは、新規顧客の母数を増やすにはメディア投資の拡大が不可欠だが、経営資源には限りがあり無尽蔵に予算があるわけではない。それよりも、初回購入した顧客の離反を食い止めて再購入率を高め、ライフ・タイム・バリュー（顧客生涯価値）を向上させたほうが、より安定的で持続的な売上確保が期待できるからだ。

　お客様プリーザーは「ほほの周りにシミが増えた」など顧客が感じている問題を詳しく聞き出し、顧客情報シート「しおり」に顧客の声の印象やトーンとともに手書きで書き込む。それをスキャナーで読み取ってデータとして蓄積し、すぐに画面に呼び出せるようになっている。対応する人が変わっても、その顧客との過去のやり取りを確認しながら、適切なコミュニケーションをとることができるのだ。画面には顧客の住んでいる地域の天候や気温などの情報も示されるので、季節や気候に合った肌の手入れ方法のアドバイスもしやすくなっている。

　早期に離反してしまう顧客への対策も積極的に行っている。リサーチを行って、早期に離反してしまう理由を分析したところ、自分の悩みに合った使い方ができていなかったり、商品に対して過度な期待をしていたりすることに問題があることが明らかになった。そこで、顧客に電話をかけるアウトバウンド部隊は、売込みの目的ではなく、顧客の悩みを聞き出して、それに合わせた商品や適切な使い方を紹介するカウセリングの役割を担うという方針へと変えた。電話を受ける顧客が感じるかもしれない警戒心を取り除くために、お客様プリーザーの顔写真や他の顧客の声を載せた販促資料を作成するなど、DMも工夫するようになった。さらに、データベースに保存されている会話記録を使って顧客の心理状態や気持ちを確認し、顧客理解を深める教育にも時間をかけ、お客

様プリーザー全員のコミュニケーション力の向上を図った。

こうした一連の取り組みによって、再春館製薬所の再購入率は向上し、現在ではインバウンド部隊による売上げが全体の9割近くを占めるようになっている。

理論

既存顧客と密接な関係を築き、ロイヤルユーザーを育てていくことは、多くの企業において全社を挙げて継続的に取り組むべき重要課題の1つとなっている。新規顧客の開拓だけではなく、CRMが重視されるようになってきた背景として、多くの市場が成熟化していることが挙げられる。

本章では、CRMの考え方や実施における注意点について概観していく。

1● CRM重視の背景

CRMのベースとなっている考え方に、「顧客生涯価値（LTV：ライフ・タイム・バリュー）」がある。これは、重要な顧客と生涯にわたって継続的に取引を行うことにより、企業の利益、すなわち、その顧客から得られる価値の総和を最大にしようという考え方だ。「生涯」という言葉からもわかるように、単発の取引ではなく、時間軸の概念を入れて顧客価値をとらえているところに特徴がある。冒頭の再春館製薬所をはじめとして、こうした考え方に注目してCRMに取り組む企業が増えてきた背景には、以下のような要因がある。

●市場の成熟化

多くの市場が成熟期を迎えている現在、顧客維持（カスタマー・リテンション）を重視したマーケティングを行う企業が増えている。成長期の市場では「新規顧客獲得」や「新規市場開拓」がマーケティングの重点課題であり、多くの企業は顧客の創造に注力する傾向にある。一方、成熟市場で新規顧客を獲得しようとすれば、限られたパイの中で顧客を取り合うしかない。そのため、獲得した顧客と良好な関係を築き、顧客が離れていくのを防ぐことがより重要になる。再春館製薬所でも、新規顧客を拡大するよりも、リピート顧客を維持するほうが収益へのインパクトが大きいことに気づき、そのための細かな施策を設計するに至っている。

●費用対効果の変化

市場の成長期には新規顧客の拡大を図れば売上げや収益の増加につながるが、成熟市

場では一般に、既存顧客のほうが、新規顧客よりも売上げや利益への貢献度が高いと言われる。これは、顧客獲得コストが顧客維持コストよりも総じて高くなるためである。実際に、顧客と長期的な関係を持つことにより、最終的に高い収益性がもたらされるという研究結果もある（コラム「顧客維持と収益性向上の関係」参照）。

顧客維持と収益性向上の関係

アメリカの経営コンサルタントのフレデリック・ライクヘルドとハーバード・ビジネススクール教授のW・アール・サッサーJr.の研究によると、既存顧客を維持することが収益性の向上につながるのは、次の要素が関係してくるからだという。❶購買・残高増利益、❷営業費削減利益、❸紹介利益、❹価格プレミアム利益、❺基礎利益（通常の営業活動から得られる利益）である（**図表12-1**参照）。

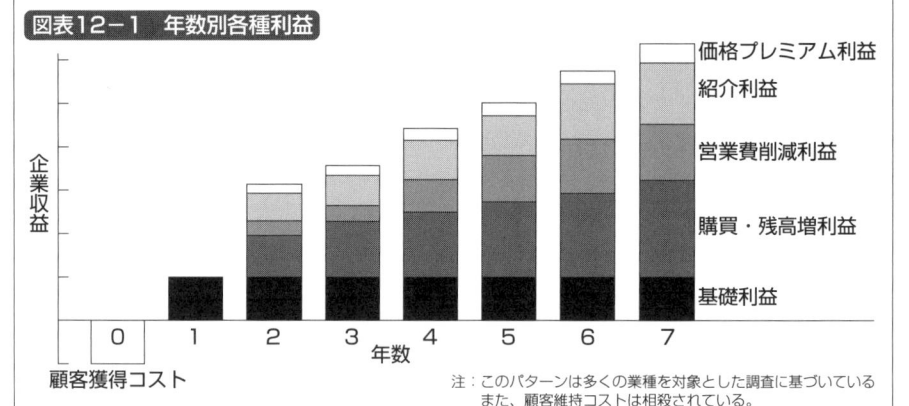

図表12-1　年数別各種利益

（縦軸：企業収益、横軸：年数 0〜7）
積み上げ項目：基礎利益／購買・残高増利益／営業費削減利益／紹介利益／価格プレミアム利益
0年：顧客獲得コスト

注：このパターンは多くの業種を対象とした調査に基づいている また、顧客維持コストは相殺されている。

出典：F.F.Reichheld, W.E.Sasser Jr. "Zero defections:Quality comes to services." *Harverd Business Review* Sept/ Oct 1990

ここでは、❶〜❹の要素について簡単に紹介しよう。

❶購買・残高増利益

その製品の価値に満足している顧客は、1年目よりは2年目、そして2年目よりは3年目というように利用の度合いが増す傾向がある。購入頻度が増えたり、関連製品も購入するようになるからだ。業種によって異なるが、5年目には1年目の2倍以上の購入額になるとの調査結果もある。実際、ある会員制の通信販売では、入会5年目の顧客の年間購入額は入会1年目の顧客に比較して80％ほど多かったという。

❷ 営業費削減利益

既存顧客の維持にかかる営業コストは、認知してもらうところから始める新規顧客獲得のコストに比べて少ない。顧客はすでに自社の製品を購買しているので、2度目の購買に対する心理的ハードルは低くなる。

サービス業の場合、1回目のサービス提供の場で別のサービスの紹介をすることもできる。経営コンサルティング業務は、その典型例である。顧客は、決して安くないコンサルティング・フィーを未知の会社に支払うことに不安を持つ。また、コンサルティング会社のほうも、当初は顧客のどこに解決すべき問題があるのかわからず、試行錯誤しなければならない。しかし2回目以降は、両者の間に実績に基づく信頼関係があるので、顧客はそれほど抵抗感なくフィーを支払う。一方、コンサルティング会社も顧客がよくわかっているため、新たな調査・インタビューなどの営業努力が大幅に軽減される。

❸ 紹介利益

顧客が自発的に周囲の人にその製品の宣伝や推奨をする、いわゆるクチコミによる紹介のことである。クチコミの効果については、どこまでが純粋なクチコミ効果で、どこからが通常のマーケティング活動の効果なのかを判別することが難しいため、正確には定量化できない。しかし、製品が高価になるにつれ、あるいは購買者にとっての重要度が増すにつれ、クチコミの効果は大きくなると言われている。

最近は特に、インターネットや電子メールの普及で個人が情報を発信しやすくなっていることから、クチコミが思いがけない効果をもたらすこともある。そのため、オピニオンリーダーを取り込んだり、クチコミを誘発しやすい仕掛けをつくるなどして、クチコミを積極的に活用しようとするバズ・マーケティング（バズは人々が噂話でざわめいている様子）などの手法が注目されている。

❹ 価格プレミアム利益

先の3つの利益に比べてインパクトは小さいものの、価格プレミアムの効果も無視できない。これは、自社のサービスを長く利用し、慣れ親しんだ顧客に対しては高価格を提示できるというものである。特定の売り手と良好な関係を築いた顧客は、よほどのことがないかぎり、競合企業にスイッチして、それまでの学習関係をあえて反故にするというリスクを冒そうとはしない。また、そうした強い信頼関係ができてしまえば、顧客は、新規顧客がなかなか利用しないような、売り手の製品ラインの中で比較的高価なものに対しても興味を抱くようになる。

● **顧客との力関係の変化**

　顧客ニーズの多様化・高度化が進み、かつその変化が近年ますます速くなっている。1960年代から70年代半ば頃までの日本の顧客は、製品選択においてさほどうるさくない「おとなしい顧客」であった。缶飲料を例にとれば、数種類の炭酸飲料や缶コーヒーで市場のほとんどが占められていたが、その後、状況は一変した。いまやスーパーには多種多様な製品が棚いっぱいに並び、茶飲料だけでも「ウーロン茶」「緑茶」「ジャスミン茶」「抹茶」「玉露」「玄米茶」など数え上げればきりがない。さらに、「カテキン入り緑茶」「青汁」など、かつては考えられなかったような製品も登場している。

　豊富な選択肢があるということは、不満を持ったり気が変わったりすれば、顧客はすぐに他の製品に切り替えてしまうことを意味する。インターネットや電子メールなどコミュニケーション手段の発達により、顧客が入手できる情報量が増え、競合製品との比較も容易になり、顧客間での情報交換も頻繁に行われるようになっている。知識が豊富で目の肥えた顧客を相手に、企業は彼らの心をしっかりとつかんで、離反させないための取り組みに力を入れなければ、競争に勝てなくなっている。

● **ITの発達**

　インターネットをはじめとするITの発達により、これまでは把握できなかった顧客の詳細情報、購買実態、広告や販促活動の効果などがリアルタイムで入手可能となった。また、顧客データと売上げデータを結び付けることで、重要な顧客の識別や関係構築のための取り組みが容易になった。例えば、顧客に個別に対応するワン・トゥ・ワン・マーケティングなども比較的低コストで実施できるようになっている。

◉――― **リレーションシップ強度**

　顧客維持の取り組みをすることは、顧客からのフィードバックを製品開発などに活かせる、ロイヤル顧客が自ら広告宣伝役を担ってくれるなど、収益面への貢献以外にもマーケティング戦略上のメリットがある。

　図表12-2は、顧客を企業との関係の強さ（リレーションシップ強度）に応じてピラミッド型に分類し、顧客維持型マーケティングと顧客創造型マーケティングがそれぞれどの部分に重点を置いているかを対比させたものである。

　リレーションシップ強度が最も低いのが潜在顧客であり、最も高いのが宣伝者（その顧客があたかも自社の宣伝担当者のように振る舞ってくれるところから名づけられた）である。宣伝者は、リレーションシップ強度が低い顧客に対して製品やサービスの宣伝をしたり、製品開発に積極的に関与したり、販売組織の運営システムについて有用なコメントを提

第12章 カスタマー・リレーションシップ・マネジメント

図表12-2 顧客維持型マーケティングと顧客創造型マーケティングの比較

		顧客維持型マーケティング	顧客創造型マーケティング
焦 点		顧客の維持・囲い込み 顧客内シェアの拡大 顧客満足度 双方向コミュニケーション 顧客との協力関係・学習関係 エンパワーメント志向	新規顧客の獲得 市場内シェアの拡大 製品認知度 効果的情報伝達 マネジメント志向
顧客のとらえ方(注)		(ピラミッド図：上から)宣伝者／クライアント／カスタマー／エントリー顧客／潜在顧客／非ターゲット　※育成方向は下から上へ	(ピラミッド図) ターゲット／非ターゲット　※均一
マーケティング・ミックス	Product	顧客の問題解決重視 ホール・プロダクト 提案型 組み合わせ型	機能重視 コア・プロダクト 選択型 バリエーション型
	Price	ファン重視 （例：マイレージ・サービス）	比較的画一的 エントリー顧客重視
	Place	顧客に応じたマルチ・チャネル 顧客情報の収集に注力 顧客との距離の短縮化	シングル・チャネル 売れ筋情報の収集に注力 Productの効率的デリバリー
	Promotion	顧客が情報発信者 クチコミの効果大 「社員全員がマーケター」	企業が情報発信者 伝統的広告・販促重視
生 産		中間部品の標準化 マス・カスタマイズ	最終製品の標準化

注：リレーションシップ強度は三角形の上になるほど大きい。

供してくれたりする。こうした貴重な顧客をいかに多く育成し、巻き込んでいくかが、CRMにおける重要なマーケティング課題となっている。そのためには、より強い愛着を持ってもらえる施策をリレーションシップ強度に合わせて講じることで、図表12-2のピラミッドのより上位へと移行を促すことがポイントである。

2 ● CRMの実施

　CRMを実施する際、次のような流れを念頭に置くとよいだろう。❶顧客データベースなどを構築して顧客情報を集め、セグメンテーションの切り口や顧客ニーズの把握・特定を行う。❷自社にとって重要な顧客を選別しランク付けする。❸ターゲットとした顧客のニーズに対応する製品やサービスを重点的に提供し、顧客を獲得する。❹その顧客を維持するための取り組みを行う（それにより増収を図る）。
　以下で、このプロセスの中でも特に重要となる❶と❷について詳しく見てみよう。なお、❸と❹の具体的な施策は、第1部で解説した製品戦略やコミュニケーション戦略で検討していくことになる。

● ──── 顧客情報の収集

　CRMにおいてカギとなるのは、どのように顧客の本音やニーズを収集するかである。そうした情報を効率よく収集する仕組みをつくるためには、営業担当者や店頭、顧客相談窓口といった顧客接点をすべて洗い出す必要がある。CRMの目的と照らし合わせながら、必要な情報を明らかにし、それがどの顧客接点から得られるかを把握する。そして、具体的に誰がどのようにその情報を使うかを念頭に置きながら、情報収集体制を整備していく。
　CRMシステムを導入したり、顧客データベースを構築する際には、実際に情報を利用する関係者の意見を取り入れることが大切である。再春館製薬所では、手書きシートを読み込んで顧客データベースを構築しているが、現場のコミュニケーターの意見を入れながら、必要な情報やデータの記入方法などを工夫している。
　また、収集した情報を有効活用するためには、企業内やグループ内の顧客データベースを統合する、頻繁に更新するといった地道な努力が求められる。特に重要なのが、多様な顧客接点から収集されるデータを一元管理することだ。さまざまなデータを結び付け、総合的に見ることで、初めて意味のある情報となることも多い。さらに、顧客理解が深まるだけでなく、関係部門が情報を共有しサポートし合うことで、顧客に対してよりよいサービスが提供できるようになるという効果も期待できる。

オフィス用品の通販事業を行うアスクルは2003年に、従来のコールセンター、受注センター、調達、物流の4部門を「ICR (Integrated Customer Response)」として統合した。これは、複数の顧客接点を統合して管理し、顧客の声を直接担当部門に伝達する仕組みである。アスクルではICRの導入後、組織と顧客の距離感が縮まり、より迅速で適切な対応ができるようになったという。

> **パレートの法則**
>
> 　欧米の統計データを用いて所得分布を研究していたイタリアの経済学者ヴィルフレド・パレートは、2割程度の高額所得者が社会全体の所得の約8割を占めており、こうした分布は所得以外のさまざまな現象にも当てはまることを発見した。これをパレートの法則という。「20：80の法則」「8対2の法則」「2-8のルール」などと呼ばれることもある。
>
> 　企業の売上高（または利益）と顧客の関係においてもこの経験則が当てはまる。業種や企業によって1対9、3対7というようにばらつきはあるものの、少数の上位顧客が売上高の多くを占めている傾向が認められることが多い。データでこうしたパターンを読み取ることで、優良顧客かどうかの見極めや関係構築のあり方、優先順位を見直し、戦略のフォーカスをより明確にすることができる。

◉───**顧客を選別する**

　顧客をランク付けして、メインターゲットとする重要顧客を見定めることは、CRMの重要な特徴の1つである。これにより、ロイヤルティの高い重要顧客に重点的にマーケティング活動を行い、効率よく売上げに結び付けることが可能となる。実際に、売上げや利益の大部分は一部の顧客からもたらされている場合が多い（コラム「パレートの法則」参照）。逆に、手間のかかる顧客や苦情ばかり言う顧客は、利益を圧迫し、最終的に赤字につながることさえある。「お客様は神様」と、すべての顧客を大事にする単純な顧客至上主義とは決別し、「顧客の選別」という姿勢を持つことが必要だ。

　既存顧客のランク付けによく用いられるのが、RFM分析である。これは、最新購入日（Recency）、購入頻度（Frequency）、購入金額（Monetary）の頭文字をとったものだ。最新購入日は「直近の購入日」、購入頻度は「一定期間に購入する頻度」、購入金額は「一定期間内や1回当たりの購入金額」を表す。これらの3つの指標を用いて、それぞれの重要度に見合ったウエイト付けをしながら顧客のランク付けや優先順位付けを行い、再購入意向の資料としたり、働きかけ方を考えていく。

各指標の比重は、自社の製品特性に合った形にする。通常、日用雑貨などのコモディティを主に取り扱っている店舗では購入頻度にウエイトを置き、貴金属や家電製品は購入金額にウエイトを置くことが多い。百貨店であれば、売り場によって最終購入日の評価期間が異なる。食品売り場は毎月、衣料品売り場は数カ月、宝石など高額製品の売り場は数年というように、購買実態に合わせて期間を設定することも重要である。なお、各指標は単独で用いるときもあれば、複数を組み合わせて分析することもある。

　なお、顧客を選別することは、上位顧客を優遇し、下位顧客を切り捨てよという意味ではない。セグメントごとに顧客との関係の深さが異なるので、それぞれ違ったアプローチで働きかける必要があるということである。例えば、下位顧客には購入機会を増やすための施策、中位顧客には購入頻度や購入金額を増やすための施策、上位顧客には顧客内シェアやロイヤルティを高めるための施策を用意したほうが、全員にまったく同じ施策を打つよりも有効である。これまでは上位顧客の存在を把握しきれず、通常の顧客と同じ扱いをしてきた企業が多かった。しかし、売上げに占める比重を考えれば、上位顧客をより厚遇するという発想も必要であろう。

3 ● CRM導入のポイント

　最後に、CRMを展開していくうえでの注意事項を挙げておこう。

❶ 製品特性に合わせる

　CRMは、自社の扱う製品やサービスの特性を踏まえて行う必要がある。例えば、つまようじ、歯ブラシ、洗剤などのように、安価で対象顧客が多く、かつ流通業者を通す製品の場合、エンドユーザー1人ひとりの購買状況をPOSデータなどを活用して把握しても、得られるものは少ないかもしれない。

　一般に、取引に占めるサービス部分の比重が小さくなるほど、CRMの持つ意味合いは少なくなると言われている。サービス部分の比重が小さいと、企業と顧客が接する機会が減少するからだ。逆に、サービス部分が大きくなるほど、企業は顧客との関係維持に、より神経を使わなくてはならなくなる。医療、ホテル、教育関連といったサービス関連ビジネスや、顧客と接点の多い流通業者は、顧客維持がまさに最重要課題となる。

　ホテルの満足度ランキングで常に上位に挙がるリッツ・カールトンは、顧客維持および顧客満足のための独自の哲学を持っている。例えば、顧客には外部顧客（一般の顧客）と内部顧客（従業員）の2種類があり、顧客満足度（CS）を向上させるためには、まず従業員満足（ES）を高めなければいけないと考えている。そのため、従業員に対する

第12章　カスタマー・リレーションシップ・マネジメント

教育も非常にユニークで、細かいスキルの習得やサービス方針などの丸暗記ではなく、まずリッツの哲学を個人で解釈し、それを自分のものにすることを重視している。それにより、サービス・レベルが上がり、CSとESの両方の向上に役立っているという。

❷ 組織全体で取り組む

　大掛かりなCRMシステムを導入しても、うまく活用できずに終わる企業が多いのは、いつのまにかシステム導入そのものが目的化してしまうためだ。そうならないように、導入時にはCRMの目的を明らかにし、主要な関係者を巻き込んで現場主導で進める必要がある。

　冒頭の再春館製薬所のケースでも、顧客満足の向上に向けて変革を推進していくときには、経営企画などスタッフ部門だけでなく現場のコミュニケーターを含めてプロジェクトチームをつくったという。現場感覚を持つメンバーからの現実的なコメントやフィードバックを取り入れながら、現場の実情に合ったやり方や教育体制を作り込むことが、戦略に則した行動を徹底させるうえで重要である。

　企業活動における外部とのインタラクションは、すべてが顧客満足と顧客維持に直接関係してくる。ありとあらゆるアンテナを張りめぐらせて顧客のニーズや不満を吸い上げ、それをマーケティング部門だけでなく組織全体にフィードバックし、顧客に対してより高い価値を提供する仕掛けをつくらなくてはならない。そのためには業務プロセスや組織形態を徹底的に顧客主導型のものに変えたり、社内のインセンティブ・システムを見直したりすることも有効だろう。

　さらに大切なのは「企業活動のすべての局面がマーケティング、ひいては顧客満足に直結している」という事実を経営者が認識し、それを経営方針として組織の末端まで浸透させることである。口先だけで顧客重視を唱えるのではなく、組織のあらゆる人間が「自社にとって最も重要な顧客は誰か。その顧客とどのようにすれば継続的に付き合っていけるのか」を問い続ける姿勢を持たなくてはならない。そして、各人が果たすべき役割を認識し、行動に移して初めて、CRMが具現化されるのである。

❸ 個人情報の保護

　2005年4月より個人情報保護法が施行され、企業は以前にも増して個人情報の管理責任を厳しく問われるようになった。顧客を維持するためには信頼関係の構築が欠かせない。ひとたび情報漏洩が起これば、時間をかけて培った信頼も一瞬のうちに失われてしまう。CRMを行う際には、個人識別情報やプライバシーに関わるデータを扱うことが多いので、特に個人情報の保護に神経を使う必要がある。

❹ **改めて顧客理解を深める**

　CRMを展開するうえでの最後のポイントは、「人間そして、生活者として顧客を改めて理解する」ということにある。それは、どんなときに人は満足し失望するのか、あるいは、どんなときに人はAという選択肢を選ぶのか、という人間行動の基本を理解することにほかならない。顧客を統計数値、あるいはデータベース上の1レコードとしてではなく、「生活者としての人間」として見直す必要がある。マーケティング担当者自身が顧客と同じ視点に立つことから、真の顧客理解が始まるのである。

13 ビジネス・マーケティング（生産財マーケティング）

POINT

　法人を主要顧客とするビジネスにおいても、マーケティングの考え方や、市場機会の発見から4Pに至るマーケティング・プロセスは有効である。しかし、顧客特性や製品特性が違っているので、各論の部分では力点の置き方を変える必要がある。特に、俯瞰思考やソリューション発想を持つとともに、価値の表現方法（価格設定）に留意することが重要になる。

CASE

　カウネットは、事業所向けにオフィス用品の通販事業を行う、コクヨグループの企業である。FAXもしくはインターネットで24時間365日注文を受け付け、平日は午前11時までの注文には当日中に納品する（一部地域や製品によっては異なる場合もある）。

　カウネットが扱う製品は、コピー用紙からパソコン用品までおよそ5万6000品目（2009年2月時点）にのぼる。顧客の立場からすれば、さまざまなオフィス用品をワンストップ（1つの業者から）で迅速に調達できるというメリットがある。

　カウネットの製品ラインナップは、当然ながら親会社であるコクヨ製品が充実しているが、それ以外にも幅広いメーカーの製品を扱っている。特に環境にやさしいエコ製品に力を入れており（およそ8400品目がエコ製品）、環境への配慮を重視する顧客企業のニーズに応えている。

　自社企画品も多く、顧客の声を積極的に製品開発に反映させているのも特徴だ。2002年9月に発売した紙めくり用クリーム「メクリーム」は、ジャスミンなどの香りをつけたところ、売上げが増加した。その後も、アンケート用紙を同封するなどして顧客の反応を探り、ラベンダーやレモンの香りを追加していった。2010年頃には、プライベート・ブランドを2000品目以上に拡大したい考えだ。さらに最近は、オフィススペースのコンサルティングなどのサービスも展開している。

　カウネットの製品は、定価よりもかなり安く、しかも1800円（税込）以上の注文をすると配送は無料となる。それに加えて、購入後365日以内であれば無料で返品を受

け付けたり、支払方法を複数用意するなどして顧客の利便性を高めている。ライバルのアスクルと顧客獲得競争でしのぎを削っており、より多くの顧客を引きつけようとしているのだ。

　カウネットでは、顧客開拓や代金回収などの業務を数千店の文具店が行い、それを100社を超える卸売業者がサポートする体制をとっている。顧客は主に従業員30名程度の事業所や中小企業であるが、個人事業所や法人内の個人まで含めると潜在顧客数は数千万とも言われている。文具店や卸をエージェントとした背景には、従来からコクヨと付き合いの深い小売網を有効活用しようという思惑がある。同時に、通販を行うことで生じるチャネルからの抵抗を最小化しようとの狙いもあった。

＊＊＊＊＊

　カウネットは2001年の創業から3年目に、売上高300億円を達成し、黒字を計上するに至った。しかしその後、大企業や中規模の企業からの注文が突然途絶える例が増え始めた。原因を調べたところ、こうした企業では、折からの不況で経費削減意識が高まり、全社一括購買システムを導入したため、事業所単位でのカウネットとの取引が減っていることが判明した。購買の意思決定者が各部署の担当者から事業部や本社へと変わってきていたのだ。

　カウネットはこうした状況を受けて、2004年頃から中規模以上の企業の購買担当者への営業を強化した。また2007年には個人向けのサイトを立ち上げるなど、積極的に顧客拡大に努めている。

理論

　前章まで本書を読み進めてきて、次のような疑問を持った方もいるのではないだろうか。「我々の会社が扱っているのは生産財だ。本書に限らず、マーケティングの教科書は消費財、言い換えれば一般消費者が顧客となるケースを念頭に置いて書かれているものが多い。しかし、消費者相手と企業相手では、マーケティングの方法も大きく異なるはずだ。消費財を前提としたフレームワークが、はたして自分たちのビジネスにもそのまま適用できるものだろうか」と。

　こうした疑問が生じるのはもっともだが、結論から言えば、一般消費者を顧客とする消費財マーケティングでも、法人組織を顧客とするビジネス・マーケティングでも、ベースとなる考え方や市場機会の発見から4Pに至るマーケティング・プロセスは共通している。両者の違いは主に顧客特性や製品特性にあり、それによって各プロセスで注力すべきポイントが変わってくるだけなのだ。本章では、そうした違いに着目しながら、

ビジネス・マーケティングの特徴について概観していく。

なお、法人向けのマーケティングには「生産財マーケティング」や「BtoBマーケティング」という言葉が使われることもある。しかし、近年のビジネスのソフト化、脱製造業化を考えると、「生産」という言葉はなじまない場合があること、BtoBマーケティングはITを積極的に活用している企業に多く用いられることなどから、本書では欧米での呼び方にならい「ビジネス・マーケティング」という用語を使うことにする。

1◉消費財マーケティングとの差異

ビジネス・マーケティングと消費財マーケティングの根本的な差異は顧客特性と製品特性にあり、それが価格やコミュニケーション、チャネルといった各要素に影響を与えている。したがって、まずはビジネス・マーケティングならではの顧客特性と製品特性をしっかり理解することが、適切なマーケティング・ミックスを構築するうえでのカギとなる（**図表13-1**参照）。

図表13-1　ビジネス・マーケティングの特性（消費財マーケティングとの比較）

顧客特性	製品特性
❶エンドユーザーと購買意思決定者が異なる	❶専門品が多い
❷製品・サービスが顧客企業の競争力に寄与するか否かがKBFとなる	❷高額になることが多い
❸組織ならではの保守性や硬直性を持っている	❸ソリューション化が求められやすい
❹顧客が少なく、特定しやすい	
❺多くのユーザーがいるため、慣性が働きやすい	
❻顧客の事業の成功／不成功に左右される	

●── ビジネス・マーケティングの顧客特性

まず、法人顧客の特徴を見ていこう。一般消費者に比べて、組織である法人顧客のほうがより複雑な事情を抱えている場合が多い。

❶ エンドユーザーと購買意思決定者が異なる

ほとんどの消費財では購買の意思決定者がそのままユーザーとなるが、法人顧客の場合は、エンドユーザー（最終ユーザー）と購買の意思決定者（DMU：Decision Making Unit）が異なっていることが多い。例えば、法人顧客に対するパソコンや携帯電話などの機器の販売では、実際のユーザーは一般社員だが、パソコンや携帯電話についての仕様の決定や取引業者の選択を個人個人で行うことはほとんどないだろう。多くの場合、総務部がIT部門の意見を聞いたうえで（あるいは、IT部門が総務部の意見を聞いたうえで）、経理部門やライン長と取り決めた予算の範囲内で機種やベンダーを決めることになるだろう。金額が大きくなると、より大きな権限を持つライン長や経営者などが最終的なDMUとなる場合も多い。冒頭のカウネットのケースで、顧客企業が全社一括購買に切り替えるとDMUが変わってしまったのは、この例に該当する。

業界や製品によっては、エンドユーザーとは別組織に所属する人が意思決定者になる場合もある。例えば、新築建物の建築材料（ガラスや外壁材など）などがそうだ。建築材料の最終的なユーザーは工事の発注者（施主）だが、自ら個別の建築材料の購入を決めることはまずない。どのメーカーのどの建材を用いるかを決めるのは、設計事務所やゼネコン（総合建設会社）、あるいは工務店であり、施主は建物トータルとしての使い勝手や外観、予算、納期に関して注文を出すにとどまる。したがって、建材メーカーが営業をかける相手は当然ながら、設計事務所やゼネコンとなる。このように、意思決定者とユーザーが異なっている場合、誰に何をコミュニケーションすべきか、よく考えなくてはならない。

なお、同じ業界だからと言ってDMUは必ずしも同じとは限らない。企業によって、社内のパワーバランスが異なるからだ。例えば、ゼネコン大手の清水建設と鹿島は、企業規模はさほど変わらないが、清水建設は相対的に本社の購買部門の発言力が強く、鹿島は個々の現場監督の発言力が強いと言われている。したがって、購入を働きかける際には、顧客企業の特徴をよく理解し、DMUが誰なのかを見極める必要がある。

❷ 顧客企業の競争力に直結するKBF

一般消費者の場合、製品のKBF（購買決定要因）は、基本的に個人の精神的な満足や

第13章　ビジネス・マーケティング（生産財マーケティング）

日常生活における利便性などである。一方、企業の購買目的は、突き詰めれば「競争力の強化」ひいては「企業価値の向上」にある。売り手は、そうした顧客のニーズから生まれてくるＫＢＦを徹底的に把握しておく必要がある。

　例えば、冒頭のケースに示した文房具のような、選択肢の豊富なコモディティ製品であれば「低コスト（割引価格や、ワンストップ化による事務作業の低減など）」が顧客にとってのＫＢＦとなるだろう。また、工作機械のように、顧客企業の製品の品質に大きな影響を及ぼすものであれば、機械の性能やカスタマイズ要求に対する柔軟性、顧客企業に対する提案力などが大きなポイントとなるだろう。

　さらに、経営環境の変化の速い近年では、スピードが競争優位の源泉となる。顧客企業がスピードを重視している場合はことに、売り手も単に品質や機能面の良さだけではなく、開発期間や納期などのスピードアップに注力すべきである。同時に、顧客の細かな要望をどこまで受け入れるかの判断など、社内の意思決定もスピードアップする必要がある。例えば、ファインセラミックスや情報通信機器などを手がける京セラは、「アメーバ組織」と呼ばれる権限が委譲された小組織体制を敷くことで、競合に対するスピード感やフットワーク面での優位性を構築している。

❸ 組織の体質

　法人顧客の場合、組織ならではの保守性や硬直性を持っていることが多い。大手企業になればなるほど、その傾向は顕著だ。そうした組織の体質は、顧客企業の意思決定スタイルに大きな影響を与える。

　売り手にとってまず問題になるのが、顧客企業が最終的な意思決定を下すまでにかかる時間の長さだ。特に新製品の場合、社内関係者を説得して稟議を通すまでに多大な時間とエネルギーが必要となる。顧客企業によっては、1年というマネジメント・サイクルの中で既存製品の見直しや新製品の受け入れを検討する時期が厳格に決まっている場合もあり、そのタイミングを逃すと次の販売のチャンスは翌年までない、ということもありうる。

　もう1つの問題は、前例踏襲主義やリスク回避主義によって意思決定が行われやすいという点だ。DMUも多くの場合"サラリーマン"であり、自分自身の人事考課や出世の可能性に無関心ということはない。そのためによく見られるのが、「前例を変えたくない」「名前の知られていないベンダーをあえて使いたくない」という考え方だ。

　例えば長い間、大手広告代理店を利用している企業では、どれほど良い提案を受けても、無名の小さな広告代理店に変更することには二の足を踏む場合が多いのではないだろうか。万が一失敗したときのことや、関係者を説得する苦労を思うと、「仮に芳しい

結果が出なくても、『業界大手のA社に任せての結果だから仕方がない』という言い訳が立つ」と考えたくなるだろう。実は、法人顧客は一般消費者以上に強力な「ブランド志向」を持っている場合があるのだ。

こうした顧客側の担当者の攻略方法について、半導体ベンチャーのザインエレクトロニクス社長の飯塚哲哉は「基本的には、買わなかったら困るという状況を作り出すことだ」と述べている。例えば、同社の製品を使わないと競争に負けてしまうと気づかないと、担当者本人のマイナス点になることを指摘する。「そうすると、日本社会は減点主義なので、担当者ははっと目覚める」と言う。

このように、ビジネス・マーケティングでは、顧客企業の競争環境や担当者の心理状態などを踏まえた購入理由を用意することも重要である。

❹ 顧客が特定しやすい

消費財が不特定多数の一般消費者を相手にするのに対し、ビジネス・マーケティングでは、顧客は特定可能な一定数であり、ときには業界でも2、3社しか潜在顧客がいないという状況もある。したがって、(最終的に受注に至るかどうかは別問題として)顧客の発見やニーズの把握、フォローアップの的は絞りやすくなる。ただし、それは競合にとっても同様であるから、消費財以上に顧客維持と顧客生涯価値(LTV)の最大化が命題となる。なお、製品・サービスによっては、同じ会社であっても地域や部門が異なれば、いちから攻略法を考え直さなくてはならないケースもある。したがって、DMUの所在や顧客企業内におけるセグメントごとのシェアにも意識を向ける必要がある。

❺ ユーザーの慣性が強く働きやすい

組織には大勢のユーザーがいるため、しばしば強力なスイッチング・コスト(切り替えコスト)が発生する。中央の購買部門の意向が強く働く会社でも、現場への説得は欠かすことのできないプロセスであり、現場からの抵抗が予想されるときにはあえて新しい試みをしないことも多い。つまり、いかにその製品やサービスが優れているかをDMUが理解したとしても、エンドユーザーを味方につけないかぎり、なかなか切り替えてもらえないということだ。逆に言えば、初期にエンドユーザーにラーニングを積んでもらうことによって、競合他社に切り替えられてしまうリスクを軽減させることが可能である。

❻ 顧客の事業の成功／不成功に左右される

特に汎用性が低く、拡販しにくい製品などでは、どれだけ顧客ニーズを満たす、良い

製品を提供しても、顧客企業の事業が成長しなければ自社の製品・サービスの売上げも伸びない。その逆に、他社製品に比べて多少性能が劣っていたとしても、たまたま顧客企業の事業が伸びれば、自社の売上げも拡大し、規模の経済によるコストダウンやブランドの確立に結び付くこともある。

したがって、❶(難しいことではあるが)成長や市場での勝ち残りが予想される企業や技術、標準を見極める、❷他の用途にも転用できるように汎用性を増すなどリスク分散を図る、といった対策が求められる。

◉ ビジネス・マーケティングの製品特性

次に、法人顧客に提供する製品の特徴も見ていこう。いくつかの要素は顧客特性の差異から発生しており、両者は表裏一体のものと言える。

❶ 専門品が多い

法人顧客は一般消費者に比べるとニーズが多種多様で、最寄品の割合が減り、専門品(機器や業務ソフト、企業向けサービス)の割合が増える傾向にある。

専門性が高いほど、製品やサービスの特徴を顧客や販売チャネルに説明するのが難しくなるため、啓発活動やトレーニングの重要性が増してくる。したがって、製品を高度化するよりも、エンドユーザー用のわかりやすい操作マニュアルや教育プログラムを拡充させることが、競争上の強みにつながる場合もある。特に、本体だけでなく、付随する消耗品の売上げで利益を確保するような製品やサービスでは、サポート態勢の整備が消耗品の使用量の促進に役立つ場合もある。

しかし、専門品の売り手は往々にして、製品の差別化を図るために専門性をさらに追求しようとしがちだ。もちろん、それは正しい戦略かもしれないが、技術者の興味やプライドから、必要以上に高水準を追い求めてしまうケースが少なくない。そうした企業は、多数の顧客が最低限必要とする製品を圧倒的な低価格で提供してくる新規参入者に足元をすくわれかねない。ハーバード・ビジネス・スクール教授のクレイトン・クリステンセンは、ハイテク業界におけるこうした傾向を「イノベーションのジレンマ」と呼び、警鐘を鳴らしている。専門性の追求が大多数の顧客にとって本当に意味があるかどうか、問い直してみることも重要である。

なお、専門品ではカスタマイズが不可欠なことが多いが、費用増につながるため、取引が成立したとしても利益的には赤字となってしまうことも多い。既存品やその組み合わせで顧客ニーズが満たせないか検討するなど、カスタマイズの必要性を的確に判断しなくてはならない。

> **法人顧客のブランド・スイッチ**
>
> 　ビジネス・マーケティングでは、顧客がブランド・スイッチをしない状況を、2つに分けて考えるとわかりやすい。1つは、売り手の製品・サービスに十分満足しており、積極的に他の供給者を探す必要がないという状況である。もう1つは、決して満足しているわけではないが、いくつかの理由により、ブランドを替えるまでには至らないというものだ。
>
> 　後者の理由としては、❶ほかに代替品がない、❷スイッチング・コストが高い（例：ユーザーが社員の再教育をする必要が生じる場合など）、❸不満足の度合いがそれほど高くはないため、あえてリスクをとってまで新しいものを使おうとしない、などが考えられる。❶からはオンリーワンになることの価値、❷と❸からは早期に顧客に食い込むことの価値がうかがえよう。

❷ 高額になることが多い

　数億円規模の設備投資や数千万円のコンサルティング・プロジェクトなどは、顧客が法人なればこその高額の製品やサービスだ。文房具や宅配便のように、1つひとつは安価なコモディティもあるが、会社全体でまとめるとかなりの額になることが多い。このことは、顧客企業との長期にわたる激しい価格交渉の存在や、（特に差別化しにくい製品やサービスでは）過酷な価格競争が待っていることを示している。価格競争に巻き込まれないようにするためには、❶新たな差別化の軸を見出す、❷顧客の本質的ニーズを見据えたソリューション（解決策）の提供を行う、などの方策を検討する必要がある。

❸ ソリューションの提供

　このところ、単なる「（物理的な）モノ」の販売から「ソリューション」の提供へと進化する傾向が見られる。これは、❶売り手側がモノだけでは差別化しきれず、より包括的なソリューションを提供しないと付加価値が出せなくなっている、❷顧客サイドもモノだけでは満足せず、売り手からの価値のある提案やアドバイスを求めるようになってきた、ということを示している。この流れに乗れる売り手と乗れない売り手の差は、今後ますます開いていくことが予想される。逆に言えば、これこそがビジネス・マーケティングにおける成功要因となりうる。ソリューションの重要性については後述する。

2● ビジネス・マーケティングに必要な「俯瞰思考」

　これまで見てきたように、ビジネス・マーケティングは消費財マーケティングと異な

り、「意思決定者でありエンドユーザーでもある顧客」が「購入・使用してそこで終わり」という単純な枠組みでとらえることはできない。特に、個人ではなく組織として意思決定をするということを考えると、すべての関係者を「俯瞰的」に見ることが求められる。そこで役に立つのが、❶自社と顧客をバリューチェーンの中に位置づけ、バリューチェーンの特徴や各プレーヤーのパワーバランスを見るという作業、❷顧客組織内の関係者をマッピングし、彼らの興味や発言力を見る、という作業だ。

◉──── バリューチェーンを意識する

まず必要なのが、自社と顧客を含む業界のバリューチェーンを描き、業界内のプレーヤーの相対的な位置関係を把握することだ。その際には、自社の事業に直接関係しない補完財のプレーヤー(後述)も含めたほうが、より全体像が浮き彫りになる。

図表13-2はアメリカにおける医療機器のバリューチェーンを示したものだ。かつては病院の医師1人ひとりがDMUであり、彼らのニーズをきめ細かくとらえ、それに対応することがメーカーや流通業者のマーケティングのカギであった。ところが、1983年の保険制度の変更によって、病院のコスト意識が高まった結果、DMUは、医師から病院の購買担当者、さらには新たに台頭した共同購入グループ(複数の病院が参加)へと重心を移していった。メーカーの立場からすると、こうした変化を意識しつつ、

図表13-2 アメリカの医療機器のバリューチェーン分析の例

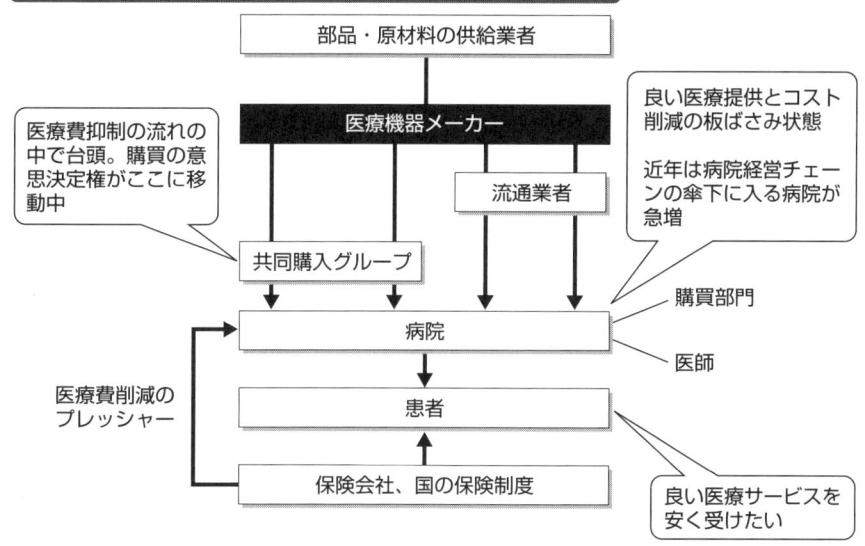

```
                        ┌──────────────────┐
                        │ 部品・原材料の供給業者 │
                        └─────────┬────────┘
                                  │
                        ┌─────────▼────────┐        良い医療提供とコスト
医療費抑制の流れの        │   医療機器メーカー   │        削減の板ばさみ状態
中で台頭。購買の意        └─────────┬────────┘
思決定権がここに移                  │          ┌──────────┐    近年は病院経営チェーン
動中                                ├─────────▶│ 流通業者 │    の傘下に入る病院が
                                    │          └─────┬────┘    急増
                        ┌─────────▼────────┐        │
                        │  共同購入グループ   │        │
                        └─────────┬────────┘        │
                                  │                  │
                                  ▼                  ▼
                        ┌──────────────────┐ ─── 購買部門
                        │       病院        │
                        └─────────┬────────┘ ─── 医師
    医療費削減の                  │
    プレッシャー                  ▼
                        ┌──────────────────┐
                        │       患者        │        良い医療サービスを
                        └─────────▲────────┘        安く受けたい
                                  │
                        ┌─────────┴────────┐
                        │ 保険会社、国の保険制度 │
                        └──────────────────┘
```

流通業者、共同購入グループ、病院の購買担当者、医師のニーズや関心事項、そして互いの力関係を的確にとらえ、収益性の最大化を図らなくてはならない。

事業の再定義

　供給業者と補完者に関する議論をさらに発展させていくと、既存のバリューチェーンにおいて「何をすれば、自社の存在価値や独自性につながるか」という事業定義の議論にたどり着く。誰にどのような価値のセットを提供しているのかという「バリュー・プロポジション（Value Proposition）」の議論と言い換えてもよいかもしれない。

　この観点から劇的に事業の再定義を行って収益性を高めた会社に、ミスミ（金型部品などの商社）がある。同社は、もともと金型部品をメーカーに販売する典型的な専門商社であったが、1970年代に自らの事業定義を「販売代理人」から「購買代理人」へと転換した。すなわち、「供給側のメーカーのエージェント」ではなく、ユーザーのニーズに合わせて最適の部品を調達する「顧客側のエージェント」に事業を再定義したのである。それと同時に、これまでのように営業担当者を置くのをやめて、顧客にカタログを配り、指定された部品を的確に調達、配送するというビジネスモデルを確立。売上高営業利益率数十％という、商社としては桁外れの収益性を実現したのである。

● ──── **供給業者と補完者に対するマーケティング**

　マーケティングは通常、いかに顧客（あるいは、チャネル）を獲得するかという観点で語られることが多い。しかし、「買ってもらえる仕組みづくり」という本来の趣旨に立ち返れば、サプライチェーンの上流にあたる供給業者や補完者（補完財を扱うプレーヤー）を獲得する活動も、広義のマーケティング活動と考えることができる。

　供給業者の獲得は、流通業者の立場で考えてみると比較的理解しやすいだろう。流通業者にとっては、「売れる製品を持つ」メーカーを引きつけることは、顧客獲得と同じくらい重要であり、事業の成否を分けるカギとなる。そのため、流通業者は販売網を拡充し、有力メーカーに対して販売力があることをアピールする。そうして売れる製品を提供してもらえるようになれば、「顧客が増える→さらに売れ筋製品が集まる→さらに顧客が増える」という好循環（グッドサイクル）が回り始める。

　補完者の取り込みは、近年増えてきた業界標準（デファクト・スタンダード）の保有がKBFとなる業界では、特に威力を発揮する。補完財とは、DVDプレーヤーとDVDソフ

トのように、直接の「売り手－買い手」の関係ではないものの、相手側が普及・発展することで自らの市場も拡大する製品を指す。例えば1980年代初頭、マイクロソフトのMS-DOSがIBM互換パソコンのOS（基本ソフト）として業界標準になり、同社のその後の急成長の土台となった。

マイクロソフトは同時に、パソコンの普及を加速するためには、アプリケーションソフトの充実こそがカギであることを理解していた。そこでマイクロソフトは、アプリケーション用のソフトウエア会社にMS-DOS上で動くソフトをつくるよう猛烈に働きかけた。この戦略は奏功し、ソフトの充実と相まって、MS-DOSの売上げはさらに急拡大した。マイクロソフトは現在も、外部の開発者を同社のファンにすることが事業成功のカギと位置づけ、彼らにとって快適な開発環境の整備に多額の投資を行っている。

◉──── **顧客組織内の関係者のマッピング**

図表13-3は、ターゲットとする法人顧客の社内の関係者を俯瞰し、彼らの関心や力

図表13-3　顧客組織内の関係者マッピング

事例）ある法人顧客へのパソコンソフトの販売

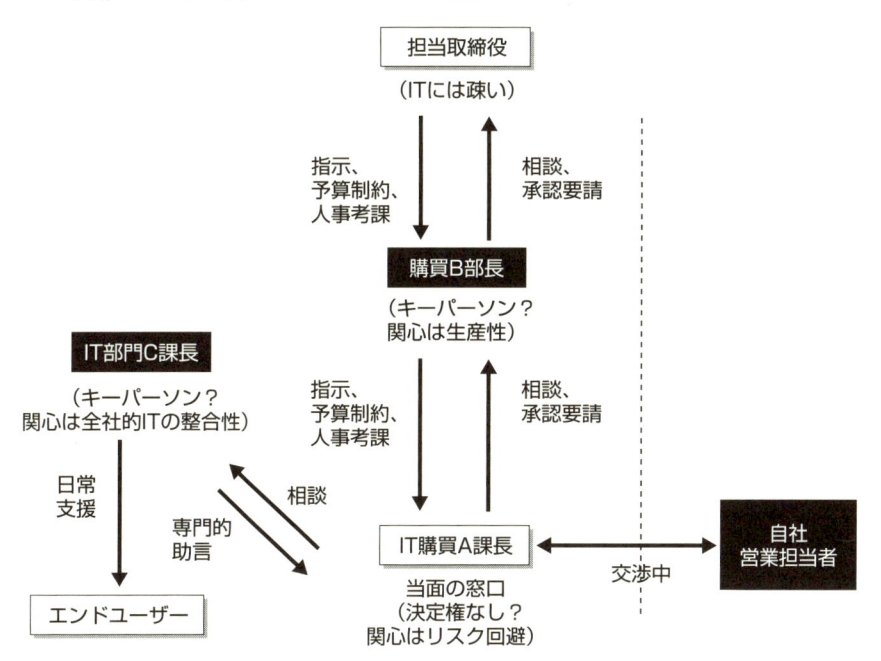

```
                          ┌──────────┐
                          │担当取締役│
                          └──────────┘
                          （ITには疎い）

                   指示、            相談、
                   予算制約、        承認要請
                   人事考課
                          ┌──────────┐
                          │購買B部長│
                          └──────────┘
                        （キーパーソン？
                         関心は生産性）

  ┌──────────┐
  │IT部門C課長│
  └──────────┘
 （キーパーソン？      指示、          相談、
  関心は全社的ITの整合性）予算制約、    承認要請
                       人事考課
   日常        相談
   支援  専門的                                        ┌──────────┐
         助言        ┌──────────┐          ┌─→│自社      │
                    │IT購買A課長│←────→│営業担当者│
  ┌──────────┐  └──────────┘   交渉中    └──────────┘
  │エンドユーザー│  当面の窓口
  └──────────┘ （決定権なし？
                  関心はリスク回避）
```

関係をマップ上に描くことで、以下の2つの目的を果たそうとするものである。

❶ ある特定企業について、より具体的な攻略方法を検討する

　例えば、現在営業をかけている企業の窓口はA課長だが、より早期に意思決定してもらうためには、A課長の上司であるB部長と関連部署のC課長をセールストークの場に引き出すことが重要である、など。

❷ 複数の潜在顧客がいるときに、組織内の力関係によってセグメンテーションを行い、効率的にアプローチできるようにする

　例えば資材の購入にあたり、本社の資材部が強い会社と、個々の現場の意向が強い会社を色分けする。こうすることにより、前者には交渉に長けたベテランの販売担当者をはりつけ、後者では若手の営業担当者に足繁く通わせてコミュニケーションを図る、などの対策が立てられる。

　マッピングを行う際には、重要な関係者を網羅することはもちろん、彼らの力関係と関心（例：コスト重視か、付加価値重視か）、リスクに対する志向（リスクをとるタイプか、回避するタイプか）などを的確に把握することが不可欠である。

マッピング

　マッピングが用いられるのは、ビジネス・マーケティングの場面だけではない。交渉の占める比重が大きい業界では、より詳細なマッピング（ソシオグラム：社会関係図）を作成することが多い。例えば、有能なディベロッパーは、地元の関係者と折衝する際、まず初めに住人の職歴、学歴、趣味、地縁血縁、利害関係、関心事（金銭、環境、移転先等）などを一覧できる巨大マップをつくると言われている。

3● 価値を生み出す「ソリューション」

　ビジネス・マーケティングでは、売り手の立場はいわゆる「（納入）業者」となってしまうことが少なくない。一般に、提供できる付加価値が小さく、差別化の度合いが小さいほど「業者」扱いから脱却できず、いいように価格を叩かれ、収益性を落とすことになりやすい。仮に現在は高い付加価値を提供できていても、技術の進化などによって環境が変化し、差別化できなくなると、同じ問題を抱えるようになる。人件費や地代な

第13章　ビジネス・マーケティング（生産財マーケティング）

どで多額の負担を背負っている企業にとって、これは事業の衰退を意味しかねない。

こうした状況を回避し、適正価格を保持するためには、先述したように、その企業ならではの価値を創造し、顧客に的確に提供していくことがポイントになる。その際のキーワードが「ソリューション」だ。ソリューションとは文字どおり、顧客ニーズに対する解決策である。顧客ニーズに応え、顧客を満足させるというマーケティングの原点に通じる考え方であり、「モノ売り」「ハード売り」というセリング思考に対するアンチテーゼとも言える。

●───ソリューション提供への意識改革

ソリューションの提供に事業をシフトして成功を収めた代表例が、IBMである。同社は、1980年代後半から90年代前半にかけて、日本の大手メインフレームメーカーやアメリカのパソコンベンチャーにシェアを侵食され、危機的な状況に陥った。しかし、1992年にCEOに就任したルイス・ガースナーのリーダーシップの下、「パソコンやメインフレーム（およびそれに付随するソフトや保守サービス）を売る」という発想から、「コスト削減やマーケティング力強化といった法人顧客のニーズに対して、ITを軸にしたソリューションを提供する」という発想に移行することで危機を乗り越え、再びIT業界のリーダー企業へと返り咲いている。

このときIBMは、ソリューション志向を徹底するため、まず組織の変更を行った。それまでは地域や自社製品をもとにした組織構造だったが、顧客が抱えるニーズにより近づくために業界セクター別に再編したのである。同時に、従業員、特に営業担当者の人事考課と報奨に関して、販売額だけではなく「顧客に対してソリューションを提供できたか」という要素を加味した。ガースナー自らが、ソリューションという考え方の重要性を社内外にコミュニケーションし続けたことは言うまでもない。このように、トップが常にコミュニケーションするとともに、人事評価や報奨、組織構造など制度面も変更して初めて、組織全体が変わっていくのである。

ただし、始めるのは簡単でも持続させるのは難しい。当初はマーケティング発想やソリューション志向を持っていても、事業が長く続き、人員が増え、製品やサービスが複雑化・高度化するにつれ、事業のあり方が次第に提供者側の論理に縛られるようになるからだ。例えば営業担当者のトレーニング1つをとっても、製品・サービスが複雑化すると問題発見能力や提案力を身につけることよりも、製品知識の習得がトレーニングの中心になってしまう。それゆえに、常にソリューション志向が実現しているかを監視し、軌道修正する仕組み（例えば、顧客への定期アンケートなど）を内在化させることが必要である。

ソリューション志向を強調することは、顧客の要望は何でも聞くという安易なカスタマイズに流れてしまうリスクもはらんでいる。製品別の収益性を調べてみると、手間ひまかけたカスタマイズ品のほうが汎用品を大きく下回っていたというのは、しばしば見られる現象である。手間ひまとはすなわちコストであることを認識したうえで、コスト以上の価値につながるソリューションを提供しなければならない。また、顧客にソリューションを提供する際には、本質的な価値を生まないカスタマイズ要求は受けないといった強い意思も必要だ。

●──── ソリューションのカギを握る顧客接点

ソリューションを提供していくうえで大きなカギを握るのは、顧客接点を担う人々である。なかでも営業担当者がソリューションを意識しながら、顧客と対話できるようにすることは、きわめて重要である。しかし、顧客ニーズの吸い上げを営業担当者だけに任せている企業は、徐々に競争力を失っていくだろう。

近年の経営環境において企業に求められているのは、企業全体として顧客の声を吸い上げ、それを製品やサービスに反映させていく仕組みをつくることである。したがって、顧客接点となりうる人間(テクニカルサポート・スタッフ、電話相談窓口など)がソリューション提供への意識を持ち、顧客から得た情報を社内に還流させる仕組み(インセンティブの付与やトレーニングの実施など)が必要となる。

顧客接点の質を高めることで売上高営業利益率40％超という驚異的な高収益を上げている企業に、メーカー向けのセンサーや測定器を主力製品とするキーエンスがある。同社では、強力な営業部隊が顧客開拓や既存顧客のサポートにあたるのと同時に、新たなソリューションが必要になりそうな現場を見つけると、直ちに製品企画担当者が駆けつけるようになっている。企画担当者は顧客の製造プロセスに深く入り込み、製造工程を観察するときには、「ここにこのタイプのセンサーを取り付ければ、製造工数は劇的に短縮される」といった視点で改善ポイントを考えていく。その後、顧客に製品提案を行い、実際にそれを短期間で開発・納入(同社は生産設備を所有しないファブレスメーカーで、製造は外部委託)する。こうしたアプローチを徹底させることにより、同社の製品の多くは、顧客ニーズを先取りして世界で初めて開発されたという、他社には真似のできない提案型製品となっている。

ティーチャー・カスタマー

ソリューションを提供する際には、顧客のビジネスや製品への深い理解が欠かせない。顧客と何回もコミュニケーションをとりながら、製品やサービスを進化させ

て顧客の要望に沿うようにしていくには、当然ながら多大な手間やコストがかかる。しかし、厳しい要求をする顧客の中には、ノウハウの提供、製品・サービスの改良や高度化などの面で価値のある貢献をしてくれる人もいる。儲けという観点では必ずしも旨みはなくても、品質や信用の向上に大きなメリットをもたらす顧客のことを「ティーチャー・カスタマー」と言う。彼らから獲得したノウハウや知識をうまく活用できれば、同様のニーズを持つ顧客への対応が容易になり、生産性や収益性の向上につながる。

　例えば、半導体のテキサス・インスツルメンツでは、ターゲットとする業界をリードする有力企業を取り込み、技術部隊が中心となって直接意見を吸い上げ、新製品のアイデアを編み出している。また、半導体・電子部品のロームの製品戦略の基本は、まず特定の顧客だけに小ロットで販売し、技術を蓄積した後にカスタム製品に活かすというもので、これによって競争力を構築している。

　もちろんティーチャー・カスタマーばかりではコスト負担が大きく、ビジネスとしてはうまくいかない。彼らの力を借りて学習を積んだ後、より儲かる顧客へと横展開を図るという戦略的アプローチが不可欠である。

　横展開の際にカギになるのが、ティーチャー・カスタマーの選び方である。例えばトヨタ自動車は、要求レベルがきわめて高いことで知られる。そうした相手と取引実績を持つことにより、他社からの信頼が格段に得やすくなる。つまり、その企業の評判やブランド力、波及効果などを有効に活用したほうがよい。ただし、有望な相手を顧客にできたとしても、コミュニケーション窓口が調達担当者のみだと、現場の踏み込んだ情報を得られない可能性がある。顧客接点を担う営業担当者や専門スタッフは、価値のある情報を提供してくれる相手をきちんと見極めてコミュニケーションしていくことが大切だ。

4 ●「価値」の「価格」への転換

　顧客ニーズを把握してソリューションを提供したり、顧客に対する新たな価値を生み出したとしても、それを適切な価格に転換しなければ企業はそのメリットを享受できない。価格が低すぎれば十分な利益が得られないし、高すぎると本来得られるはずの取引案件を逃してしまうことになる。こうした事例は思いのほか多いものである。

　ビジネス・マーケティングでは、カスタマー・バリュー（84ページ参照）を顧客の事業経済性に基づいて定量的に把握しやすい。したがって、単にコスト面だけでなく、カ

スタマー・バリューを見極めて価格を設定することが重要になる。特に、差別化されていて競合製品や代替財をさほど強く意識しなくてもよい製品やサービスでは、カスタマー・バリューを把握できるかどうかで最終的な利益は大きく変わってくる。

●───顧客の事業経済性を把握する

　カスタマー・バリューについて、先のキーエンスの例で考えてみよう。同社の製品は、競合製品に比べると一見割高な印象を与える。例えば、競合のセンサーが数万円なのに対し、キーエンスのそれは十数万円ということもある。しかし、キーエンス製品を使うことで、顧客メーカーの生産性が上がり、競合製品を使い続けた場合よりも1000万円のコスト削減につながるとすれば、割高ではないかもしれない。仮にその生産ラインにキーエンスのセンサーが1個当たり数十万円の価格で10個採用されているとしても、顧客には十分おつりがくるからだ。

　価格設定でよくある間違いは、ある新製品について「新製品Aは従来品に比べて性能が40％アップしたから、（現在の価格を100万円として）140万円にしよう」というように安易な比例当てはめをしてしまうことだ。この場合に必要なのは、「この製品を導入することで、顧客の事業経済性がどれだけの影響を受けるか」という考え方だ。仮に、新製品Aを5セット導入すれば、それまで7人必要だった派遣社員が5人で済むとしよう（この意味で40％の性能向上）。派遣社員の人件費が年間450万円であれば、年間900万円のコスト削減となる。仮にその製品が5年間使えるものとすると、4500万円のコスト削減だ。つまり、極論すれば、製品1セット当たり900万円という理論上の価格も成り立つのだ。

　自社のサービスが、顧客の予算、そして顧客の製品・サービスの信頼性にどの程度の比重を占めるかという観点で考えることも重要だ。例えば、2008年にヘンケルに買収されたナショナルスターチの接着剤事業は、航空機の本体と翼をつなぐための強力な接着剤の製造販売である。この接着剤は、航空機の製造全体に占めるコストは微々たるものだが、顧客の最終製品である航空機の信頼性（言うまでもなく、あらゆる工業製品の中で最も高い信頼性が求められる）に重要な影響を与える。そのことを十分に理解している同社は、この製品に相応のプレミアム価格をつけ、きわめて高い収益を得ているのである。

　このように、ビジネス・マーケティングでは、顧客の事業経済性を的確に把握するとともに、自社製品がどのような経済的影響を与えるかを確実に見積もることが、適切な価格設定によって収益を最大化するうえでの要諦となる。そのためには、常に顧客の視点に立って考えるという、マーケティングの原点に立ち返る必要がある。

14 グローバル・マーケティング

POINT

　グローバル・マーケティングとは、文化や言語の異なる複数の国・地域に向けて、世界規模で展開されるマーケティング活動のことである。グローバル・マーケティング活動を有効に展開するためには、世界規模で共通する顧客のニーズや自社の技術的優位性を見極めるのと同時に、国・地域ごとに個別で行っているマーケティング活動を、世界規模の方針や組織体制と有機的に結び付けていくことがカギとなる。

CASE

　2005年3月、うまみ調味料をはじめとする食品最大手の味の素は、中国で「カップスープ」の新ブランド「VONO（ボーノ）」を発売した。「VONO」は2009年1月現在、タイ、マレーシア、台湾、ブラジル、韓国の5カ国でも販売されており、同社初のグローバル・ブランドとなっている。

*****

　1964年、味の素は、粉末状のスープの素に湯と牛乳を加えて鍋で温めるだけでスープになる「クノールスープ」を、米CPCインターナショナル社（以下、CPC。なお、同社は2000年にユニレバ社に買収され、ユニレバベストフーズ〈UBF〉に改称されている）との提携によって、日本国内で発売した。欧風の本格的なスープを手軽に食べられることが消費者に支持され、「クノール」は大成功を収めた。

　1986年にはCPCと合弁で東南アジアに進出し、インスタントスープ事業を展開してきた。しかし、この合弁契約の中には、味の素が海外で独自にスープなどの事業を展開することを制限する項目があった。

　味の素は2003年にこの合弁契約を解消し、世界でスープ事業の独自展開を目指すことにした。合弁解消に際して、日本国内では引き続き「クノール」ブランドを使用できる契約をCPCと結んだが、海外では「クノール」以外の新ブランドを立ち上げてマーケティングを行う必要が生じた。

味の素は日本市場では、「クノール」ブランドのラインナップを拡充しながら、スープの新しい領域を切り開いてきた。当初は牛乳を加えて温めるタイプのみだったが、1973年に1人分の顆粒をマグカップに入れ、直接湯を注いで混ぜるだけでスープを楽しめる「クノールカップスープ」を、1993年に北海道産のスイートコーンやじゃがいもを使ったカップスープ「北海道ポタージュ」を発売してヒットさせた。2001年には、カップに湯を注ぐだけで、たっぷりのパスタとスープを絡めて食べられる「クノールスープパスタ」を発売している。このように、個包装のカップスープやパスタ、春雨などのヒット製品はいずれも、味の素が日本で独自に開発したものだ。

　味の素によれば、スープは「栄養があり、体に良い食べ物」「(パンや白飯とともに食べられることで) 手軽に小腹を満たせる便利な食べ物」といったイメージが世界共通にある。また、調理に手間のかかる料理でもあるために、多少余計にお金を払ってでも、おいしくて本格的な味わいのものを食べたいと考える傾向があるという。したがって、缶やレトルト、顆粒などによる調理済みスープの市場は、経済力が高まり、生活水準が向上するほど規模が拡大するとされていた。そこで、日本を含めた世界各国のスープ市場の展開動向を模式化してみると、次のような共通した段階が見られることがわかった（**図表14-1**参照）。

- 鍋で調理する粉末状の欧風スープの素は、一般的な消費者に日常の食で贅沢する余裕が生まれるタイミング（1人当たりGDPが2000ドル前後）から普及が始まる。

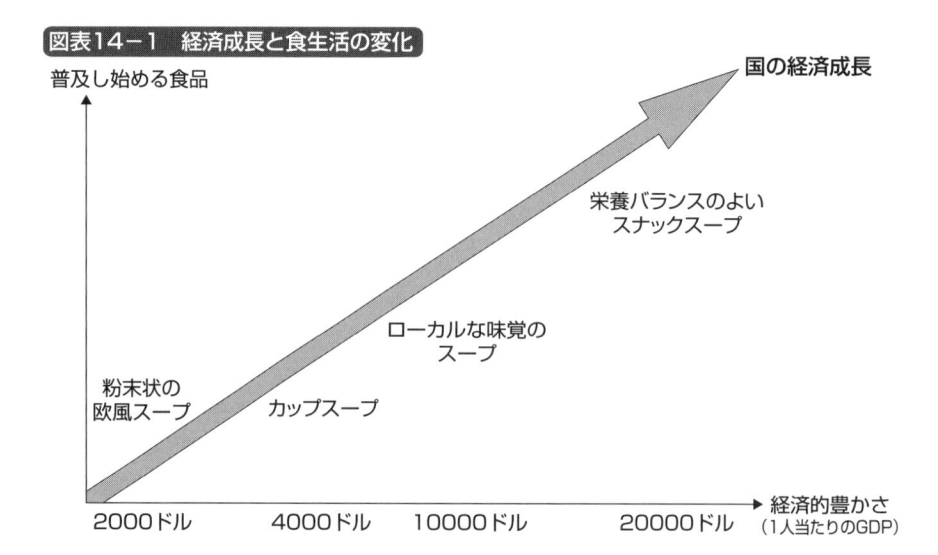

図表14-1　経済成長と食生活の変化

縦軸：普及し始める食品
横軸：経済的豊かさ（1人当たりのGDP）

- 2000ドル：粉末状の欧風スープ
- 4000ドル：カップスープ
- 10000ドル：ローカルな味覚のスープ
- 20000ドル：栄養バランスのよいスナックスープ

→ 国の経済成長

- 1人分を個包装し、お湯を注ぐだけで食べられる商品（カップスープ）は、消費者の生活スタイルが多様化する、1人当たりGDPが4000ドルに達する前後から売れ始める。
- 中華風、和風などローカルな味覚のスープは、食事の簡便性がより一層求められる、1人当たりGDPが1万ドル近辺の経済水準から売れるようになる。
- 1人当たりGDPが2万ドルに達すると、脂肪分が多くてカロリーの高そうな即席麺に対するカウンターとして、「スープパスタ」のような手軽で栄養バランスの良さそうなスナックスープの市場も出現する。

　味の素は従来、海外で風味調味料製品を販売する際には、現地語のブランド名を用いていた。例えばタイでは「ロッディー」、インドネシアでは「マサコ」といった具合だ。こうした現地ブランドでの販売は、その風味調味料が現地の食文化に深く入り込んで使われるようになるというメリットがある一方、国ごとに異なったマーケティング投資をしなければならず、投資効率が悪いというデメリットもあった。
　「カップスープ」は、消費者の「洋風（外国）の食生活や珍しい食べ物に対する憧れ」をうまく取り込んでヒットした商品である。消費者のこの心理は、味の素のこれまでの経験上、日本だけでなく世界中の多くの国である程度共通のものと考えられた。
　こうした分析の結果、味の素は世界中の国・地域の購買力水準とスープ市場の規模、競合の展開状況などを調べて一覧表を作成し、洋風「カップスープ」製品で参入すべき市場を検討して前述の6カ国を選んだ。そして「野菜と肉のおいしさを活かした、欧風の便利で快適な食生活の提案」というメッセージを込めてブランド名を「VONO」（中国語圏では「悠濃（ユーノン）」）と名づけ、周到なマーケティング計画に基づいて市場へ投入した。
　「VONO」は、ブラジルでは発売後わずか4カ月でインスタントスープのトップシェア商品となったほか、他の国でも大成功を収めた。味の素は日本で成功した「カップスープ」を、世界でも一躍トップシェアの製品に育て上げたのである。

理論

　通信手段や移動手段が発達し、世界各国との関係があらゆる側面でより密接になっていく中で、グローバル環境で企業活動を行う機会がますます増えている。国内を中心に活動していても外資が参入してくることもあり、いまやグローバル競争は多くの企業にとって避けて通れない課題になりつつあるのだ。
　ここではグローバル環境において、どのようなマーケティング戦略を立案し実行して

いけばよいかというテーマを取り上げる。

1● グローバル・マーケティングとは何か

　グローバル・マーケティングとは、文化や言語の異なる複数の国・地域に向けて、世界規模で統一的に展開されるマーケティング活動のことである。

　セオドア・レビットによれば、複数の国や地域で事業展開を行う企業のことを「多国籍企業」と呼ぶが、これはグローバル企業ではないとしている。グローバル企業とは、世界またはその大部分を「共通のニーズを持つ顧客のいる1つの市場」と見なして、同じ製品・サービスを同じように販売する企業のことを指すのだという。

　これまで日本企業が海外市場に進出する際、製品の輸出や海外の事業パートナーとの提携あるいは独自展開であれ、味の素のスープ事業の事例と同様に、それぞれの国や地域の文化に合わせてマーケティング活動を行うことが多かった。

　本書では、そうした個別のマーケティング活動ではなく、レビットの定義に沿って、グローバル企業が世界規模で行うマーケティング・マネジメントという意味で「グローバル・マーケティング」という言葉を用いることとする。

2● グローバル・マーケティングの重要性の高まり

　近年、日本の企業において海外市場の重要性は日増しに高まっている。これにはいくつかの原因が考えられる。最も大きな原因は、日本という市場の成長が文字どおり「限界」に達し、その代わりとして海外に魅力的な市場が出現し始めたことだろう。

　出生率の低下により、日本の人口は2007年をピークに減少し始めた。また、人口統計上最もボリュームの大きい「団塊の世代」（1945～55年生まれ）が60歳の定年にさしかかり、収入源が給与から年金にシフトする中で、国内市場の最終消費支出額が大きく下がっていくことも予想されている。日本国内の市場だけをあてにしていては、企業にとってもはや十分な成長が見込めない状況になりつつある。

　一方、国内市場の成熟とは対照的に、かつての日本の市場や顧客と共通した特徴を持つ顧客が、多くの事業分野で世界中に現れ始めた。日本企業によるグローバル展開の成功事例と言えば、古くは自動車、腕時計などの精密機器、個人向け電子機器が主であった。いずれも精巧な加工技術が商品価値の中心を占めるタイプの商品である。

　しかし1990年代以降、ゲーム機およびゲームソフト、アニメ映画、玩具、化粧品、清涼飲料など、商品価値に占める文化的要素の比重がかなり高い商品でも、グローバル

で成功する例が目立ってきているのだ。

その理由として、かつて「世界的に見て特殊」と見なされてきた日本の文化的コンテクスト（背景や文脈）が、海外でも一定の認知と関心を集めるようになったことが挙げられる。味の素のカップスープもその1例だ。食品はもともと、国別に差別化したほうがグローバルで統合するよりもメリットが大きいタイプの産業の1つである。味の素は「日本だけのヒット商品」と見なされていたものが、実は一定の経済的法則に沿って、世界中の市場で求められる商品であることを発見し、それに基づいたグローバル・マーケティングを行うことで成功を収めた。

自動車や精密機器に代表される「世界的な普遍性を持った高度な技術」が、他の産業においても生み出されるようになったことも影響している。そのようなレベルの技術を持つ企業にとって、技術的競争優位を活かせる海外市場への参入が、魅力的かつ必然的な成長機会ととらえられるようになってきたのだ。

もう1つの原因は、前述したように国内・海外の顧客が質的に似通ってきたことによって、海外の企業にとって日本市場はますます「参入しやすい市場」と見られるようになり、国内市場に安住していた日本企業もグローバルな相手との競争にさらされるようになってきたことだ。

スウェーデンの家具製造・小売大手イケアは、1970年代に商社などと提携して日本に進出したことがあったが、当時の国内の家具業界は畳の部屋に置く箪笥やちゃぶ台といった和家具が商品の中心で、自分で組み立てなければならないイケアの洋式家具の需要はほとんどなかった。だが、同社が再参入を果たした2002年には、日本の住環境は大きく変化していた。特に都市部の生活スタイルは洋風化しており、シンプルでセンスが良く、価格も低いイケアの家具に消費者の支持が集まったのだ。これまで国内の家具販売店は、委託販売など独特の商慣行が参入障壁となって、グローバル競争とはほとんど無縁だった。それが突然、4万平方メートル以上という巨大倉庫店舗という形式で乗り込んできたスウェーデン企業との激烈な競争に直面することになったのである。

こうした動向は、決して一過性のものではない。国内を主要市場とする企業も、今後は好むと好まざるとにかかわらず、グローバルな競争を想定した事業展開が求められるようになるだろう。同時に、世界における日本の「ソフトパワー」が高まれば高まるほど、日本からグローバルに展開できる産業の種類も広がっていくだろう。

3● グローバル・マーケティングを行う企業の条件

これまでに述べてきたような市場環境の変化の見通しは、世界各国で事業展開する企

業はもちろん、国内だけで事業を行っている日本企業もグローバル競争への対応が必要なことを示唆している。しかし、複数の海外市場向けの個別マーケティング活動の統合と、国内におけるグローバル競争への備えとは、同じレベルで議論できるものではないことも事実である。つまり、すべての日本企業にグローバル・マーケティングが求められているわけではないのだ。

それでは、どのような企業がグローバル・マーケティングを必要とするのだろうか。グローバル・マーケティングを行う前提として、以下のような条件が存在する。

　前提1：マーケティングが世界中の国や地域ごとに、ある程度独立して行われている。
　前提2：グローバルにマーケティングを統合するメリットが存在する。
　前提3：地域ごとに差別化対応をしないことによる弊害、言い換えるとグローバルでの統合によるデメリットが小さい、または克服可能である。

それぞれについて見ていこう。

◉──── 前提1：国・地域ごとに独立したマーケティング活動を実施

もしある企業が、顧客の求めに応じてあるいは商社など国際的な販売網を持つ代理店を通じて、1つの製品をそのまま世界中に向けて輸出するだけで事足りるのであれば、その企業に「グローバル・マーケティングが必要だ」といった発想は生じないだろう。

企業内で世界規模でのマーケティング活動の一部の統合・共通化が議論されるのは、それが必要となるような前提条件があるからだ。つまり、すでに複数の国・地域に営業や生産などの拠点を持っており、現地で人材を採用し、その人をマネジメントとしても活用していることである。マーケティングも含むマネジメントが国・地域ごとにある程度独立しているからこそ、その一部を世界規模で統合する「グローバル・マーケティング」の必要性を意識するようになるのだ。

グローバル・マーケティングの失敗例を見ると、マーケティング展開のグローバル化の度合いに対する認識が、本社と現地法人とで大きく食い違っているケースが多い。本社がある製品ラインのマーケティング活動をグローバルで統合させようと考えていても、各国の現地法人には本社がつくったマーケティング・コンセプトを地域の市場環境に適応させる能力がない場合、あるいは現地採用の人材でマーケティング活動を始めたばかりで人材育成が急務である場合などは、本社が想定した統合プログラムはうまく機能しない。

一般的に言えば、それぞれの国や地域の顧客や市場の特性に合わせてマーケティング活動を行う能力をまだ獲得していない企業は、現地の人材の登用を含めて地域レベルのマーケティング能力を向上させるのが優先課題である。マーケティング活動のグローバ

ル統合は、現地化の次に来るステージの課題と認識すべきだろう。

> **マーケティングのグローバル化の5つの段階**
>
> 　複数の国や地域でマーケティングを展開しているからといって、すべての企業がグローバル・マーケティングを行う（あるいは、行うべき）というわけではない。国際化のステージに応じて、マーケティング活動はいくつかのレベルに分けられる。
> 　テンプル大学教授の小田部正明とクリスチアン・ヘルセンは、グローバル規模で事業を展開している企業が、グローバルな観点でマーケティング活動を統合するようになるまでには、一般的に以下の5つの段階が見られると述べている。
>
> **第1段階：国内マーケティング**
> 　国内市場の顧客のみを対象にマーケティングを行い、海外企業との競争にも直面していない。
>
> **第2段階：同じ製品を海外の顧客にも提供する「輸出マーケティング」**
> 　製品開発やマーケティングは国内市場しか想定しておらず、国内のマーケティング部門が各国・地域におけるマーケティングを支援しながら進めている。
>
> **第3段階：国際マーケティング**
> 　製品やサービスが各国で競争力を持ち、販売のみならず一部では生産なども各国に拠点が配置され、独自にマーケティング活動が行われている。
>
> **第4段階：多国籍マーケティング**
> 　海外市場との間で研究開発、生産などの統合や役割分担が行われ、マーケティング面でも異なる市場間で統一し、規模の経済を追い求めようとする動きが出ている。
>
> **第5段階：グローバル・マーケティング**
> 　世界を地域ごとに少しずつ特徴の異なる1つの市場と見なし、常に世界規模の市場を視野に入れながらマーケティング担当者が企画を立てたり、各国で情報を共有し合ったりしている。

◉ 前提2：グローバル統合のメリットが存在

　では、国ごとに独立して現地の文化や言語に合わせた最適なマーケティング活動が行われているにもかかわらず、なぜグローバルな観点で統合しなければならないのだろうか。それは、各国市場ごとにマーケティングを最適化しただけでは得られないメリットが享受できるからだ。グローバル・マーケティングには、企業にとって次の3つの利点

があると考えられる。

❶ ターゲット市場の拡大による規模の経済

　世界規模でマーケティングを展開することの最大のメリットは、国内市場だけを相手にしているのに比べてより大きな規模の市場で、より多くの売上げを獲得できることだ。すなわち、グローバル化によって「規模の経済」を享受できる。

　グローバル化に伴うスケール・メリットとしてまず挙げられるのは、製品開発や広告投資の側面だ。新技術の研究開発の進展によって、他社と差別化できる画期的な新製品の開発に莫大なコストがかかるようになった産業ではとりわけ、規模の経済を働かせることが重要である。

　例えば、医薬品業界では、画期的な効能を持つ新薬の開発パイプラインに10年単位で莫大な研究開発費を投じなければならない。また、家庭向け電子機器業界では、高度な技術の開発やそれを搭載した商品のブランド構築に巨額の投資が必要になっている。事実、過去10年余りの間にこれらの業界で世界市場を席巻しているのは、国内市場向けに専用商品を製造しているごく一部の企業を除いて、研究開発やブランド広告など巨額の固定費を投じても世界的な規模の経済を享受できるグローバル企業である。

　このような産業においてグローバル・マーケティングは、巨額投資から効率的に利益を回収したり、"賭金"をつり上げて競合の安易な追随を防いだりするための重要な手法と見なされるようになっている。

❷ ノウハウや経験の素早い蓄積と移転が可能

　大半のグローバル企業にとって、グローバル・マーケティングによる最大のメリットは、「組織能力を含む知識（ノウハウ）に基本を置く資源、資産の反復再生（レプリケーション）から生まれる経済性」である。インターネットをはじめとする安価なビジネスインフラの発達により、多くの産業の構造が資本集約から知識集約へと転換しつつある現在、ノウハウの反復再生による経済性はますます重要性を増している。

　企業における知的ノウハウは、それが調理法であれ、ソフトウエアのデザインであれ、広告宣伝の手法であれ、独自のものを生み出して有効に機能させるのは容易ではない。しかし、一度それに成功すれば、その経験をさまざまな市場環境に適応しながら、ビジネスとして広げていくことが可能である。

　例えば、日用品大手のP&Gは、消臭剤「ファブリーズ」について日本市場で学んだ経験を海外市場にも拡大し、成功している。「ファブリーズ」を日本市場に投入した当初、日本の主婦は同製品を家庭内の衣服などの脱臭にだけ使っていたため、なかなか売

上げが伸びなかった。そこでP&Gは2000年代に、顧客の家庭内での購買意思決定メカニズムに着目して、玄関や家の外（学校、職場など）に置かれている父親の靴、子供のスポーツ用品など、家族の他のメンバーが気にする悪臭の発生源にも使うという新たな用途を提案した。この用途拡大に伴って新しい販促手法も開発され、新たな需要を刺激し、売上げが拡大したのである。その後、この手法は最初にテスト・マーケティングを行った地域の名前をとって「北海道プラクティス」と命名され、世界各国でファブリーズの販促企画に応用された。

　グローバル企業は、あるモデル市場において成功したマーケティング戦略やビジネスモデルを、他の国・地域の市場へ適切なタイミングで反復再生することにより、マーケティング上の競争優位性を実現できる。モデル市場には通常、その分野の最も革新的な製品を受容しやすい「リード市場」が選ばれる。例えば、家庭向け電子機器では日本、携帯通信では韓国、自動車ではヨーロッパがリード市場と見なされ、そこでの成功経験を活かしながら他の市場へと展開している。

❸ 市場間のマーケティング資源の効率的配分と分業が可能

　グローバル・マーケティングが目指すゴールは、商品・サービスの開発・生産・販売といったそれぞれの活動に最も適したリソースを世界中から集め、世界最高の競争力を持たせる仕組みを実現することである。

　ペンタブレット方式の入力デバイス最大手のワコムは、グローバルな観点による最適なリソースを活用して優れた商品を生み出している。同社は、グラフィック入力業務の大きな需要があるハリウッド（映画産業）を抱えるアメリカの西海岸で、入力デバイスの要素技術開発とテスト・マーケティングを行っている。しかし、製品のデザインは優秀な工業デザイナーの多いヨーロッパで、商品の生産は器用で勤勉な労働者の多い日本や韓国で行っている。このような効率的な国際分業によって、ワコムは同分野で世界80％という圧倒的なシェアを獲得している。

　日本企業が高い国際競争力を持つ精密機器や自動車などの産業は、「すり合わせ（インテグラル）」的な技術要素を多く持つために、離れた地域間での分業は困難とされてきた。しかし、こうした産業でも徐々に、効率的な資源配分や国際分業に向けてのさまざまな試みが始まっている。

　なお、市場間の資源配分で最も単純な方法は、ある市場で得た利益を使って別の市場で競合を上回る販売促進やマーケティング・キャンペーンを行うといった「利益共有」である。ただしこの場合でも、単に大幅な値引きをすることは、WTO（世界貿易機関）の反ダンピング規制に抵触する可能性が大きいので注意が必要だ。

◉ 前提3：統合によるデメリットが軽微／克服可能

　グローバル・マーケティングには前記のようなメリットがある一方で、デメリットもある。マイケル・ポーターと一橋大学教授の竹内弘高は、「グローバルなマーケティング戦略の統合は、標準化のデメリットとの間に常に緊張をはらむ」と指摘している。標準化になじまない、国や地域ごとの差異として消費者の嗜好とニーズ、政府による規制、流通チャネルなどがある。ただし、差別化しないことによるデメリットが小さい、もしくは克服できる場合には、グローバル統合は可能である。

　以下で、国や地域ごとの主な差異と、グローバル企業の対応の可能性について見ていこう。

●消費者の嗜好とニーズ

　各地域で独立したマーケティングを要求する最大の要因は、地域ごとに消費者の嗜好やニーズが異なることが多いという現実だ。しかし、セオドア・レビットはこれに対して「（地域ごとの違いは）徐々に消えていくか、世界中に伝播し、"エスニック（民族性）"になる」と述べ、長期的に見ればグローバルな統合の障害にはなりえないと主張する。

　消費者の嗜好の違いの根底にあるのは、気候、宗教、言語などよって生じる地域固有の文化（生活習慣、価値観、コミュニケーション）である。文化とは、大ざっぱに言えば「グループまたは社会で共有された意味論のシステム」だ。そして、地域や国ごとの文化の違いは、ある製品・サービスの価値をどのように受け取るかの差異となって現れる。

　1970年代に日清食品がカップヌードルをアメリカで売ろうと試みたときに苦慮したのは、日本で「最も安く簡単に食べられる携帯食品」として売れていた同製品が、アメリカでは「珍しい味のエスニック食品」と受け取られそうになったことだ。日清食品はアメリカの食料品店に対して、カップヌードルをスープ類の棚に並べるように働きかけた。その結果、珍しい食べ物が好きな人を対象にしたニッチ製品ではなく、大多数のアメリカ人が受け入れる食品として位置づけることに成功した。

　文化によって生じる嗜好やニーズの差異を、製品仕様の微調整や広告メッセージの変更などマーケティング努力によって解消できるかどうかは、製品・サービスによって異なる。ただし多くの場合、その対応にかかるコストは、一国内のさまざまな顧客層に対応するのとほぼ変わらず、グローバル企業にとってそれほど大きな負担とはならない。

●政府による規制

　グローバル・マーケティングのもう1つの障壁は、各国の政府による法規制である。

金融、医薬、通信、メディア、エネルギーなどの産業分野では、国の政策に深く関係する国内企業には海外資本による買収防止策がとられていることもある。ほかにも、国家的な安全保障の維持などを狙いとする政府のさまざまな規制によって、国や地域ごとに明らかに異なる市場が形成されている。

　政府による法規制を、グローバル・マーケティングのみによって乗り越えることは困難である。しかし、政府に対して直接的・間接的にさまざまな働きかけをすることは可能である。

　例えば、ノルウェーの通信会社テレノールは、バングラデシュの携帯電話会社グラミンフォンに出資して農村部などに携帯通信を普及させたが、当初はさまざまな参入規制に苦しめられた。そこで、同国の農村部でマイクロファイナンスを提供していたグラミンバンクと連携しながら、政府に働きかけて規制を変更させることに成功した。

　このほか、グローバル企業に対して閉鎖的政策をとったほうが自国の消費者利得が高まると政府が考えているなら、消費者に対してグローバル企業のほうが国内企業よりも高い利得を提供できることを訴えかけ、間接的に政策変更を促すといった方法もとりうるだろう。

●流通チャネル

　グローバル・マーケティングにおいて、国や地域ごとの差別化対応が最も求められるのは、流通システムへの対応である。流通チャネルは、ある程度はその国や地域の経済発展の段階を反映するが、国ごとに固有の要素も大きく、さまざまな商慣習の違いを生む原因となっている。

　日用雑貨の場合、先進国でも、その流通構造はさまざまである。北米やイギリスは、少数の大規模小売チェーンが市場の大半を占めている。日本では、数百にものぼる小規模で多様な業態の小売チェーンを重層的にカバーする、強力な卸売業者のネットワークが存在する。南欧では、小規模な独立小売店が中心となっている。P&G、ユニリーバといったグローバル企業は、こうした国ごとの流通システムの差異を踏まえたマーケティング戦略を展開している。

　グローバル企業は、既存の流通システムに合わせてマーケティング戦略を構築するか、自社に最適化した独自チャネルを開発するかの選択を迫られることになる。例えば、サントリーは中国の上海地域でビール事業に参入する際に、従来の複雑な卸売業者のネットワークと決別することにした。そして、零細卸売商を選別してサントリー製品だけを扱う専売卸のネットワークを自ら立ち上げ、ビールの主要流通チャネルであった小規模雑貨店へ直接アクセスする流通システムを確保した。

4 ● グローバル・マーケティング実現のプロセスと注意点

　すでに世界規模で各地に差別化されたマーケティング戦略を展開し、それなりの成功を収めている企業にとっては、グローバル・マーケティングへの移行は想像するよりもはるかに困難である。どんな業界でも、「グローバルで共通化・標準化された商品」を欲しがる顧客は、現実にはほとんどいない。どの国や地域でも、顧客は「自分たちの都合を考慮してつくられた商品を欲しい」と答えるし、現地のマネジメントにも彼らなりの都合やプライドがある。したがって、グローバルでの統合を進めると、ほぼ確実に、何らかの形で現地法人の強い抵抗に遭遇する。とりわけ、マネジメントの権限委譲が進んでいれば進んでいるほど、そうした抵抗は強くなる。

　だからといって、現地法人の意向に安易に迎合するようなグローバル・マーケティングでは、規模の経済や知識の蓄積・移転、市場間の資源配分の効率化など、先に挙げたメリットを享受できなくなる。特定の現地法人が支持するマーケティング戦略が、他の地域の顧客にも受け入れられるとは限らないし、国ごとの差別化に対応しすぎると効率が悪くなり、市場間のノウハウの共有・移転が利かない従来のマーケティングと変わらなくなってしまうからだ。

● グローバル統合のプロセス

　グローバル・マーケティングのメリットを最大化するために、マーケティング担当者は、細心の配慮をしながら統合を進めていかなければならない。スイスのビジネススクール、IMD教授のカムラン・カシャーニは、グローバル・マーケティングを行う企業がとるべきプロセスと、その中で陥りがちないくつかの罠を挙げている。そのプロセスは4つに分けられる（**図表14-2**参照）。

　このプロセスに沿って、地域別マーケティングからグローバル・マーケティングへとシフトしていく際の注意点について解説していこう。

❶ グローバル市場で共通するマーケティング・コンセプトの構築

　マーケティング活動をグローバルに統合していくためにはまず、異なる国や地域の市場間におけるマーケティング活動の中で統合すべき部分を示す、共通のコンセプトを固めることが必要である。

　統合によるメリットを得るためには、規模の経済を得られる製品ラインや広告クリエイティブを共通化するのが最も手っ取り早い。しかし、こうしたマーケティング・ミックスの一部を共通化するだけでは、継続的な統合はなしえない。というのも、それで本

図表14-2 グローバル・マーケティングのプロセス

❶グローバル市場で共通する
マーケティング・コンセプトの構築
— 本社主導方式
— リード市場主導方式

↓

❷市場調査によるコンセプトの精緻化と
ターゲット市場の選定
— 共通セグメント方式
— 国別多様セグメント方式
— 類似国グループ化方式

↓

❸統一プログラムの導入に向けた
内部コミュニケーション
— 役割分担の決定
（統合・共通化と国別対応）

↓

❹プログラムの組織的実行と変化への
柔軟な対応
— 市場の変化に合わせて
柔軟にマーケティングを修正

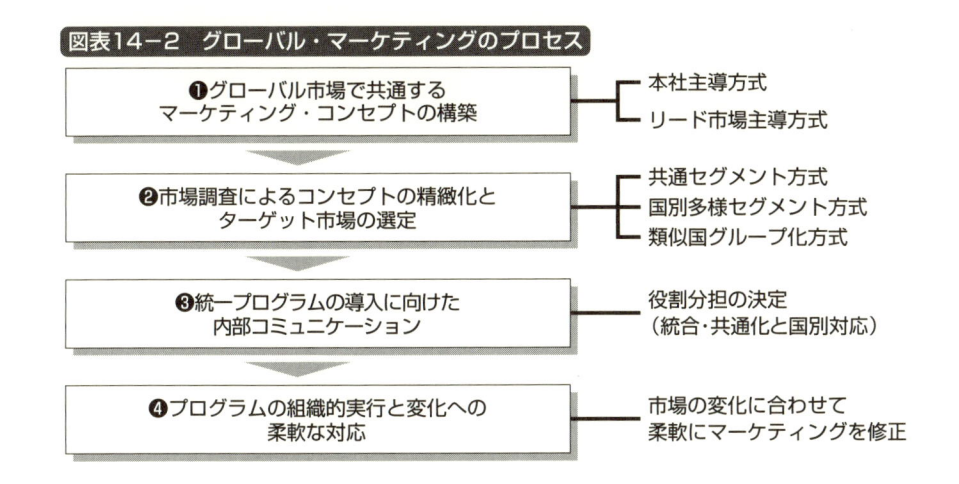

社部門はメリットを得られるかもしれないが、各地域のマーケティング部門は当地の顧客に合わせたマーケティング・ミックス展開での自由度が減らされ、統合に反発するようになるからだ。

　したがって、単純なマーケティング・ミックスの一部の共通化ではなく、マーケティング戦略のレベルで共通化すべきコンセプトを構築することが必要だ。このコンセプトは、異なる市場でも共通する顧客ニーズやビジネスモデルに関する仮説を含み、それを採用することで現地マーケティング部門の活動の成功確率を上げ、または各国の現地法人の顧客満足度が向上して収益が改善するようなものでなければならない。

　グローバル・マーケティングのコンセプトを構築するためによく用いられるのが、次の2つの方式だ。①本社にプロダクト・マネジャーや国際マーケティング担当といった役職を置いてマーケティング・プログラムを企画する「本社主導」方式と、②その製品・サービスのマーケティングが最も成功した国・地域（リード市場）を見本にして標準化モデルを構築し、それ以外の国・地域に同じ手法を適用する「リード市場主導」方式である。冒頭で紹介した味の素は、非欧米諸国にインスタントスープを展開する際に、「欧米風の食生活に憧れる消費者に向けたマーケティング」で最も成功した日本市場をモデルにして、これらの地域共通のマーケティング・コンセプトを構築した。その意味では、「リード市場主導」方式に分類できるだろう。

　どちらの方式をとるにせよ、国・地域ごとのマーケティング活動が地域の市場環境の変化に柔軟に対応できなくなるような、硬直的なマーケティング・コンセプトの構築は避けなければならない。本社スタッフやリード市場のマーケティング担当者が世界各国

の現場事情を知らないまま、一部地域の成功体験に基づいてコンセプトをつくると、多様な市場環境への適応が想定されていないため、硬直的かつ狭量で、弊害を生じやすくなる。

　各国・地域の市場はそれぞれ固有の消費者の嗜好・ニーズや法規制、流通チャネルを抱え、競争状況も異なる。これらは、文化的な差異から生じている場合と、その地域における事業の発展ステージの差異から生じている場合がある。

　前者に対応するためには、マーケティング活動を設計する際に現地法人にある程度の自由度、つまり標準コンセプトの一部を変更して独自の施策を導入する権限を持たせる必要がある。一方、後者の差異に対しては、複数の国の市場環境への対応策を含んだ、より包括的なコンセプトを構築するとよい。例えば、味の素のカップスープの事例は後者のタイプに分類できる。同社は当該製品を取り巻く市場環境の変化の経緯を踏まえたうえで、各国の事業の発展ステージに合わせた製品ラインや広告メッセージを選択できるようにした。

❷ 市場調査によるコンセプトの精緻化と、ターゲット市場の選定

　グローバル市場の共通点を活かしつつ、各国市場の差異への対応を含んだ、包括的なマーケティング・コンセプトを構築したら、次に着手するのは市場調査である。そのグローバル・マーケティングプログラムは、各国・地域の市場に実際に導入することが可能かどうか事前に調査する。そして、その結果に基づいてコンセプトを修正し、導入すべき市場セグメントを選定していくのだ。

　カムラン・カシャーニによれば、グローバル・マーケティングのプログラム導入に際した意思決定プロセスの初期段階での市場調査を省いた事例のうち、約3分の2が失敗に終わっているという。とりわけ要注意なのが、特定のリード市場で成功したマーケティング・プログラムが、他の国や地域の市場でも通用するだろうと安易に思い込み、入念な事前調査なしに導入してしまうケースである。消費者に伝えたい価値は同じだとしても、それを市場特有のコンテクストの中で効果的に伝えるためには、異なる広告や販促の手法を用いたほうがよいことも少なくない。

　例えば、任天堂は2006年、据え置き型ゲーム機「Wii」の世界発売に際して、日本市場向けと欧米市場向けに2種類の異なるテレビCMを用意した。先行発売したアメリカ市場では発売後に、2人の日本人がうやうやしくお辞儀しながら家族にゲームを勧めて回る「Wii like to play」と呼ばれるキャンペーンCMを展開した。一方、発売が数週間遅れた日本市場では、欧米よりも2カ月以上早い時点で、コントローラのみを見せて「これは何でしょう？」と問いかけるティザー（じらし）広告を展開した。というの

は、日本では国民のほとんどが過去に何らかの形でゲームをした経験があり、任天堂が発売する次世代ゲーム機についてもポジティブな受け取め方をする人が多いのに対して、欧米の消費者は家庭用ゲームに関して「子供のおもちゃ」「暴力的で好ましくないものが多い」といったイメージを強く持っていたからだ。消費者の持つコンテクストや期待に合わせて、発するメッセージを変えたわけだが、どちらもWiiの特徴である「まったく新しいタイプのコントローラを使って初心者にも楽しく遊べる」ことを伝えるというコンセプトに基づいた広告活動と言える。

この例からもわかるように、グローバルで共通のマーケティング・コンセプトが本当にどの市場でも受け入れられるのか、また受け入れられるとすれば、特定の市場でそのコンセプトのどこを強調し、どのように導入していけばよいのか、市場調査によって検証しながら決めていく必要がある。

さらに市場調査では、実際に導入する場合、どの市場セグメントに導入するかということも押さえておきたい。ポーターと竹内は、グローバルをする際のターゲットセグメント選定の方法として、以下の3つがあると述べている（**図表14-3**参照）。

● **共通セグメント方式**

複数の市場において、同じ特性のセグメントに対して、同一の製品・サービスを導入する方式。

当然ながら国によってセグメントの規模や競合の有無などに差はあるものの、世界で共通の顧客を相手にマーケティングの共通化が図れるというメリットがある。世界規模での顧客の移動や情報流通の可能性の高い、高級志向の人々や多国籍企業などのセグメントに対して、この方式がとられることが多い。ただし、該当セグメントの規模がきわめて小さい国や地域では、非常に非効率なマーケティングとなってしまう可能性がある。

● **国別多様セグメント方式**

国や地域ごとに異なる特性の顧客セグメントに向けて同一製品・サービスを導入する方式。

実際の製品・サービスの多くは、各国における事業の発展ステージや文化の差異を踏まえ、国別に最適なセグメントを選び、最適なマーケティング・ミックスとともに導入される。この場合、製品の開発や生産面での規模化以外に、グローバル統合の主なメリットはほとんどないが、同じ製品・サービスの売上げをどの国でも最大化できるため、規模の経済性は最大限に享受できる。電子機器やカメラ、自動車といった一般消費者向けの大量生産品や、それほどコストをかけずに部分的改良ができる製品にとっては、最

図表14-3 統合マーケティングとターゲットセグメント

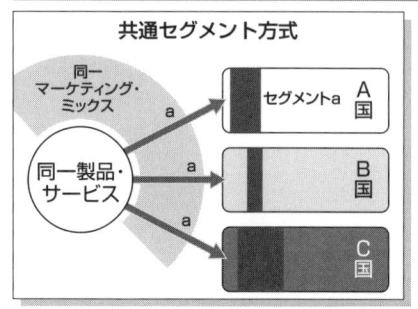

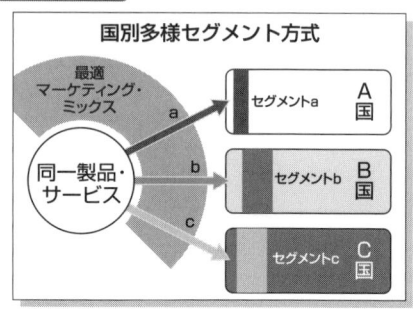

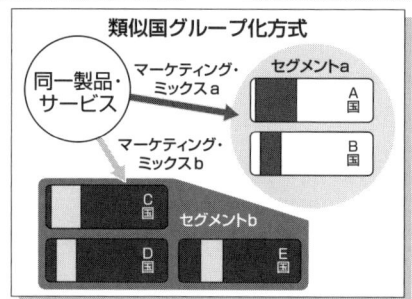

[共通セグメント方式／国別多様セグメント方式／類似国グループ化方式を示す図]

も適したセグメント選定方法である。

●類似国グループ化方式

共通セグメント方式と国別多様セグメント方式との折衷方式。

同じ特性のセグメントをある程度同じ国や地域をグループにまとめて、同一の製品・サービスを同一のマーケティングで導入する。一般的には文化的特徴の似た地域（北米、中南米、ヨーロッパ、アジアなど）をグループ化することが多いが、製品・サービスやマーケティング・コンセプトの特徴に従って、気候や宗教、流通チャネル、経済発展の度合いなどで類似国をグループ化することもある。得られるメリットは、共通セグメント方式と国別多様セグメント方式の中間程度となる。

どの企業も最初から、いずれの国・地域でも同じセグメントに向けて、同一の製品・サービスを、同じマーケティング手段で導入できるわけではない。しかし、グローバル企業としては、段階を踏みながら、各国の市場特性を自社の製品・サービスにとってできるだけ都合の良い方向に変化させることが重要だ。

アメリカのアイスクリームブランド「ハーゲンダッツ」は1980年代、それまで「アイスクリームは子供のおやつ」と位置づけられていた日本市場に参入し、倍以上の単価の「大人向けの高級アイスクリーム」セグメントを作り出すことに成功した。その後、このマーケティングのノウハウを世界中に"輸出"し、多くの国で同様の成功を収めるに至っている。

この例からもわかるように、グローバル・マーケティングにおいては、個別市場における既存セグメントの選択だけでなく、自社の製品のための新しい市場セグメントを創出するようなマーケティング戦略の立案が求められている。

❸ 統一プログラムの導入に向けた内部コミュニケーション

グローバル規模でマーケティング・プログラムを統合するコンセプトとそのターゲットとなる国や地域、顧客セグメントなど戦略の概要が固まったら、それを実際に各国・地域で導入していくために、現地法人とのコミュニケーションの段階に入る。

逆説的だが、マーケティング戦略の統合や共通化は、企業が製品・サービスの販売を通してより大きな利益を上げるための手段であり、統合や共通化そのものが目的ではない。グローバル・マーケティングが成功するかどうかを左右するのはやはり、顧客を抱え、流通政策や価格決定の権限を持つ各国・地域の現地法人である。彼らのやる気をそいでまでマーケティング戦略を統合・共通化しても、そのプログラムは最終的に成功しない。グローバル・マーケティングのプログラム導入に際しては、現地法人がそれぞれの国や地域の顧客に合わせて、きめ細かい調整を行う余地を残しておくことが重要だ。欧米の企業では、マーケティング活動全体の中でどの部分を統合・共通化し、どの部分は個別対応を許すか、ガイドラインを持つ企業が多い。

例えば、コカ・コーラではマーケティング活動のプロセス（調査、商品企画、ファイナンス）から、製品デザインやブランド、広告テーマの設定まで、世界規模でほぼ共通化されており、各国に任されているのは瓶詰めなどの生産と調達、また価格設定や流通管理、販促活動などいくつかの項目だけである（注：日本市場では例外的に商品企画なども行っているが、社内のマネジメントの方法論はグローバル共通である）。ところがネスレでは、市場調査とファイナンス、製品パッケージやブランドのデザイン以外の業務は、かなりの割合で現地法人の裁量に任されているという。これは、高度にグローバル統合された清涼飲料を核とするコカ・コーラと、チョコレート、アイスクリーム、インスタントコーヒー、ベビーフード、ミネラルウォーターなど、国ごとに文化的差異の強い製品ラインを多数抱えるネスレの事業構造の違いに起因する。

いずれにせよ、統合・共通化と個別対応の役割分担を定めたガイドラインがあれば、

マーケティング・プログラムの具体的な内容についてコミュニケーションを進めやすくなる。ただし、役割分担をあまりに細かい部分まで取り決めてしまうと、従来とは異なる新製品を市場に投入する際のプログラムの柔軟性が損なわれるおそれがある。

　一般的なグローバル企業は、統合する製品のマーケティング・コンセプトと戦略プログラムが固まるまでの間に、何らかの形で現地法人がそのプロセスに関与する仕組みを導入している。現地法人のトップが本社役員を兼務する、プロダクトごとに現地法人と本社のスタッフで構成されるチームが定例ミーティングを行うといった体制をつくっている企業も少なくない。

　グローバルなマーケティング統合は本社のリーダーシップなしには実現できないが、各国・地域の現地法人の持つマーケティング資源、またそれぞれの個別市場や顧客との関係を無視して進めることもできない。これら個別的な要素にも日頃から目配りしておくような仕組みが必要だ。

❹ プログラムの組織的実行と変化への柔軟な対応

　グローバル・マーケティングの実行は、通常のマーケティング戦略とさほど変わらない。大切なのは、戦略を市場や顧客よりも優先させるのではなく、あくまでも顧客を第一に考えていくことだ。市場や顧客は時間とともに変化し続ける。当初考えていたマーケティング・プログラムが現状に対応していないなら、ためらうことなく修正しなくてはならない。プログラムに誤りを見つけたら速やかに修正し、柔軟に対応するというプロセスをグローバル・レベルで進めていくことが大切である。

　先述したP&Gの「ファブリーズ」も、柔軟に対応した事例と言えるだろう。この製品は、当初アメリカ本国で市場に投入された。衣料品を中心に家庭内の不快な臭いの発生源に吹き付けるという用途を想定していたので、臭いに敏感と思われる民族性の国や地域を選んで販売したものの、期待したほどの売上げに達しなかった。日本では、嫌な臭いに敏感であっても、それを解消するために家計費から数百円も投じてファブリーズを買うことに抵抗感のある主婦が多かった。この問題を解決するために日本市場で編み出されたのが「家庭の外での需要を刺激する」「主婦以外の家族メンバーに消臭剤の用途と必要性を実感させる」という提案であり、それに応じたコミュニケーション戦略の変更であった。そして、それをそのほかの売上げ不振の地域に広げていくことで、P&Gは成功を収めたのである。

　グローバル・マーケティングにおいて、当初計画したプログラムがある市場で期待されたような成果を出せなかった場合、本社のプログラム推進担当者は、その問題を特定し普遍化したうえで、他の国や地域でも似たような問題が起こっていないか、その解決

策となりそうなアイデアや成功事例がどこかに存在していないか、グローバルに問いかけて問題解決を進めるべきだ。そうした成功事例の共有とノウハウの移転こそが、グローバル・マーケティングを実行することの真のメリットだからである。

　変更の必要性を理解せず、トップダウンで画一的なグローバル・マーケティング統合を行えば、前述したようなデメリット部分が噴出するリスクが高い。マクドナルドのように、食材調達や店舗設計の側面ではグローバル化していても、メニュー開発など事業のコア部分を各国・地域の現地法人の裁量に任せているというグローバル企業は少なくない。グローバル統合を進める場合には、業界や製品・サービスの種類だけグローバル化の最適解にも種類があると考えて、自社の現地法人と本社のそれぞれが最もメリットを多く享受できるグローバル・マーケティングの形態とは何か、よく検討する必要があるだろう。

● あとがき

　本書は、1997年の初版を改訂して2005年に発行された『新版 ＭＢＡマーケティング』をベースに、近年のトピックスを加筆し、またケースや事例などを加筆修正した改訂3版である。「グロービスＭＢＡシリーズ」は、ＭＢＡカリキュラムで学ぶ企業経営の各分野について、実践的で役に立つ情報を教科書形式で提供しようとするものだ。1995年の第一弾『ＭＢＡマネジメント・ブック』の上梓以来、延べ110万人以上に愛読されている。『ＭＢＡマーケティング』はシリーズの中でも人気のテーマで、旧版、新版合わせてこれまでに約30版を重ね、多くの人に愛読されてきた。

　今回の改訂では、昨今のトレンドの変化、特にITの進化に伴う情報流の変化やグローバル経営、あるいはCSRやコンプライアンスという課題に対して、マーケティングの観点から企業はどのように対処すべきか、そのポイントを大幅に加筆している。また、全体的に、古くなったり状況が変わった事例は新しい事例に差し替えるとともに、第1章は構成を見直すことで、マーケティングのエッセンスがより直接的に理解できるよう工夫を加えている。もちろん、マーケティングの意義とその可能性を、経営に関連づけながら理解したいと考えるビジネスパーソンにとってわかりやい教科書にしたいとの思いは一貫している。

　グロービスは1992年に社会人を対象としたビジネススクール「グロービス・マネジメント・スクール（GMS）」を開校し、以来、一貫して実践的な経営教育を行ってきた。現在では年間延べ1万人以上が受講する日本で最大規模の経営教育機関に成長している。

　2003年4月には独自の修了証書であるGDBA（Graduate Diploma in Business Administration）を授与する「社会認知型ビジネススクール」をスタートさせた。その後、小泉内閣により構造改革特別区制度が創設されて教育特区が誕生、また「専門職大学院制度」が創設されたのを受け、2005年春には東京都千代田区ならびに大阪市に特区申請を行い、2006年4月よりMBAが取得できる「グロービス経営大学院」を開学した。さらにグロービス経営大学院は、2008年4月からは、学校法人立の経営大学

院へと移行し、規模、評価とも国内屈指の経営大学院へと発展している。現在はInternational MBA Program（IMBA）という、英語で取得できるMBAプログラムも展開している。これからも、「アジアNo.1のビジネススクール」を目指して邁進していくつもりだ。

　グロービスではまた、組織能力強化を手助けすることを目的に、実践的なトレーニング・プログラムをさまざまな企業に提供するグロービス・オーガニゼーション・ラーニング（GOL）事業を1993年から開始し、企業の要望に応じてMBAで学ぶ経営フレームワークや論理思考、リーダーシップ開発などの講座を開講している。

　グロービスはそのほかにも、第1号ファンド、第2号ファンド、第3号ファンドを手がけるベンチャー・キャピタル事業、実践的な経営に関する知を発信する出版やオンライン経営情報誌「GLOBIS.JP」といった事業を展開している。

　マーケティングは、キャッシュの源泉である顧客と最も直接的に接するという意味で、企業活動の中でも最も重要な機能の1つと言えよう。一部の例外的なテクノロジーオリエンテッドな企業を除けば、マーケティング機能の弱い企業で優れた業績を上げ続けている例はないと言える。

　その一方で、マーケティングという機能は、マーケティング部門や営業部門の人間だけが担うべきものでもない。彼らとの密な協業はもちろん、すべての社員がマーケティング思考、顧客思考を持ち、さまざまな情報やアイデアをマーケティング・プロセスにフィードバックしていくことが必要なのだ。

　次世代を担うビジネスパーソンが、1人でも多くマーケティングの重要性とその考え方を習得し、ビジネスの実務にあたられることを切に願う次第である。

グロービス経営大学院

● 参考文献

■全般
グロービス編著『新版MBAマネジメント・ブック』ダイヤモンド社、2003年
フィリップ・コトラー著『マーケティング原理 第9版』ダイヤモンド社、2003年
フィリップ・コトラー著『コトラーのマーケティング・マネジメント ミレニアム版』ピアソン・エデュケーション、2001年
フィリップ・コトラー著『マーケティング・マネジメント』プレジデント社、1983年
マイケル・ポーター著『競争優位の戦略』ダイヤモンド社、1985年
D・A・アーカー著『戦略市場経営』ダイヤモンド社、1986年
ドーン・イアコブッチ編著『ノースウェスタン大学大学院ケロッグ・スクール マーケティング戦略論』ダイヤモンド社、2001年
嶋口充輝著『戦略的マーケティングの理論』誠文堂新光社、1984年
グロービス編『ベンチャー経営革命』日経BP社、1996年

■第1章　マーケティングの意義とプロセス
デビッド・テーラー著『ブランド・ストレッチ』英治出版、2004年
T.Levitt, "Marketing Myopia", *Harvard Business Review*, July-Aug 1960
Francis J. Aguilar;Arvind Bhambri, "Johnson & Johnson (A)", Harvard Business School Case,1983
日本経済新聞　2004年8月16日
「市場ニーズを読み違えた"革命児"松井証券の焦燥」週刊東洋経済、2007年7月21日号、東洋経済新報社
日経ビジネス1995年6月12日号、1996年8月5日号、日経BP社
「カブドットコム証券が挑む私設夜間取引」日経ビジネス、2006年7月31日号、日経BP社
「松井証券―老舗の弱小証券会社が大手を凌駕しえた理由」週刊東洋経済、2001年8月4日号、東洋経済新報社
「営業マンなくしインターネット取引で急成長　松井道夫氏」日経ビジネス、1999年9月13日号、日経BP社
ウェブ掲載記事：「松井証券 松井社長インタビュー」ALL ABOUT、2005年11月30日（http://allabout.co.jp/career/net4biz/closeup/CU20051130A/）

■第2章　環境分析と市場機会の発見
西村繁男著『さらば、わが青春の「少年ジャンプ」』幻冬舎（幻冬舎文庫）、1997年
ウェブサイト：「思い出の週刊少年ジャンプ」（http://web.poporo.net/home/davidbowie/）

■第3章　セグメンテーション、ターゲティング
斎藤駿著『なぜ通販で買うのですか』集英社（集英社新書）、2004年4月
ビジネスリサーチ・ジャパン著『図解業界地図が一目でわかる本〈2004年版〉』三笠書房、

2004年
一橋総合研究所編『図解革命！業界地図最新ダイジェスト〈2004年版〉』高橋書店、2003年
マイケル・シルバースタイン、ニール・フィスク、ジョン・ブットマン著『なぜ高くても買ってしまうのか』ダイヤモンド社、2004年
平成16年度 就業構造基本調査
平成19年度 就業構造基本調査
日経産業新聞　2004年5月21日
日経流通新聞MJ　2003年5月1日、2000年6月3日、1999年11月2日、1989年3月18日
「『選ぶ目』こそが最大の売り物」日経ビジネス、2003年2月24日号、日経BP社
「2007年の富裕層・超富裕層マーケットは90.3万世帯、254兆円、相続マーケットは2015年に102兆円に拡大」野村総合研究所、ニュースリリース、2008年10月1日
「ＰＢ、安さ武器にシェア拡大」日本経済新聞デジタルメディアNEEDS、2008年7月16日
カタログハウス ホームページ（http://www.cataloghouse.co.jp/）
ウェブ掲載記事：鈴木 敏彰「ビジネスイノベーションを実現する顧客戦略」、BITS（Business & IT Strategy）2004（http://premium.nikkeibp.co.jp/bits/bits_special/special11_index.shtml）

■第4章　ポジショニング
ジャック・トラウト、スチーブ・リブキン著『ユニーク・ポジショニング―あなたは自社の「独自性」を見落としている！』ダイヤモンド社、2001年
アル・ライズ、ローラ・ライズ著『ブランディング22の法則』東急エージェンシー出版部、1999年
M.・トレーシー、F・ウィアセーマ著『ナンバーワン企業の法則―勝者が選んだポジショニング』日本経済新聞社、2003年
数江良一「マーケティングではこう考え、行動する。商品コンセプトのつくり方 第2回」THINK!、2008年夏号、東洋経済新報社
日経産業新聞　1992年4月15日、1994年3月14日、1994年7月25日
日経流通新聞　1992年12月10日
「日産マーチ快走！ 迎え撃つトヨタ、ホンダ　世界小型車戦争」週刊エコノミスト、2002年4月23日号、毎日新聞社
「ルノー提携の申し子誕生」日経ビジネス、20023年5月20日、日経BP社
「国産にこだわったチョイノリ」日経デザイン、2004年11月24日、日経BP社

■第6章　価格戦略
青木淳著『価格と顧客価値のマーケティング戦略』ダイヤモンド社、1999年
日本経済新聞　2004年6月5日、2002年12月23日
日経流通新聞MJ　2004年9月7日、2002年12月4日、2002年9月24日

日経プラスワン　2002年6月1日
「米コーチ　袋の中身に緻密な計算」日経ビジネス、2004年8月2日号、日経BP社

■第7章　流通戦略
渡部達朗著『現代流通政策―流通システムの再編成と政策展開』中央経済社、1999年
「変わる系列店政策」週刊東洋経済、2004年5月1日号、東洋経済新報社
「デジタル家電『失速』の深層―どうした！デジタル景気」週刊東洋経済、2004年12月11日号、東洋経済新報社
「量販の王ヤマダ電機　街の電気屋を取り込め!!」週刊東洋経済、2007年5月12日号、東洋経済新報社
「特集：松下　未完の改革　動き出した『モノ』」日経ビジネス、2006年7月3日号、日経BP社
パナソニック　ホームページ（http://panasonic.co.jp/）

■第8章　コミュニケーション戦略
水口健次著『マーケティング戦略の実際』日本経済新聞社（日経文庫）、1992年
田中秀樹、須田哲史著『IT時代の売上拡大の決め手　インターネット広告―プランの立て方からポスト・クリック分析まで』ＰＨＰ研究所、2001年
ウジトモコ著『視覚マーケティングのススメ』クロスメディア・パブリッシング、2008年
湯川鶴章著『次世代マーケティングプラットフォーム―広告とマスメディアの地位を奪うもの』ソフトバンク・クリエイティブ、2008年
デビット・マーマン・スコット著『マーケティングとPRの実践ネット戦略』日経BP社、2009年
『あすか会議2008「創造」ネットベンチャーの経営者に聞く～次なる"創造"を生み出す源泉～』GLOBIS.JP、2008年7月17日
日経産業新聞　2007年3月20日、2008年2月20日

■第9章　ブランド戦略
ケビン・レーン・ケラー著『戦略的ブランド・マネジメント』東急エージェンシー、1998年
フィリップ・コトラー、ゲイリー・アームストロング著『コトラーのマーケティング入門 第4版』ピアソン・エデュケーション、1999年
Ｄ・Ａ・アーカー著『ブランド・エクイティ戦略』ダイヤモンド社、1991年
Ｄ・Ａ・アーカー、エーリッヒ・ヨアヒムスターラー著『ブランド・リーダーシップ』ダイヤモンド社、2000年
アリス・Ｍ・タイボー、ティム・カルキンス編著『ケロッグ経営大学院　ブランド実践講座』ダイヤモンド社、2006年
マイケル・ポーター、マーク・Ｒ・クラマー「競争優位のCSR戦略」DIAMONDハーバード・ビジネス・レビュー、2008年1月号
デビッド・Ａ・アーカー、阿久津聡「ブランドが組織と戦略を統合する」DIAMONDハーバー

ド・ビジネス・レビュー、2002年3月号
伊藤邦雄著『コーポレートブランド経営』日本経済新聞社、2000年
広瀬義州著、知的財産総合研究所編『「ブランド」の考え方』中央経済社、2003年
片平秀貴、古川一郎、阿部誠著『超顧客主義』東洋経済新報社、2003年
片平秀貴、森摂著『ブランドのDNA　ブランド戦略9つのウソとホント』日経BP社、2005年
David A.Aaker, "Building Strong Brands", *The Free Press*, 1996
Edward M. Tauber, "Brand Leverage：Strategy for Growth in a Cost-controlled World",
　　Journal of Advertising Research, Sept-Oct 1988
日本経済新聞　2008年10月2日、1994年10月31日
「環境対策のノウハウを売り込め！」日経エコロジー、2005年4月号、日経BP社
「グループ・グローバルにCSRを展開」月刊ビジネス・リサーチ、2004年3月号、企業研究会
ウェブ掲載記事：五反田建義、寺本義也「生産財企業におけるコーポレートブランド戦略の本
　　質」(http://www.jape.jp/home.nsf/Soukai7Files/$File/2004-2-4.pdf)
ウェブ掲載記事：高木邦子「なぜ「環境経営のリコー」がITガバナンスでもトップになった
　　のか」ITpro、2007年5月17日 (http://itpro.nikkeibp.co.jp/index.html)
リコーグループ「環境経営報告書2008年」「社会的正規人経営報告書2008年」
リコー　ホームページ (http://www.ricoh.co.jp/)
ネスレ　ホームページ (http://www.nestle.co.jp/)
資生堂　ホームページ (http://www.shiseido.co.jp/)
カネボウ化粧品　ホームページ (http://www.kanebo-cosmetics.co.jp/)
ベネッセコーポレーション　ホームページ (http://www.benesse.co.jp/)
ハーレーダビッドソン　ホームページ　http://www.harley-davidson.co.jp/
トヨタ自動車　ホームページ (http://www.toyota.co.jp/)
TOTO　ホームページ (http://www.toto.co.jp/)
日清食品　ホームページ (http://www.nissinfoods.co.jp/)

■第10章　マーケティング・リサーチ
上田拓治著『マーケティングリサーチの論理と技法』日本評論社、1999年
D・A・アーカー、G・S・デイ著『マーケティング・リサーチ』白桃書房、1981年
高田博和、上田隆穂、内田学、奥瀬喜之著『MBAマーケティングリサーチ入門』東洋経済新
　　報社、2003年
上野啓子著『マーケティング・インタビュー』東洋経済新報社、2004年
嶋田毅監修、グロービス・マネジメント・インスティテュート編著『MBA定量分析と意思決定』
　　ダイヤモンド社、2003年
石井栄造著『図解で分かる　マーケティングリサーチ』、日本能率協会マネジメントセンター、
　　2001年
「特集：サントリー　お客よりもお客を知る」日経ビジネス、2007年3月19日号、日経BP社

サントリー ホームページ（http://www.suntory.co.jp/）

■第11章　競争戦略
嶋口充輝、石井淳蔵著『現代マーケティング』有斐閣、1987年
山田英夫著『逆転の競争戦略』生産性出版、1995年
「酒類食品統計月報」2004年1月号、日刊経済通信社
ユニ・チャーム ペットケア ホームページ（http://www.uc-petcare.co.jp/）
マース ジャパン ホームページ（http://www.marsjapan.co.jp/）

■第12章　カスタマー・リレーションシップ・マネジメント
藤田憲一著『図解 よくわかるCRM　B&Tブックス』日刊工業新聞社、2001年
ポール・グリーンバーグ著『CRM実践顧客戦略』ダイヤモンド社、2001年
ゲーリー・ホーキンス著『「顧客知」経営革命──ワン・トゥ・ワン顧客戦略の実践ビジネスモデル』コンピュータエージ社、2004年
アイ・エム・プレス編『CRM白書2004〜顧客の維持・拡大戦略の実態』アイ・エム・プレス、2004年
F.F.Reichheld; W.E.Sasser Jr., "Zero defections：Quality comes to services", *Harvard Business Review*, Sep-Oct 1990
日経産業新聞　2005年4月22日
日経流通新聞　2005年8月5日
「特集：新日本的経営の姿 再春館製薬所」日経ビジネス、2007年4月2日号、日経BP社
「ケーススタディ 再春館製薬所－大きな個人商店を目指す」早稲田ビジネススクール・レビュー、第9号（2009年1月）、日経BP企画
再春館製薬所 ホームページ（http://www.saishunkan.co.jp/）

■第13章　ビジネス・マーケティング
P・エバンス、T・ウースター著『ネット資本主義の企業戦略』ダイヤモンド社、1999年
J.C.Anderson; J.A.Narus, "Business Marketing：Understand What Customers Value", *Harvard Business Review*, Nov-Dec 1988
David B. Yoffie; Andrall E. Pearson, "The Transformation of IBM", Harvard Business School Case, 1990
日経流通新聞MJ　2004年7月20日
日経産業新聞　2002年8月26日
「特集：キーエンスの秘密　第1章－利益率40％驚異の経営」日経ビジネス、2003年10月27日号、日経BP社
「特集：キーエンスの秘密　第2章－製造業は利益生む宝の山」日経ビジネス、2003年10月27日号、日経BP社

ウェブサイト「森茂樹のマーケティングコラム」(http://www.pythagoras.co.jp/fmg1.html#rev20)
コクヨ ホームページ (http://www.kokuyo.co.jp /)
キーエンス ホームページ (http://www.keyence.co.jp/)

■第14章　グローバル・マーケティング
小田部正明、クリスチアン・ヘルセン著『グローバル・ビジネス戦略』同文舘出版、2001年
R・グラント著『現代戦略分析』中央経済社、2008年
M・ポーター、竹内弘高著『グローバル企業の競争戦略』ダイヤモンド社、1989年
セオドア・レビット「市場のグローバリゼーション」ダイヤモンド・ハーバード・ビジネス、1983年9月号
Kamran Kashani, "Beware the pitfalls of Global Marketing", *Harvard Business Review*, September-October 1989
John A. Quelch; Edward J. Hoff, "Customizing Global Marketing", *Harvard Business Review*, May-June 1986

● 索引

■A
AIDA ……………………………… 119
AIDMA …………………………… 119
AISAS …………………………… 119
AMTUL …………………………… 119

■C
CI（コーポレート・アイデンティティ）
　………………………………………… 167
CRM（カスタマー・リレーションシップ・
　マネジメント）………………… 197,204
CSR ………………………… 155, 168

■D
DMU ……………………………… 212

■E
ECR ……………………………… 22
ES（従業員満足）……………… 206

■I
IT ………………………… 7,114,117

■K
KBF（購買決定要因）………… 53,212

■N
NB（ナショナル・ブランド）……… 161

■P
PB（プライベート・ブランド）… 48,161
PEST分析 ……………………… 28
POP広告 ………………………… 129
POS ……………………………… 42

■R
R&D部門 ………………………… 19

■S
SWOT分析 ……………………… 30

■U
U＆A（使用と態度）調査 ……… 137

■あ
アイデア・スクリーニング ………… 68

■い
１段階チャネル …………………… 103
一次データ ………………………… 173
因子分析 …………………………… 181
インターナル・ブランディング …… 166
インターネット …………………… 131

■う
ウォンツ ………………………… 8,38
売り手 ……………………………… 88

■え
営業 ……………………………… 100
営業担当者 ………………… 100,173
エンドユーザー ………………… 212

■お
屋外メディア …………………… 128
卸売業者 ………………………… 102

■か
回帰分析 ………………………… 181
買い手 …………………………… 88
外部顧客 ………………………… 206
外部データ ……………………… 173
外部分析 ………………………… 26
開放的流通政策 ………………… 108
買回品 …………………………… 66
価格戦略 …………………… 13,82
価格弾力性 ……………………… 94

索引　　253

カスタマー・バリュー ……………… 82,84
カスタマー・リレーションシップ・マネジメント（ＣＲＭ）……………… 197,204
仮説 ……………………………………… 175
仮説検証 ………………………………… 181
価値 ……………………………………… 223
カニバライゼーション ……………… 57,76
環境分析 ………………………………… 9,25
観察法 …………………………………… 179

■き
危機管理マニュアル …………………… 145
企業資産の負債化 ……………………… 192
キャッシュフロー・アプローチ ……… 159
供給業者 ………………………………… 218
競合分析 ………………………………… 29
競争環境 ………………………………… 87
競争戦略 ………………………………… 185
共通セグメント方式 …………………… 239

■く
クチコミ ………………………………… 125
国別多様セグメント方式 ……………… 239
クライシス・コミュニケーション …… 143
クラスター分析 ………………………… 181
クリエイティブ ………………………… 139
グループ・インタビュー ……………… 177
グローバル・マーケティング ………… 225
グロス・レーティング・ポイント（ＧＲＰ）
　………………………………………… 139

■け
経営戦略 ………………………………… 17
経営理念 ………………………………… 17
形態 ……………………………………… 63
検証的リサーチ ………………………… 177

■こ
コア ……………………………………… 62

広告 ……………………………………… 121
広告代理店 ……………………………… 122
後続企業の戦略 ………………………… 190
交通広告 ………………………………… 128
行動変数 ………………………………… 41
購買意思決定プロセス ………………… 118
購買部門 ………………………………… 214
広報 ……………………………………… 124
小売業者 ………………………………… 101
コーポレート・アイデンティティ（ＣＩ）
　………………………………………… 167
コーポレート・ブランディング ……… 166
コーポレート・ブランド ……………… 160
顧客 ……………………………………… 28
顧客維持（カスタマー・リテンション）… 199
顧客維持型マーケティング …………… 203
顧客生涯価値（ライフ・タイム・バリュー）
　………………………………………… 199
顧客接点 ………………………………… 222
顧客創造型マーケティング …………… 203
顧客特性 ………………………………… 212
顧客の選別 ……………………………… 205
顧客分析 ………………………………… 28
顧客満足度（ＣＳ）……………………… 206
国際マーケティング …………………… 231
国内マーケティング …………………… 231
個人情報保護法 ………………………… 207
コスト・アプローチ …………………… 159
コスト・パー・サウザンド（1000人当たりの広告費）………………………… 139
コストプラス価格設定 ………………… 90
コピー …………………………………… 139
コミュニケーション・ツール ………… 184
コミュニケーション・ポリシー ……… 135
コミュニケーション・ミックス ……… 136
コミュニケーション手法 …………… 120,121
コミュニケーション戦略 ………… 13,115,135
コミュニケーション法 ………………… 179
コミュニケーション予算 ……………… 136

コレスポンデンス分析 ……………… 181
コンジョイント分析 ………………… 181
コンセプト・テスト ………………… 69
コンプライアンス …………………… 168

■さ
３Ｃ分析 ………………………………… 26
３段階チャネル ……………………… 103
サービス ……………………………… 64
サーベイ法 …………………………… 179
サイコグラフィック変数（心理的変数）…… 41
再生知名率 …………………………… 120
再認知名率 …………………………… 120
雑誌 …………………………………… 128
サブ・ブランド ……………………… 161
差別化戦略 …………………………… 191
差別化マーケティング ……………… 43
サンプル ……………………………… 177

■し
シーズ発想 …………………………… 67
シェア ………………………………… 189
事業経済性 …………………………… 224
事業戦略 ……………………………… 17
事業ドメイン ………………………… 17
事業の再定義 ………………………… 218
事業の共食い化 ……………………… 193
事業ブランド ………………………… 160
自社の強み／弱み …………………… 33
市場 …………………………………… 38
市場機会 ……………………………… 11
市場機会の発見 ……………………… 23
市場資産の負債化 …………………… 193
市場セグメント ……………………… 38
実行計画 ……………………………… 10
実勢価格 ……………………………… 91
質問の設計 …………………………… 178
シナジー（相乗効果）………… 18,161
従業員満足（ＥＳ）…………………… 206

集中化マーケティング ……………… 44
集中戦略 ……………………………… 191
需給関係 ……………………………… 88
需要価格設定 ………………………… 91
純粋想起 ……………………………… 156
消費財 ………………………………… 65
消費財マーケティング ……………… 211
消費者 ………………………………… 7
助成想起 ……………………………… 156
人口動態変数（デモグラフィック変数）…… 41
人事部門 ……………………………… 21
新製品開発プロセス ………………… 66
人的販売 ……………………………… 124
新聞 …………………………………… 128
心理的変数（サイコグラフィック変数）…… 41

■す
衰退期 ………………………………… 79
スイッチング・コスト ……………… 216
スキミング・プライシング ………… 93

■せ
生産財（産業財）……………………… 65
生産財マーケティング ……………… 211
成熟期 ………………………………… 78
製造コスト …………………………… 84
製造部門 ……………………………… 20
成長期 ………………………………… 78
製品 …………………………………… 62
製品コンセプト ……………………… 69
製品戦略 ………………………… 13,60
製品ライフサイクル ………………… 76
製品ライン …………………………… 74
セールス・プロモーション ………… 117
セグメンテーション ………… 10,12,36,38
セリング ……………………………… 7
ゼロ段階チャネル …………………… 102
全社戦略 ……………………………… 161
選択的流通政策 ……………………… 108

索引

宣伝者 ……………………………… 203
専門品 ………………………………… 66

■そ
相関分析 …………………………… 181
組織戦略 …………………………… 21
ソリューション …………………… 220
損益分岐点分析 …………………… 85

■た
ターゲット価格設定 ……………… 90
ターゲティング …………… 10,12,36,43
耐久財 ……………………………… 64
態度変容モデル …………………… 118
ダイレクトメディア ……………… 130
多国籍マーケティング …………… 231
探索的リサーチ …………………… 177

■ち
知覚価値価格設定 ………………… 90
知覚品質 …………………………… 156
チャレンジャー …………… 56,191,193
地理的変数 ………………………… 40

■て
提供価値 …………………………… 18
ティーチャー・カスタマー ……… 222
ディーラー ………………………… 98
低コスト戦略 ……………………… 191
定性データ ………………………… 174
定量調査 …………………………… 173
定量リサーチ ……………………… 182
データ ……………………………… 173
データ分析 ………………………… 181
デザイン …………………………… 140
デジタルメディア ………………… 131
テスト・マーケティング ………… 72
デプスインタビュー ……………… 180
デモグラフィック変数（人口動態変数）…… 41

テレビ ……………………………… 127
展開エリア ………………………… 109

■と
統合型マーケティング …………… 142
導入期 ……………………………… 78
トーン＆マナー …………………… 140
トレードマーク …………………… 104

■な
内部顧客 …………………………… 206
内部データ ………………………… 173
内部分析 …………………………… 29

■に
２段階チャネル …………………… 103
ニーズ ……………………………… 8,38
ニーズ発想 ………………………… 67
二次データ ………………………… 173
ニッチャー ………………… 191,195
入札価格 …………………………… 91
認知度 ……………………………… 122

■ね
ネーミング ………………………… 71

■は
パーセプション・マップ ………… 59
排他的流通政策 …………………… 108
ハイブリッド・チャネル ………… 113
パッケージング …………………… 73
パブリシティ ……………………… 124
バリュー・プロポジション ……… 218
バリューチェーン ………………… 217
パレートの法則 …………………… 205
販売促進 ………………………… 117,122
販売代理店 ………………………… 98

■ひ
非差別化マーケティング ………… 43
ビジネス・マーケティング ………… 209
ビジョン ……………………………… 18
非耐久財 ……………………………… 64

■ふ
ファミリー・ブランド …………… 160
フォーカスグループインタビュー ……… 177
フォロワー ……………………… 191,194
プッシュ戦略 ……………………… 123
俯瞰思考 …………………………… 216
付随機能 ……………………………… 63
プライスリーダー …………………… 88
フライティングパターン …………… 141
フランチャイザー ………………… 104
フランチャイジー ………………… 105
フランチャイズ方式 ……………… 104
ブランド …………………………… 152
ブランド・エクイティ …………… 155
ブランド・エクイティの評価 …… 159
ブランド・スイッチ ……………… 216
ブランド・ステートメント ……… 165
ブランド・ダイリューション …… 164
ブランド・ネーム ………………… 152
ブランド・マネジャー ……………… 21
ブランド・マネジメント ………… 154
ブランド・マネジメント組織 ……… 21
ブランド・ロイヤルティ ………… 158
ブランド拡張 ……………………… 162
ブランド再生 ……………………… 156
ブランド再認 ……………………… 156
ブランド戦略 ……………………… 150
ブランド認知 ……………………… 155
ブランドの階層 …………………… 159
ブランド連想 ……………………… 157
プル戦略 …………………………… 123
プロダクト・エクステンション …… 80
プロダクト・ブランド …………… 160
プロダクト・ライフサイクル …… 138
プロモーション ……………………… 99

■へ
ペネトレーション・プライシング …… 92

■ほ
補完者 ……………………………… 218
ポジショニング ……………… 10,13,49,52

■ま
マークアップ価格設定 ……………… 90
マーケット・アプローチ ………… 159
マーケティング・コンセプト …… 236
マーケティング・プロセス ……… 173
マーケティング・マネジメント … 228
マーケティング・ミックス ……… 10,13
マーケティング・リサーチ ……… 170
マーケティング課題 ……………… 9,35
マーケティング環境分析 …………… 10
マーケティング計画 ………………… 15
マーケティング戦略 ………………… 9
マーケティング戦略策定プロセス …… 9
マーケティング組織 ………………… 21
マーケティングの意義 ……………… 4
マクロ環境分析 …………………… 26
マスター・ブランド戦略 ………… 160
マッピング ………………………… 220
マルチ・ブランド戦略 …………… 161
マルチレベル方式 ………………… 104

■め
メッセージ ………………………… 139
メディア ……………………… 120,126
メディア・プラン ………………… 122
メディア・ミックス ……………… 136
メディア戦略 ……………………… 127

■も
最寄品 ………………………………… 65

■ゆ
輸出マーケティング ………………… 231

■よ
4 P ……………………………………… 13

■ら
ライフ・タイム・バリュー（顧客生涯価値）
　　　　　　　　　　　　　　　　……………………………………… 199
ライセンサー …………………………… 106
ライセンシー …………………………… 106
ライセンス方式 ………………………… 105
ラジオ …………………………………… 127

■り
リーダー ………………………… 56,187,191
リーダー企業 …………………………… 187
リーダーの戦略 ………………………… 187
リーチ …………………………………… 131
リード市場 ……………………………… 237
リサーチ ………………………………… 172
リサーチの信頼性 ……………………… 182
リッチネス ……………………………… 131
流通 ……………………………………… 98
流通業者 ………………………………… 98
流通戦略 ……………………………… 13,96
流通チャネル ………………………… 98,129
流通チャネルの段階数 ………………… 102
リレーションシップ強度 ……………… 202

■る
類似国グループ方式 …………………… 240

■れ
レピュテーション ……………………… 143
レピュテーション・マネジメント ……… 143

■ろ
6 R ……………………………………… 45
ロイヤルティ …………………………… 158
ロゴ・マーク …………………………… 152
ロジスティクス ……………………… 74,99
論理の自縛化 …………………………… 193

執筆者紹介

【執筆】

川上慎市郎（かわかみ・しんいちろう）
早稲田大学政治経済学部経済学科卒業後、日経BP社入社。「日経ビジネス」誌記者を経てグロービス入社。スペインIESEビジネススクールIFDP修了。現在、グロービス経営大学院の専任教員、マーケティング領域リード・ファカルティ。執筆ケースに『上海のサントリー』『東京ガス：ライフエルの市場投入』。
共著書に『メディア・イノベーションの衝撃』（日本評論社）など。

野田史恵（のだ・ふみえ）
慶應義塾大学法学部卒業、グロービスオリジナルMBAプログラム（GMBA）修了。日本生命保険相互会社を経てグロービス入社。マーケティング、経営企画、新規拠点開設の後、広報室長に就任。現在、グロービス大阪にて企業内人材育成コンサルティングに従事。グロービス経営大学院でマーケティング・経営戦略領域講師を担当。

【執筆・企画】

嶋田毅（しまだ・つよし）
グロービス メディア事業推進室マネジングディレクター。累計110万部を超えるベストセラー「グロービスMBAシリーズ」のプロデューサーも務める。
著書に『ビジネス仮説力を磨く』（ダイヤモンド社）、共著書に『グロービスMBAマネジメント・ブック 改訂3版』『グロービスMBAアカウンティング 改訂3版』『MBA定量分析と意思決定』（以上ダイヤモンド社）など、共訳書に『MITスローンスクール戦略論』（東洋経済新報社）などがある。

【執筆・構成】

渡部典子（わたなべ・のりこ）
慶應ビジネススクール修了後、グロービスで教材開発、研修講師、出版業務などに携わった後、独立。現在はビジネス書の翻訳・編集、マネジメント研修講師、コンサルティングなどに従事。
翻訳書『ブランド・ストレッチ』『モスコウィッツ博士のもの創り実験室』（いずれも英治出版）などがある。

■新版（2005年3月発行）
執筆者　青井博幸、下中美佳、土屋朋子、松林博文、村山貞幸

■旧版（1997年2月発行）
執筆者　数江良一

編著者紹介

グロービス経営大学院

社会に創造と変革をもたらすビジネスリーダーを育成するとともに、グロービスの各活動を通じて蓄積した知見に基づいた、実践的な経営ノウハウの研究・開発・発信を行なっている。

グロービスは、以下の活動を通して、社会の創造に挑み、変革を導く。(http://www.globis.co.jp/)

- グロービス経営大学院（経営大学院／東京・大阪・名古屋・仙台）
- グロービス・コーポレート・エデュケーション（法人向け人材育成事業／日本・上海）
- グロービス・キャピタル・パートナーズ（ベンチャーキャピタル事業）
- グロービス出版（出版事業）
- オンライン経営情報誌「GLOBIS.JP」（経営情報サイト運営事業）
- コンファレンス運営（G1Summit／G1Global／G1Executive）

グロービスMBAマーケティング［改訂3版］

1997年2月1日	初版第1刷発行
2004年7月26日	初版第21刷発行
2005年3月3日	新版第1刷発行
2009年2月26日	新版第8刷発行
2009年8月27日	改訂3版第1刷発行
2017年5月2日	改訂3版第11刷発行

編著者　　グロービス経営大学院

©2009 Educational Corporation of Globis University

発行所　　ダイヤモンド社
郵便番号　150-8409
東京都渋谷区神宮前6-12-17
編　集　03(5778)7228
販　売　03(5778)7240
http://www.dhbr.net

編集担当／DIAMONDハーバード・ビジネス・レビュー編集部
製作進行／ダイヤモンド・グラフィック社
印刷／八光印刷（本文）・共栄メディア（カバー）
製本／ブックアート

本書の複写・転載・転訳など著作権に関わる行為は、事前の許諾なき場合、これを禁じます。落丁・乱丁本はお手数ですが小社営業局宛にお送りください。送料小社負担にてお取替えいたします。但し、古書店で購入されたものについてはお取替えできません。

ISBN 978-4-478-00975-8　Printed in Japan

大好評！グロービスMBAシリーズ

改訂3版 グロービス MBAマネジメント・ブック	グロービス経営大学院 編著
MBAマネジメント・ブックⅡ	グロービス経営大学院 編著
改訂3版 グロービス MBAアカウンティング	西山 茂 監修／グロービス経営大学院 編著
改訂3版 グロービス MBAマーケティング	グロービス経営大学院 編著
新版 グロービス MBAビジネスプラン	グロービス経営大学院 著
MBA経営戦略	グロービス・マネジメント・インスティテュート 編
新版 グロービス MBAファイナンス	グロービス経営大学院 編著
新版 グロービス MBAクリティカル・シンキング	グロービス・マネジメント・インスティテュート 編
グロービス MBAクリティカル・シンキング コミュニケーション編	グロービス経営大学院 著
MBAオペレーション戦略	遠藤 功 監修／グロービス・マネジメント・インスティテュート 編
MBA定量分析と意思決定	嶋田 毅 監修／グロービス・マネジメント・インスティテュート 編
新版 グロービス MBAリーダーシップ	グロービス経営大学院 編著
グロービス MBA組織と人材マネジメント	佐藤 剛 監修／グロービス経営大学院 著
グロービス MBA事業開発マネジメント	堀 義人 監修／グロービス経営大学院 編著
グロービス MBAビジネス・ライティング	嶋田 毅 監修／グロービス経営大学院 著
グロービス MBA事業戦略	相葉 宏二／グロービス経営大学院 編

ダイヤモンド社